赤シート×直前対策！

note book

JN058939

重要語句
チェック
＆
ぴたトレ
専用ノート

社会歴史

赤シートでかくしてチェック！

「ぴたトレ note book」は取り外してお使いください。

notebook の使い方

重要語句チェックと専用ノートが1冊になっています。ぴたトレとセットで使って，学習に役立てましょう。

1 重要語句チェック　赤シートを使って，重要語句を覚えよう！

年表チェック
年表で時代の流れをつかもう！

一問一答チェック
左の答えを赤シートでかくして，右の問題文を読もう！
重要語句を覚えているか確認しよう！

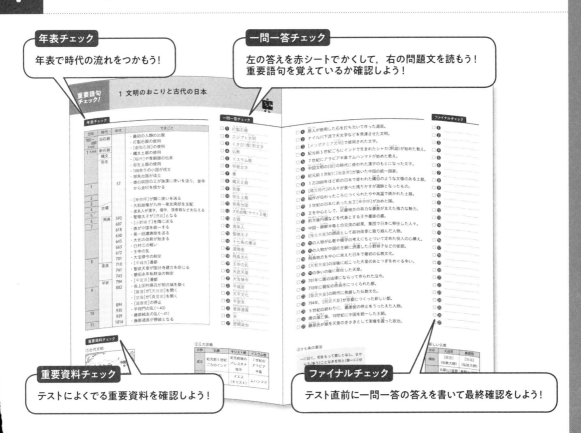

重要資料チェック
テストによくでる重要資料を確認しよう！

ファイナルチェック
テスト直前に一問一答の答えを書いて最終確認をしよう！

2 専用ノート　自分の学習コース（ぴたトレp. 2 - 3 参照）に合わせてノートを活用しよう！

学習日とぴたトレのページ数を記入しよう！

ぴたトレの解答をノートに書こう！
問題をくり返し解くことで，知識が定着するよ！

自分がノートを見返す時に
わかりやすいように学習した範囲を書き込もう！
例：ぴたトレp.20-25の範囲の問題を解いた場合，
「ぴたトレp.20-25」と書き込む。

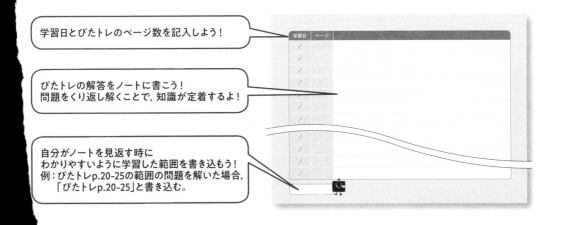

年表チェック

世紀	時代	年代	できごと
700〜600万年前	旧石器		・最初の人類の出現
			・打製石器の使用
1万年前	新石器		・[磨製石器]の使用
	縄文		・縄文土器の使用
	弥生		・[稲作]や青銅器の伝来
			・弥生土器の使用
			・100余りの小国が成立
			・邪馬台国が成立
1		57	・倭の奴国の王が後漢に使いを送り，皇帝から金印を授かる
2			
3			・[卑弥呼]が魏に使いを送る
4	古墳		・大和政権が九州〜東北南部を支配
5			・渡来人が漢字，儒学，須恵器などを伝える
6	飛鳥	593	・聖徳太子が[摂政]となる
7		607	・[小野妹子]を隋に送る
		618	・唐が中国を統一する
		630	・第一回遣唐使を送る
		645	・大化の改新が始まる
		663	・白村江の戦い
		672	・壬申の乱
8		701	・大宝律令の制定
	奈良	710	・[平城京]遷都
		741	・聖武天皇が国分寺建立を命じる
		743	・墾田永年私財法の制定
	平安	794	・[平安京]遷都
9		802	・坂上田村麻呂が胆沢城を築く
			・[最澄]が[天台宗]を開く
			・[空海]が[真言宗]を開く
		894	・[遣唐使]の停止
10		935	・平将門の乱（〜40）
		939	・藤原純友の乱（〜41）
11		1016	・藤原道長が摂政となる

一問一答チェック

- □ ❶ 打製石器
- □ ❷ エジプト文明
- □ ❸ くさび(楔)形文字
- □ ❹ 仏教
- □ ❺ イスラム教
- □ ❻ 甲骨文字
- □ ❼ 秦
- □ ❽ 縄文土器
- □ ❾ 貝塚
- □ ❿ 弥生土器
- □ ⓫ 邪馬台国
- □ ⓬ 大和政権(ヤマト王権)
- □ ⓭ 古墳
- □ ⓮ 渡来人
- □ ⓯ 聖徳太子
- □ ⓰ 十七条の憲法
- □ ⓱ 遣隋使
- □ ⓲ 飛鳥文化
- □ ⓳ 壬申の乱
- □ ⓴ 天武天皇
- □ ㉑ 大宝律令
- □ ㉒ 平城京
- □ ㉓ 天平文化
- □ ㉔ 平安京
- □ ㉕ 菅原道真
- □ ㉖ 宋
- □ ㉗ 摂関政治

重要資料チェック

①古代文明

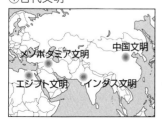

②三大宗教

宗教	仏教	キリスト教	イスラム教
成立	紀元前5世紀ごろのインド	紀元前後のパレスチナ地方	7世紀のアラビア半島
開祖	シャカ（釈迦）	イエス（キリスト）	ムハン…

□ ❶ 原人が使用した石を打ち欠いて作った道具。

□ ❷ ナイル川下流で天文学などを発達させた文明。

□ ❸ [メソポタミア文明]で使用された文字。

□ ❹ 紀元前5世紀ごろにインドで生まれたシャカ(釈迦)が始めた教え。

□ ❺ 7世紀にアラビア半島でムハンマドが始めた教え。

□ ❻ 中国文明の[殷]の時代に使われた漢字のもとになった文字。

□ ❼ 紀元前3世紀に[始皇帝]が築いた中国の統一国家。

□ ❽ 1万2000年ほど前の日本で使われた縄目のような文様のある土器。

□ ❾ [縄文時代]の人々が食べた残りかすが遺跡となったもの。

□ ❿ 稲作が伝わったころにつくられたやや高温で焼かれた土器。

□ ⓫ 3世紀の日本にあった女王[卑弥呼]が治めた国。

□ ⓬ 王を中心として，近畿地方の有力な豪族が支えた強力な勢力。

□ ⓭ 前方後円墳などを代表とする王や豪族の墓。

□ ⓮ 中国・朝鮮半島との交流の結果，集団で日本に移住した人々。

□ ⓯ [推古天皇]の摂政として政治改革に取り組んだ人物。

□ ⓰ ⓯の人物が仏教や儒学の考えにもとづいて定めた役人の心構え。

□ ⓱ ⓯の人物が中国の王朝に派遣した小野妹子などの使節。

□ ⓲ 飛鳥地方を中心に栄えた日本で最初の仏教文化。

□ ⓳ [天智天皇]の没後に起こった天皇のあとつぎをめぐる争い。

□ ⓴ ⓳の争いの後に即位した天皇。

□ ㉑ 701年に唐の法律にならって作られた法令。

□ ㉒ 710年に現在の奈良市につくられた都。

□ ㉓ [聖武天皇]の時代に発展した仏教文化。

□ ㉔ 794年，[桓武天皇]が京都につくった新しい都。

□ ㉕ 9世紀の終わりに，遣唐使の停止をうったえた人物。

□ ㉖ 唐の滅亡後，10世紀に中国を統一した王朝。

□ ㉗ 藤原氏が娘を天皇のきさきとして実権を握った政治。

ファイナルチェック	
□ ❶	_____
□ ❷	_____
□ ❸	_____
□ ❹	_____
□ ❺	_____
□ ❻	_____
□ ❼	_____
□ ❽	_____
□ ❾	_____
□ ❿	_____
□ ⓫	_____
□ ⓬	_____
□ ⓭	_____
□ ⓮	_____
□ ⓯	_____
□ ⓰	_____
□ ⓱	_____
□ ⓲	_____
□ ⓳	_____
□ ⓴	_____
□ ㉑	_____
□ ㉒	_____
□ ㉓	_____
□ ㉔	_____
□ ㉕	_____
□ ㉖	_____
□ ㉗	_____

十七条の憲法

一に曰く，和をもって貴しとなし，さか
らう(争う)ことなきを宗と(第一に)せ
よ。
に曰く，あつく三宝を敬え。三宝とは
仏・法(仏教の教え)・僧なり。

④新しい仏教

宗派	天台宗	真言宗
開祖	[最澄] (伝教大師)	[空海] (弘法大師)
総本山	比叡山(滋賀県・京都府)の延暦寺	高野山(和歌山県)の金剛峯寺

年表チェック

世紀	時代	年代	できごと
11	平安	1069	・後三条天皇が荘園を整理
		1086	・白河上皇の院政の開始
12			
		1156	・保元の乱
		1159	・平治の乱
		1167	・[平清盛]が太政大臣となる
		1185	・平氏が滅びる
	鎌倉	1185	・源頼朝が守護・地頭の設置を認められる
		1192	・[源頼朝]が征夷大将軍となる
13		1206	・[チンギス・ハン]がモンゴルを統一
		1221	・[承久の乱]
		1232	・御成敗式目(貞永式目)
		1274	・文永の役 ｝モンゴルの襲来
		1281	・弘安の役
14			
		1333	・鎌倉幕府がほろびる
		1334	・[建武の新政]
	南北朝	1336	・南北朝に分かれ対立する
	室町	1338	・[足利尊氏]が征夷大将軍になる
			・倭寇が高麗や明の沿岸をおそう
		1368	・元がほろび，明がおこる
		1378	・[足利義満]が幕府を室町に移す
		1392	・南朝と北朝が統一される
15		1404	・勘合貿易(日明貿易)が始まる
	戦国	1467	・[応仁の乱](～77)

一問一答チェック

- □ ❶ 奥州藤原氏
- □ ❷ 院政
- □ ❸ 平 清盛
- □ ❹ 源 頼朝
- □ ❺ 御家人
- □ ❻ 奉公
- □ ❼ 執権
- □ ❽ 御成敗式目(貞永式目)
- □ ❾ 北条泰時
- □ ❿ 二毛作
- □ ⓫ 定期市
- □ ⓬ 新古今和歌集
- □ ⓭ 運慶(快慶)
- □ ⓮ 徒然草
- □ ⓯ 浄土宗
- □ ⓰ 日蓮
- □ ⓱ フビライ・ハン
- □ ⓲ 北条時宗
- □ ⓳ 宋(南宋)
- □ ⓴ (永仁の)徳政令
- □ ㉑ 後醍醐天皇
- □ ㉒ 足利義満
- □ ㉓ 守護大名
- □ ㉔ 明
- □ ㉕ 勘合貿易(日明貿易)
- □ ㉖ コシャマイン
- □ ㉗ 足利義政
- □ ㉘ 能(能楽)

重要資料チェック

①将軍と御家人の関係

幕府警備・軍役　[奉公]　[御恩]　領地の保護

②御成敗式目

(部分要約)
- 一　諸国の守護の職務は，頼朝公の時代に定められたように，京都の御所の警護と，謀反や殺人などの犯罪人の取りしま〔り〕に限る。
- 一　女性が養子をとることは，律令では許されていないが，〔頼〕朝公のとき以来現在に至るまで，子どものない女性が土地〔を〕養子にゆずりあたえる事例は，武士の慣習として数え切れ〔ない〕

□ ❶ 11世紀，東北地方で平泉(岩手県)を中心に勢力を振るった[武士団]。

□ ❷ 位をしりぞいた天皇が実権をにぎって行う政治。

□ ❸ 平治の乱で[源義朝]を破って政治の実権をにぎった人物。

□ ❹ 鎌倉を本拠地とし，平氏政権と対立した人物。

□ ❺ 鎌倉幕府で，将軍の配下になった武士。

□ ❻ ❺が将軍の「御恩」に対して行ったこと。

□ ❼ 北条氏が代々，鎌倉幕府内部でついた役職。

□ ❽ 1232年に制定された，武士の慣習にもとづいた法。

□ ❾ ❽を制定した人物。

□ ❿ この時期に始められた，米の裏作に麦をつくること。

□ ⓫ 寺社の門前や交通の便利なところで開かれた市。

□ ⓬ [後鳥羽上皇]の命令で編集された和歌集。

□ ⓭ 東大寺の金剛力士像を制作した人物。

□ ⓮ [兼好法師(吉田兼好)]の書いた随筆の題名。

□ ⓯ 法然が開いた，念仏を重視した仏教の宗派。

□ ⓰ 法華経によって国と人が救われると説いた人物。

□ ⓱ [モンゴル帝国]の第5代ハンで，都を大都に移した人物。

□ ⓲ ⓱が日本に使者を送った時の執権。

□ ⓳ 文永の役ののち，元が滅ぼした中国の王朝。

□ ⓴ 生活が苦しくなった御家人を救うため，幕府が出した法令。

□ ㉑ 鎌倉幕府を滅ぼし，[建武の新政]を始めた天皇。

□ ㉒ 1392年に南北朝が統一された時の将軍。

□ ㉓ 守護が国司の権限を吸収した大名。

□ ㉔ 14世紀にモンゴル民族を北に追い出した漢民族の王朝。

□ ㉕ ㉔の王朝と㉒の人物が始めた交易。

□ ㉖ 15世紀に起きたアイヌ民族の蜂起を指導した人物。

□ ㉗ 1467年に発生した[応仁の乱]のときの将軍。

□ ㉘ 観阿弥・世阿弥親子によって大成された芸能。

ファイナルチェック（右欄）
□ ❶
□ ❷
□ ❸
□ ❹
□ ❺
□ ❻
□ ❼
□ ❽
□ ❾
□ ❿
□ ⓫
□ ⓬
□ ⓭
□ ⓮
□ ⓯
□ ⓰
□ ⓱
□ ⓲
□ ⓳
□ ⓴
□ ㉑
□ ㉒
□ ㉓
□ ㉔
□ ㉕
□ ㉖
□ ㉗
□ ㉘

③新しい仏教

	浄土宗	浄土真宗	時宗	日蓮宗	臨済宗	曹洞宗
開祖	[法然]	[親鸞]	[一遍]	[日蓮]	[栄西]	[道元]
おもな寺院	知恩院 (京都府)	本願寺 (京都府)	清浄光寺 (神奈川県)	久遠寺 (山梨県)	建仁寺 (京都府)	永平寺 (福井県)

④室町幕府のしくみ

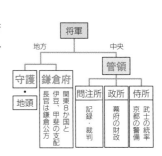

年表チェック

世紀	時代		年代	できごと
15	室町	戦国	1492	・コロンブスがアメリカへ到達
			1498	・バスコ・ダ・ガマがインドへ到達
16				
			1517	・ルターが[宗教改革]を開始
			1519	・マゼランが世界周航へ出発する（〜22）
			1543	・ポルトガル人により[鉄砲]が伝わる
			1549	・ザビエルにより[キリスト教]の伝来
	安土桃山		1573	・室町幕府が滅びる
			1581	・オランダがスペインから独立
			1582	・天正遣欧使節が出発（〜90）
			1590	・[豊臣秀吉]が全国を統一
			1592	・文禄の役 ┐朝鮮侵略
			1597	・慶長の役 ┘
17			1600	・[関ヶ原の戦い]
			1602	・オランダが東インド会社を設立
	江戸		1603	・[徳川家康]が征夷大将軍となる
				・日本町が東南アジアに栄える
			1612	・幕領ではキリスト教を禁止する
			1615	・豊臣氏が滅びる
			1615	・武家諸法度・禁中並公家（中）諸法度
			1635	・[参勤交代]の制
			1637	・島原・天草一揆（〜38）
			1640	・イギリスでピューリタン革命（〜60）
			1641	・[鎖国]の体制が固まる

一問一答チェック

- ☐ ❶ 十字軍
- ☐ ❷ ルネサンス（文芸復興）
- ☐ ❸ 宗教改革
- ☐ ❹ プロテスタント
- ☐ ❺ イエズス会
- ☐ ❻ 大航海時代
- ☐ ❼ コロンブス
- ☐ ❽ マゼラン
- ☐ ❾ インカ帝国
- ☐ ❿ 鉄砲
- ☐ ⓫ （フランシスコ・）ザビエル
- ☐ ⓬ 南蛮貿易
- ☐ ⓭ 織田信長
- ☐ ⓮ 楽市・楽座（令）
- ☐ ⓯ 豊臣秀吉
- ☐ ⓰ 宣教師の国外追放（バテレン追放令）
- ☐ ⓱ 太閤検地
- ☐ ⓲ 刀狩
- ☐ ⓳ 慶長の役
- ☐ ⓴ （安土）桃山文化
- ☐ ㉑ 狩野永徳
- ☐ ㉒ 南蛮文化
- ☐ ㉓ 徳川家康
- ☐ ㉔ 武家諸法度
- ☐ ㉕ 朱印船貿易
- ☐ ㉖ 出島

重要資料チェック

①楽市令

> 安土城下の町中に対する定め
> 一　この安土の町は楽市としたので，いろいろな座は廃止し，さまざまな税は免除する。
> 一　街道を行き来する商品は中山道を素通りせず，この町に宿を取るようにせよ。
> 　　　　　　　　　　　　　（1557年　部分要約）

②（安土）桃山文化

- ●特色…大名や豪商たちを担い手とする豪華で壮大な文化。
- ●建築…安土城，大阪城，姫路城（白鷺城）など。
  →ふすまや屏風…狩野永徳らが金箔を使ってえがく。
- ●茶の湯…千利休がわび茶を完成。

- □ ❶ ヨーロッパの王たちがエルサレムをめざして組織した軍。
- □ ❷ 14世紀から16世紀にかけてヨーロッパで起きた文芸復興。
- □ ❸ 16世紀にキリスト教会内部で起こった改革運動。
- □ ❹ カトリック教会ではなく，聖書に信仰を置くキリスト教の宗派。
- □ ❺ ❹に対抗して改革の中心となったカトリックの団体。
- □ ❻ 15世紀後半に始まった世界中を航海する時代。
- □ ❼ 1492年に大西洋を横断してカリブ海に達した人物。
- □ ❽ はじめて世界一周を成しとげた船隊の指揮官。
- □ ❾ スペイン人に滅ぼされた南アメリカの国。
- □ ❿ 1543年，[種子島]に漂着したポルトガル人が伝えたもの。
- □ ⓫ 1549年に来日し，日本にキリスト教を伝えた人物。
- □ ⓬ 日本とポルトガル人やスペイン人との間の交易。
- □ ⓭ [長篠の戦い]に勝利し，安土城を築いた人物。
- □ ⓮ ⓭が安土城下で行った経済政策。
- □ ⓯ ⓭のあとを受けて全国統一を果たした人物。
- □ ⓰ ⓯の人物が，キリスト教に対してとった対応。
- □ ⓱ ⓯の人物が進めた，全国の土地の検査。
- □ ⓲ ⓯の人物が農民などから刀などの武器を取り上げたこと。
- □ ⓳ ⓯の人物による朝鮮侵略のうち，1597年に始まるもの。
- □ ⓴ 壮大な城をはじめとする安土桃山の時代に栄えた文化。
- □ ㉑ 「唐獅子図屏風」を描いた人物。
- □ ㉒ 戦国時代から安土桃山の時代に，ヨーロッパの文化から影響を受けて成立した文化。
- □ ㉓ 1600年の[関ヶ原の戦い]で勝ち，政治の実権をにぎった人物。
- □ ㉔ 江戸幕府が武士を統制するためにつくった法律。
- □ ㉕ ㉓の人物が推進した東南アジアとの交易。
- □ ㉖ [鎖国]によってオランダ人が移された場所。

□ ❶	
□ ❷	
□ ❸	
□ ❹	
□ ❺	
□ ❻	
□ ❼	
□ ❽	
□ ❾	
□ ❿	
□ ⓫	
□ ⓬	
□ ⓭	
□ ⓮	
□ ⓯	
□ ⓰	
□ ⓱	
□ ⓲	
□ ⓳	
□ ⓴	
□ ㉑	
□ ㉒	
□ ㉓	
□ ㉔	
□ ㉕	
□ ㉖	

③武家諸法度

― 学問と武道にひたすら精を出すようにしなさい。
― 諸国の城は，修理する場合であっても，必ず幕府に申し出ること。新しい城を造ることは厳しく禁止する。
― 幕府の許可なく，結婚をしてはならない。

(部分要約)

④鎖国下の窓口

対馬藩 明(のち清) 松前藩
長崎 朝鮮 蝦夷地
日本 江戸
琉球
薩摩藩

4 産業の発達と江戸幕府の動揺

年表チェック

世紀	時代	年代	できごと
17	江戸	1661	・フランスでルイ14世の[絶対王政]（～1715）
		1687	・ニュートンが万有引力の法則を発見
		1688	・イギリスで[名誉革命]
		1689	・権利章典
18		1709	・[新井白石]の政治（～16）
		1716	・徳川吉宗が[享保の改革]（～45）
		1720	・禁書の緩和
		1721	・目安箱の設置
		1722	・上げ米の制を定める
		1732	・享保のききん
		1742	・[公事方御定書]が完成
		1748	・モンテスキュー「法の精神」
		1762	・ルソー「社会契約論」
		1772	・[田沼意次]が老中となる
		1775	・アメリカの独立戦争（～83）
		1776	・アメリカの独立宣言
		1782	・天明のききん（～87）
		1787	・松平定信が[寛政の改革]（～93）
		1789	・フランス革命，人権宣言
19		1804	・ナポレオンが皇帝となる
		1808	・間宮林蔵が樺太を探検（～09）
		1825	・異(外)国船打払令
		1833	・天保のききん（～39）
		1837	・[大塩平八郎]の乱
		1839	・渡辺崋山・高野長英を処罰(蛮社の獄)
		1841	・水野忠邦が[天保の改革]（～43）

一問一答チェック

- □ ❶ 寛永通宝
- □ ❷ 五街道
- □ ❸ 樽廻船
- □ ❹ 三都
- □ ❺ 天下の台所
- □ ❻ 株仲間
- □ ❼ 徳川綱吉
- □ ❽ 朱子学
- □ ❾ 元禄文化
- □ ❿ 松尾芭蕉
- □ ⓫ 浮世絵
- □ ⓬ 享保の改革
- □ ⓭ 公事方御定書
- □ ⓮ 問屋制家内工業
- □ ⓯ 工場制手工業 （マニュファクチュア）
- □ ⓰ 松平定信
- □ ⓱ 寛政の改革
- □ ⓲ ラクスマン
- □ ⓳ 本居宣長
- □ ⓴ 伊能忠敬
- □ ㉑ 解体新書
- □ ㉒ 喜多川歌麿
- □ ㉓ 葛飾北斎
- □ ㉔ 藩校
- □ ㉕ 異(外)国船打払令
- □ ㉖ 大塩平八郎
- □ ㉗ 水野忠邦

重要資料チェック

①農具の進歩

備中ぐわ	千歯こき
深く耕すことができた	脱穀に利用された

②人権宣言(1789年)

> 第1条　人は生まれながらに，自由で平等な権利を持つ。社会的な区別は，ただの公共の利益に関係のある場合にしか設けられてはならない。
> （部分要約）

＊フランスの人権宣言は，世界各国の人権規定の模範とされた。

- □ ❶ 幕府が全国に設けた銭座で造らせた銅貨。
- □ ❷ 幕府が整備した東海道，中山道，甲州道中，日光道中，奥州道中のこと。
- □ ❸ 大阪と江戸の間で酒を運んだ船。
- □ ❹ 17世紀後半に栄えた江戸，大阪，京都のこと。
- □ ❺ 商業の中心地であった大阪の別名。
- □ ❻ 都市の問屋や仲買などの商人がつくった同業者組織。
- □ ❼ 徳川第5代将軍。
- □ ❽ ❼の人物が特にすすめた儒学の一派。
- □ ❾ ❼の人物の時代に上方で栄えた[歌舞伎]などの新しい文化。
- □ ❿ 全国を歩いて「奥の細道」を執筆した人物。
- □ ⓫ 菱川師宣が描き始めた町人の風俗を基にした絵画。
- □ ⓬ 8代将軍[徳川吉宗]が行った改革。
- □ ⓭ 徳川吉宗が定めた裁判の基準になる法律。
- □ ⓮ 問屋が農民に織機やお金を前貸しして布を織らせ，製品を安く買い取るしくみ。
- □ ⓯ 工場をつくり，分業で製品をつくる近代工業の基礎。
- □ ⓰ [田沼意次]の人物ののち，徳川吉宗の政治を理想とした老中。
- □ ⓱ ⓰の人物が行った改革。
- □ ⓲ 1792年に大黒屋光太夫を送って日本に来た人物。
- □ ⓳ 18世紀後半に国学を大成した人物。
- □ ⓴ 19世紀はじめに正確な日本地図を作成した人物。
- □ ㉑ [杉田玄白]などがヨーロッパの解剖書を翻訳して出版した書物。
- □ ㉒ 化政文化の時代に美人画をよく描いた浮世絵師。
- □ ㉓ 「富嶽三十六景」などの風景画を描いた浮世絵師。
- □ ㉔ 諸藩が武士に学問や武道を教えるためにつくった学校。
- □ ㉕ 外国船を警戒する幕府が1825年に出した法律。
- □ ㉖ 大阪で反乱を起こした，元町奉行所の役人の陽明学者。
- □ ㉗ 倹約令を主体とする[天保の改革]を推進した人物。

❸元禄文化

- ●特色…上方で，経済力をつけた町人を担い手とする文化。
- ●人物…井原西鶴，松尾芭蕉，近松門左衛門，尾形光琳など。

④化政文化

- ●特色…江戸中心の庶民を担い手とする文化。
- ●人物…十返舎一九，小林一茶，喜多川歌麿，葛飾北斎，歌川広重など。

9

年表チェック

世紀	時代	年代	できごと
19	江戸	1853	・アメリカの使節［ペリー］が浦賀に来航
		1854	・［日米和親条約］
		1858	・日米修好通商条約
		1858	・安政の大獄（〜59）
		1860	・［桜田門外の変］
		1864	・幕府が長州藩を攻める（一次）
		1866	・薩長同盟が成立
		1866	・幕府が長州藩を攻める（二次）
		1867	・［大政奉還］，王政復古の大号令
		1868	・戊辰戦争（〜69）
	明治	1868	・五箇条の御誓文を定める
		1869	・版籍奉還
		1871	・［廃藩置県］
		1872	・学制を公布
		1873	・徴兵令を出す，地租改正を実施
		1874	・［民撰議院設立の建白書］を提出
		1876	・日朝修好条規を結ぶ
		1877	・［西南戦争］が起こる
		1880	・国会期成同盟を結成
		1881	・国会開設の勅諭，自由党を結成
		1882	・立憲改進党を結成
		1885	・内閣制度ができる
		1889	・大日本帝国憲法を発布
		1890	・第一回帝国議会
		1894	・［領事裁判権（治外法権）］の撤廃
		1894	・［日清戦争］（〜95）
		1895	・下関条約を結ぶ
		1895	・［三国干渉］（ロシア・ドイツ・フランス）
20		1902	・日英同盟を結ぶ
		1904	・［日露戦争］（〜05）
		1905	・ポーツマス条約を結ぶ
		1910	・大逆事件，韓国を併合
		1911	・［関税自主権］の回復

一問一答チェック

- □ ❶ ルソー
- □ ❷ ワシントン
- □ ❸ 人権宣言
- □ ❹ ナポレオン
- □ ❺ 資本主義
- □ ❻ 南北戦争
- □ ❼ アヘン戦争
- □ ❽ 日米和親条約
- □ ❾ 井伊直弼
- □ ❿ 薩長同盟
- □ ⓫ 坂本龍馬
- □ ⓬ 徳川慶喜
- □ ⓭ 王政復古の大号令
- □ ⓮ 五箇条の御誓文
- □ ⓯ 版籍奉還
- □ ⓰ 富国強兵
- □ ⓱ 地租改正
- □ ⓲ 福沢諭吉
- □ ⓳ 殖産興業
- □ ⓴ 樺太・千島交換条約
- □ ㉑ 西南戦争
- □ ㉒ 伊藤博文
- □ ㉓ 教育勅語
- □ ㉔ 帝国主義
- □ ㉕ 欧化政策
- □ ㉖ 義和団事件
- □ ㉗ ポーツマス条約

重要資料チェック

①地租改正の前後

	改正前	改正後
税の種類	年貢	地租
税率	収穫高に対する割合	地価の3％（のちに2.5％）
納税方法	米でおさめる	現金でおさめる
納入者	耕作者	土地所有者

②大日本帝国憲法（部分）

第1条　大日本帝国ハ万世一系ノ天皇之ヲ統治ス

第3条　天皇ハ神聖ニシテ侵スベカラズ

第4条　天皇ハ国ノ元首ニシテ統治権ヲ総攬シ此ノ
　　　　憲法ノ条規ニ依リ之ヲ行ウ

第11条　天皇ハ陸海空軍ヲ統帥ス　　　　（部分）

- □ ❶ ヨーロッパで[人民主権]を説いた啓蒙（けいもう）思想家。
- □ ❷ 1776年に独立したアメリカ合衆国の初代大統領。
- □ ❸ フランス革命中に出された，自由・平等・人民主権・私有財産の不可侵（ふかしん）をうたった宣言。
- □ ❹ 革命後のフランスで権力をにぎり，皇帝となった人物。
- □ ❺ 資本家が経営者として，労働者をやとう経済のしくみ。
- □ ❻ 1861年に起きたアメリカ合衆国の内戦。
- □ ❼ 1840年に起きたイギリスと中国（ちゅうごく）（清）（しん）の戦争。
- □ ❽ 1854年に幕府がペリーと結んだ条約。
- □ ❾ 開国後の幕府への不満をもつ人々を処罰（しょばつ）した大老（たいろう）。
- □ ❿ 1866年に倒幕をめざして結ばれた薩摩藩（さつまはん）と長州藩（ちょうしゅう）の同盟。
- □ ⓫ ❿を仲介（ちゅうかい）した元土佐（とさ）藩士。
- □ ⓬ 政権を朝廷（ちょうてい）に返すことを申し出た将軍。
- □ ⓭ ⓬ののち，朝廷が発した天皇を中心とした政治に戻すという宣言。
- □ ⓮ 1868年3月に新政府が出した新しい政治の方針。
- □ ⓯ 1869年，大名が土地と人民を政府に返したこと。
- □ ⓰ 諸外国に追いつくために政府が実施した政策。
- □ ⓱ 1873年から行われた土地制度の改革。
- □ ⓲ 人間の平等と民主主義を説いた「学問のすゝめ（す）」の著者。
- □ ⓳ 近代的な工業を育成することを目的とした政策。
- □ ⓴ 千島列島（ちしま）全島を日本領としたロシアとの条約。
- □ ㉑ 1877年に起きた[西郷隆盛（さいごうたかもり）]を指導者とする士族の反乱。
- □ ㉒ 1885年に初代の内閣（ないかく）総理大臣となった人物。
- □ ㉓ 1890年に出された教育に関する天皇の話。
- □ ㉔ 19世紀後半の，列強による世界分割の動き。
- □ ㉕ 条約改正のため，[井上馨（いのうえかおる）]が主導した政策。
- □ ㉖ 1900年に中国で起きた反乱。
- □ ㉗ 日露戦争（にちろせんそう）の講和条約。

- □ ❶ _____
- □ ❷ _____
- □ ❸ _____
- □ ❹ _____
- □ ❺ _____
- □ ❻ _____
- □ ❼ _____
- □ ❽ _____
- □ ❾ _____
- □ ❿ _____
- □ ⓫ _____
- □ ⓬ _____
- □ ⓭ _____
- □ ⓮ _____
- □ ⓯ _____
- □ ⓰ _____
- □ ⓱ _____
- □ ⓲ _____
- □ ⓳ _____
- □ ⓴ _____
- □ ㉑ _____
- □ ㉒ _____
- □ ㉓ _____
- □ ㉔ _____
- □ ㉕ _____
- □ ㉖ _____
- □ ㉗ _____

3）日露をめぐる列強の関係

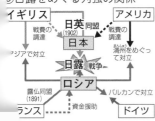

4）君死にたまふ（う）ことなかれ（部分）

> あゝをとうとよ君を泣く　君死にたまふことなかれ
> 末に生まれし君なれば　親のなさけはまさりしも
> 親は刃をにぎらせて　人を殺せとをしへしや
> 人を殺して死ねよとて　二十四までをそだてしや
> （部分）

＊与謝野晶子（歌人）が，日露戦争に出兵した弟に向けて読んだ詩。

年表チェック

世紀	時代	年代	できごと
20	大正	1911	・辛亥革命
		1912	・中華民国が成立し，清が滅びる
		1912	・第一次護憲運動
		1914	・[第一次世界大戦]（〜18）
		1915	・中国に二十一か条の要求を出す
		1917	・[ロシア革命]
		1918	・[米騒動]，シベリア出兵を行う（〜22）
		1918	・原敬が政党内閣を組織
		1919	・三・一独立運動，五・四運動
		1919	・ベルサイユ条約調印
		1920	・[国際連盟]の発足
		1921	・ワシントン会議が開かれる（〜22）
		1922	・イタリアでファシスト政権が成立
		1922	・ソビエト社会主義共和国連邦が成立
		1924	・第二次護憲運動
		1925	・治安維持法，[普通選挙法公布]
	昭和	1927	・中国国民政府が成立
		1929	・[世界恐慌]
		1931	・[満州事変]が起こる
		1932	・五・一五事件
		1933	・ドイツでナチス政権が成立
		1933	・アメリカでニューディール（政策）（〜36）
		1933	・国際連盟を脱退
		1936	・[二・二六事件]
		1937	・[日中戦争]（〜45）
		1938	・国家総動員法の制定
		1939	・[第二次世界大戦]（〜45）
		1940	・日独伊三国同盟を結ぶ
		1941	・日ソ中立条約
		1941	・太平洋戦争（〜45）
		1945	・ヤルタ会談，ドイツの降伏
		1945	・沖縄戦，広島・長崎への[原子爆弾]投下
		1945	・[ポツダム宣言]を受諾，降伏

一問一答チェック

- ☐ ❶ バルカン半島
- ☐ ❷ レーニン
- ☐ ❸ 五か年計画
- ☐ ❹ ベルサイユ条約
- ☐ ❺ 民族自決
- ☐ ❻ 国際連盟
- ☐ ❼ ワシントン会議
- ☐ ❽ 五・四運動
- ☐ ❾ ガンディー（ガンジー）
- ☐ ❿ 民本主義

- ☐ ⓫ 小作争議
- ☐ ⓬ 平塚らいてう（ちょう）
- ☐ ⓭ 全国水平社
- ☐ ⓮ 芥川龍之介
- ☐ ⓯ ブロック経済

- ☐ ⓰ ニューディール（政策）
- ☐ ⓱ ファシズム
- ☐ ⓲ ナチス（ナチ党）
- ☐ ⓳ 満州事変
- ☐ ⓴ 二・二六事件
- ☐ ㉑ 毛沢東
- ☐ ㉒ 大政翼賛会
- ☐ ㉓ 日独伊三国同盟
- ☐ ㉔ レジスタンス
- ☐ ㉕ 大東亜共栄圏
- ☐ ㉖ ポツダム宣言

重要資料チェック

①第一次世界大戦前の国際関係

②二十一か条の要求

— 中国政府は，ドイツが山東省に持っている一切の権益の処分について，日本とドイツとの協定にまかせる。

— 日本の旅順・大連の租借の期限，南満州鉄道の期限を99か年延長する。

— 中国政府は，南満州・東部内蒙古における鉱山の採掘権を日本国民にあたえる。　（部分要約）

□ **①** [ヨーロッパの火薬庫]とよばれていた地域。

□ **②** 1917年にロシアで社会主義政権を成立させた人物。

□ **③** スターリンが進めた，重工業と農業の集団化政策。

□ **④** 1919年に結ばれた，第一次世界大戦の講和条約。

□ **⑤** アメリカのウィルソン大統領の大戦前からの主張。

□ **⑥** 1920年，世界平和と国際協調のために設けられた組織。

□ **⑦** 1921年にアメリカのよびかけで開かれた会議。

□ **⑧** 1919年に中国で起こった反日運動。

□ **⑨** インドで，非暴力・不服従の運動を指導した人物。

□ **⑩** 吉野作造が唱えた，普通選挙によって国民の意向を政治に反映させるという主張。

□ **⑪** 小作料の引き下げを求めて多発した農民運動。

□ **⑫** 青鞜社や新婦人協会をつくった女性運動家。

□ **⑬** 1922年，京都で結成された部落解放運動の組織。

□ **⑭** 「羅生門」「地獄変」などを著した小説家。

□ **⑮** イギリスやフランスが，本国と植民地の関係を密接にし，他国の商品の関税を高くした政策。

□ **⑯** アメリカが，世界恐慌に対してとった政策。

□ **⑰** 反民主主義をかかげる全体主義の政治運動。

□ **⑱** ドイツで[ヒトラー]が率いた政党。

□ **⑲** 1931年に，日本が中国東北地方で起こした軍事行動。

□ **⑳** 1936年，陸軍の将校が首相官邸などを襲った事件。

□ **㉑** このころの中国共産党の指導者。

□ **㉒** 1940年，ほとんどの政党が解散して，合流した組織。

□ **㉓** 1940年，日本がヨーロッパの2国と結んだ同盟。

□ **㉔** ドイツの占領地域で発生した武力抵抗運動。

□ **㉕** 日本が東南アジアに進出する際に唱えた構想。

□ **㉖** 1945年7月，連合国が日本に対して発表した宣言。

ファイナルチェック欄：□①〜□㉖

③大衆文化（大正〜昭和初期）

生活	ガス・水道・電気の普及，文化住宅の登場
文学	芥川龍之介『羅生門』，小林多喜二『蟹工船』など
メディア	活字文化の広がり，ラジオ放送の開始（1925年）

④太平洋戦争をめぐる国際関係

13

年表チェック

世紀	時代	年代	できごと
20	昭和	1945	・[国際連合]の発足
		1946	・日本国憲法公布(47年施行)
		1949	・北大西洋条約機構(NATO)が成立
		1949	・[中華人民共和国]が成立
		1950	・朝鮮戦争(〜53)
		1951	・[サンフランシスコ平和条約]を結ぶ
		1951	・[日米安全保障条約]を結ぶ
		1954	・自衛隊の設置
		1956	・ソ連との国交が回復,国際連合に加盟
		1960	・日米安全保障条約の改定
		1963	・部分的核実験停止条約
		1965	・[日韓基本条約]を結ぶ
		1965	・ベトナム戦争が激化(〜75)
		1967	・ヨーロッパ共同体(EC)の発足
		1968	・小笠原諸島が日本に復帰
		1968	・国民総生産が資本主義国第二位に
		1972	・[沖縄]が日本に復帰
		1972	・日中国交正常化
		1973	・石油危機
		1978	・日中平和友好条約を結ぶ
		1979	・国際人権規約を批准
	平成	1989	・ベルリンの壁の崩壊
		1990	・[東西ドイツ]の統一
		1991	・湾岸戦争勃発
		1991	・ソビエト社会主義共和国連邦の解体
		1992	・国際平和協力法(PKO協力法)が成立
		1993	・ヨーロッパ連合([EU])の発足
		1995	・阪神・淡路大震災
		1997	・アイヌ文化振興法の制定
21		2001	・[アメリカ同時多発テロ]
		2002	・日朝首脳会談開催(平壌宣言)
		2003	・イラク戦争が起こる
		2011	・東日本大震災
		2015	・パリ協定合意
		2016	・選挙年齢が満18才以上に引き下げられる

一問一答チェック

- ❶ 北方領土
- ❷ GHQ
- ❸ 戦後改革
- ❹ 極東国際軍事裁判(東京裁判)
- ❺ 財閥解体
- ❻ 農地改革
- ❼ 日本国憲法
- ❽ 基本的人権の尊重
- ❾ 教育基本法
- ❿ 国際連合(国連)
- ⓫ NATO
- ⓬ ワルシャワ条約機構
- ⓭ 冷たい戦争(冷戦)
- ⓮ 南北問題
- ⓯ サンフランシスコ平和条約
- ⓰ 55年体制
- ⓱ 安保闘争
- ⓲ 日ソ共同宣言
- ⓳ 田中角栄
- ⓴ 非核三原則
- ㉑ 高度経済成長
- ㉒ 公害問題
- ㉓ 石油危機(オイル・ショック)
- ㉔ ベルリン
- ㉕ ヨーロッパ連合(EU)
- ㉖ バブル経済
- ㉗ 少子高齢(化)問題

重要資料チェック

①大日本帝国憲法と日本国憲法の比較

大日本帝国憲法(1890年11月29日施行)		日本国憲法(1947年5月3日施行)
[天皇]／君主が定める[欽定]憲法	主権／形式	[国民]／国民が定める[民定]憲法
神聖不可侵で統治権をもつ元首	天皇	日本国・日本国民統合の[象徴]
[法律]の範囲内で権利を認める	国民の権利	永久不可侵の基本的人権を保障
天皇が軍隊を指揮・命令,徴兵制	戦争と軍隊	戦争放棄,戦力不保持と交戦権の否認

□ ❶ 第二次世界大戦後にソ連に占拠された日本の領土。

□ ❷ ［マッカーサー］を最高司令官とする司令部の略称。

□ ❸ ❷の指令に従い日本政府が実施した改革。

□ ❹ ❷が戦争犯罪人を裁いた裁判。

□ ❺ 日本の経済を支配してきた三井，三菱などを解体したこと。

□ ❻ 農村において行われた民主化政策。

□ ❼ 1946年11月3日に公布，1947年5月3日より施行された憲法。

□ ❽ ❼の基本原理は，［国民主権］・［平和主義］とあとは何か。

□ ❾ 民主主義の教育の基本を示す法律。

□ ❿ 連合国が世界大戦の反省から創った国際組織。

□ ⓫ 西側の［北大西洋条約機構］の略称。

□ ⓬ 1955年に東側陣営が結成した機構。

□ ⓭ ⓫の陣営と⓬の陣営の対立のこと。

□ ⓮ 独立した旧植民地と先進国との経済格差問題。

□ ⓯ 1951年，日本が独立を回復する時に結んだ条約。

□ ⓰ 自由民主党が1955年から38年間，政権をとり続けた政治体制。

□ ⓱ アメリカとの軍事同盟に反対する運動。

□ ⓲ 1956年，ソ連との国交を回復した時に調印された宣言。

□ ⓳ 1972年に［日中共同声明］を出した日本の首相。

□ ⓴ 核兵器を「持たず，つくらず，持ちこませず」という原則。

□ ㉑ 1955年からの日本経済の急激な発展。

□ ㉒ ㉑により起きた大気汚染や水質汚濁などの問題。

□ ㉓ ㉑の好景気を終わらせた，1973年のできごと。

□ ㉔ 1989年にこわされた，冷戦の象徴とされていた壁があった都市。

□ ㉕ 1993年，ヨーロッパ共同体（［EC］）が発展してできた組織。

□ ㉖ 1980年代後半に日本で発生した不健全な好景気。

□ ㉗ 現在の日本が直面している，経済の長期的な落ち込みにつながる

　　と考えられている問題。

□ ❶ _____

□ ❷ _____

□ ❸ _____

□ ❹ _____

□ ❺ _____

□ ❻ _____

□ ❼ _____

□ ❽ _____

□ ❾ _____

□ ❿ _____

□ ⓫ _____

□ ⓬ _____

□ ⓭ _____

□ ⓮ _____

□ ⓯ _____

□ ⓰ _____

□ ⓱ _____

□ ⓲ _____

□ ⓳ _____

□ ⓴ _____

□ ㉑ _____

□ ㉒ _____

□ ㉓ _____

□ ㉔ _____

□ ㉕ _____

□ ㉖ _____

□ ㉗ _____

②四大公害病発生地

新潟水俣病
有機水銀による水質汚濁が原因 阿賀野川流域で発生した

四日市ぜんそく
亜硫酸ガスなどによる大気汚染が原因 三重県四日市市で発生した

イタイイタイ病
カドミウムによる水質汚濁が原因 神通川流域で発生した

水俣病
有機水銀による水質汚濁が原因 水俣湾沿岸で発生した

③ヨーロッパ諸国の動き

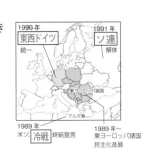

1990年 東西ドイツ 統一

1991年 ソ連 解体

1989年 米ソ 冷戦 終結宣言

1989年～ 東ヨーロッパ諸国民主化進展

マルタ島

15

学習日	ページ	
/		
/		
/		
/		
/		
/		
/		
/		
/		
/		
/		
/		
/		
/		
/		
/		
/		
/		
/		
/		
/		
/		
/		
/		
/		
/		
/		

学習日	ページ	
/		
/		
/		
/		
/		
/		
/		
/		
/		
/		
/		
/		
/		
/		
/		
/		
/		
/		
/		
/		
/		
/		
/		
/		
/		

学習日	ページ	
/		
/		
/		
/		
/		
/		
/		
/		
/		
/		
/		
/		
/		
/		
/		
/		
/		
/		
/		
/		
/		
/		
/		
/		
/		
/		

学習日	ページ	
／		
／		
／		
／		
／		
／		
／		
／		
／		
／		
／		
／		
／		
／		
／		
／		
／		
／		
／		
／		
／		
／		
／		
／		
／		
／		

学習日	ページ	
/		
/		
/		
/		
/		
/		
/		
/		
/		
/		
/		
/		
/		
/		
/		
/		
/		
/		
/		
/		
/		
/		
/		
/		
/		
/		
/		

学習日	ページ
/	
/	
/	
/	
/	
/	
/	
/	
/	
/	
/	
/	
/	
/	
/	
/	
/	
/	
/	
/	
/	
/	
/	
/	
/	
/	

学習日	ページ	
/		
/		
/		
/		
/		
/		
/		
/		
/		
/		
/		
/		
/		
/		
/		
/		
/		
/		
/		
/		
/		
/		
/		
/		
/		
/		
/		

学習日	ページ	
/		
/		
/		
/		
/		
/		
/		
/		
/		
/		
/		
/		
/		
/		
/		
/		
/		
/		
/		
/		
/		
/		
/		
/		
/		
/		

学習日	ページ	
/		
/		
/		
/		
/		
/		
/		
/		
/		
/		
/		
/		
/		
/		
/		
学習日	ページ	
/		
/		
/		
/		
/		
/		
/		
/		

学習日	ページ
/	
/	
/	
/	
/	
/	
/	
/	
/	
/	
/	
/	
/	
/	
/	
/	
/	
/	
/	
/	
/	
/	
/	
/	

学習日	ページ	
/		
/		
/		
/		
/		
/		
/		
/		
/		
/		
/		
/		
/		
/		
/		
/		
/		
/		
/		
/		
/		
/		
/		
/		
/		
/		
/		

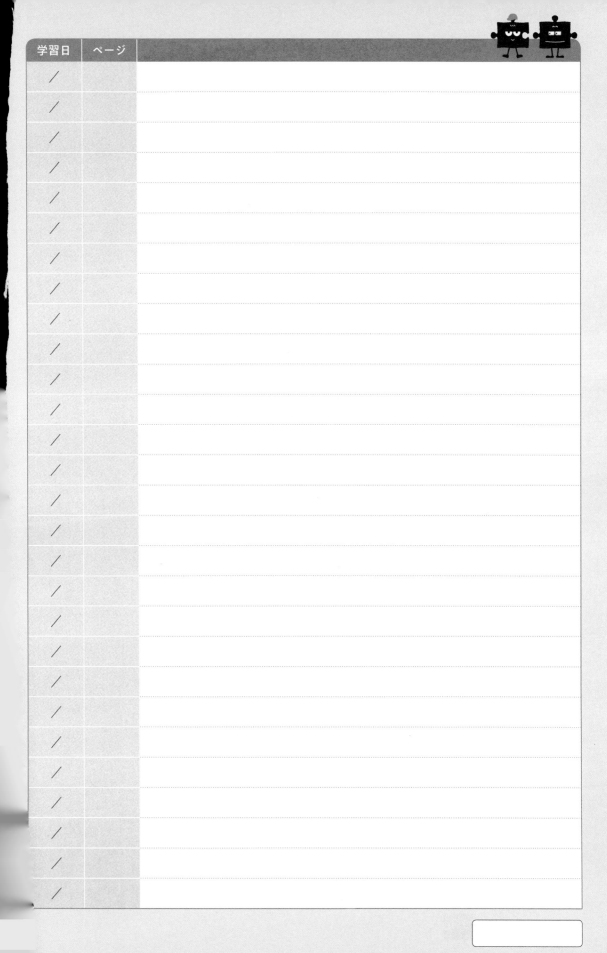

学習日	ページ	
/		
/		
/		
/		
/		
/		
/		
/		
/		
/		
/		
/		
/		
/		
/		
学習日	ページ	
/		
/		
/		
/		
/		
/		
/		
/		

学習日	ページ	
/		
/		
/		
/		
/		
/		
/		
/		
/		
/		
/		
/		
/		
/		
/		
/		
/		
/		
/		
/		
/		
/		
/		
/		

学習日	ページ	
/		
/		
/		
/		
/		
/		
/		
/		
/		
/		
/		
/		
/		
/		
/		
学習日	ページ	
/		
/		
/		
/		
/		
/		
/		
/		
/		

学習日	ページ	
/		
/		
/		
/		
/		
/		
/		
/		
/		
/		
/		
/		
/		
/		
/		
/		
/		
/		
/		
/		
/		
/		
/		
/		

学習日	ページ	
/		
/		
/		
/		
/		
/		
/		
/		
/		
/		
/		
/		
/		
/		
/		
/		
/		
/		
/		
/		
/		
/		
/		
/		

学習日	ページ
/	
/	
/	
/	
/	
/	
/	
/	
/	
/	
/	
/	
/	
/	
/	
/	
/	
/	
/	
/	
/	
/	
/	
/	
/	

学習日	ページ	
/		
/		
/		
/		
/		
/		
/		
/		
/		
/		
/		
/		
/		
/		
/		
/		
/		
/		
/		
/		
/		
/		
/		
/		
/		

目次

教科書ぴったりトレーニング
東京書籍版 社会歴史

成績アップのための学習メソッド ▶ 2〜5

学習内容

※原則，ぴたトレ1は偶数，ぴたトレ2は奇数ページになります。

【提供】 ＊一部画像はトリミングして掲載しています。

Images/ アフロ／ Bridgeman Images／ 時事通信フォト／ dpa／ 時事通信フォト／ Kobe City Museum/DNPartcom:解体新書（杉田玄白,中川淳庵校,石川玄常参,桂川甫周 閲）,桜ヶ丘５号銅鐸＿Ｂ面,聖フランシスコ・像／ PPS 通信社／ Science Photo Library／ アフロ／ TNM Image Archives：キリスト像（十字架上）踏絵，職人尽歌合（七十一番職人歌合）模本（狩野晴川，狩野勝川／模），土偶（青森県木造町亀ケ出土），幕末江戸市中騒動図 部分（細谷松茂），富嶽三十六景＿神奈川沖浪裏（葛飾北斎），深鉢形土器（青森県下北郡東通村榎田出土），婦女人相十品＿ビードロ吹き（喜多川歌麿），武人埴輪＿正面，（菱川師宣），無我（横山大観），老猿（高村光雲）／ ullstein bild／ 時事通信フォト／ WPS ／ YOSHIO TOMII/SHASHIN KOUBOU/SEBUN PHOTO/amanaimages ／石山寺：周防国玖珂郡玖珂郷の善善光寺／神奈川県立歴史博物館／岐阜県文化財保護センター／公益財団法人 東洋文庫／公益財団法人 野口英世記念会／公共財団法人 徳川記念財団／堺市博物館／慈照寺ンアーカイブス株式会社／唐招提寺／東大寺／飛鳥園／能楽協会／平等院／山口県光市 伊藤公資料館／山口県文書館：特命全権岩倉使節団／岡谷蚕糸博物館／宮内庁三の丸尚蔵館／慶應義塾福澤／月岡陽一／アフロ／高台寺／国立国会図書館／国立国会図書館ウェブサイト／時事／人間文化研究機構 国文学研究資料館／朝日新聞社／時事通信フォト／長興寺（豊田市）／長善寺／鎮国守田原市博物館／東京都立大学 学術情報基盤センター／徳川美術館イメージアーカイブ／DNPartcom：米騒動絵巻＿二巻（泥江橋付近カブトビール前）（桜井清香），伝徳川綱吉画像 部分，長篠合戦図４扇）／奈良文化財研究所／日光東照宮／白山文化博物館／米公文書館／時事通信フォト

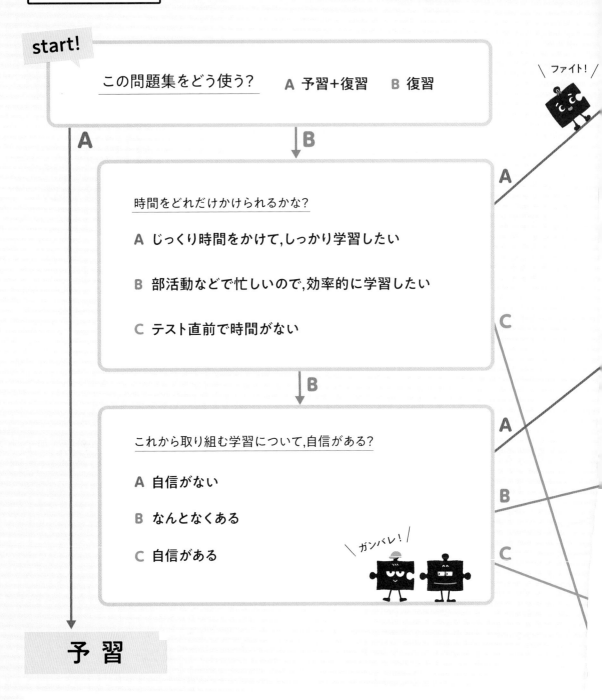

自分にあった学習法を
見つけよう!

成績アップのための学習メソッド

\ファイト! /

start!

この問題集をどう使う?　　A 予習+復習　　B 復習

A

B

A

時間をどれだけかけられるかな?

A じっくり時間をかけて,しっかり学習したい

B 部活動などで忙しいので,効率的に学習したい

C テスト直前で時間がない

C

B

A

これから取り組む学習について,自信がある?

A 自信がない

B なんとなくある

C 自信がある

B

\ガンバレ! /

C

予 習

| 教科書を
じっくり読む | → | **ぴたトレ1**
問題を解く | → | **ぴたトレ2**
問題を解く | → | 授業をしっかり
聞いて言葉の
意味を理解する |

わからない時は…学校の先生に聞いたり,教科書を読みながらぴたトレ1・2を解いたりしよう!

復 習

目安の時間には,丸付けや見直しの時間も含まれているよ。
テストの前には,定期テスト予想問題にも取り組もう。

じっくりコース

教科書 ぴたトレ1	ぴたトレ2	ぴたトレ1
・ぴたトレ1 に対応する教科書のページを読む ・問題を解く(1回目)	問題を解く(1回目) ┗ 解けないときは ヒント を見る, ぴたトレ1 に戻る, 間違えた問題にチェックをつける	問題を解く(2回目) ┗ 間違えた問題にチェックをつける

反復練習	ぴたトレ3 **45分**	ぴたトレ2
ぴたトレ1 ぴたトレ2 の間違えた問題だけをくり返し解く	テストを解く ┗ 解けないときは ぴたトレ1 ぴたトレ2 に戻る	問題を解く(2回目) ┗ 解けないときは ヒント を見る ぴたトレ1 に戻る

くり返し問題を解くときは別冊note bookを使おう!

時短 A コース

ぴたトレ1 **30分**	ぴたトレ2 **30分**	ぴたトレ3 **45分**
問題を2回解く	問題を2回解く	テストを解く

時短 B コース

ぴたトレ1 **20分**	ぴたトレ2 **20分**	ぴたトレ3 **45分**
・問題を解く ・間違えた問題だけをもう一度解く	問題を解く	テストを解く

時短 C コース

ぴたトレ1	ぴたトレ2 **15分**	ぴたトレ3 **45分**
省略	書きトレ! を解く	テストを解く

テスト直前コース

\めざせ,点数アップ!/

5日前 ぴたトレ1	3日前 ぴたトレ2	1日前 定期テスト予想問題	当日 別冊note book
・解答集を見ながら問題の答えを赤ペンで書く ・赤シートで隠して文を読む	問題を解く	テストを解く	赤シートを使って重要語句を最終確認する

日常学習

コースがきまったら,4~5ページを見てみよう ➡

3

《 ぴたトレの構成と使い方 》

教科書ぴったりトレーニングは,おもに,「ぴたトレ1」,「ぴたトレ2」,「ぴたトレ3」で構成
されています。それぞれの使い方を理解し,効率的に学習に取り組みましょう。

なお,「ぴたトレ3」「定期テスト予想問題」では学校での成績アップに直接結びつくよう,
通知表における観点別の評価に対応した問題を取り上げています。

学校の通知表は以下の観点別の評価がもとになっています。

\一緒にがんばろう!/

知識 技能	思考力 判断力 表現力	主体的に 学習に 取り組む態度

教科書を読みましょう。
（予習・じっくりコース推奨）

学習メソッド

・教科書をじっくり読んで,これから勉強する内容の流れを,
おおまかに頭に入れてみよう。
・太字は出題されやすいから,しっかり読んで覚えよう。

別冊notebookも使って
くり返し問題を解く
習慣を身に付けよう!

note book
重要語句
チェック
＆
ぴたトレ
専用ノート

ぴたトレ 1

要点チェック

基本的な問題を解くことで,基礎学力が定着します。

要点整理

穴埋め式の問題です。
教科書の重要語句を
確認しましょう。

学習メソッド

ぴたトレ1では,教科書の内容を整理し
ながら,重要語句の確認ができるよ。

時間があるときは,教科書を読んでから
取り組むと理解度がアップするよ。

わからない問題や,間違えた問題は
チェックして,もう一度解くようにしよう。

学習メソッド

解答欄は,自分のコースにあう使い方を
してみてね。

・問題を解いて答えを書き込む。
・解答集を見ながら赤ペンで書き込む。
　→赤シートで解答欄を隠しながら,
　文を読んでみよう。
・解答はノートに書き込む。
　→くり返し問題を解くことができるよ。

詳しく解説!

おさえておきたい重要語句の解説です。

リー子のひとこと

ポイントや注意事項を紹介しています。

ぴたトレ2

練習

理解力・応用力をつける問題です。

学習メソッド

ぴたトレ2は,ぴたトレ1と対応した範囲の問題になっているよ。

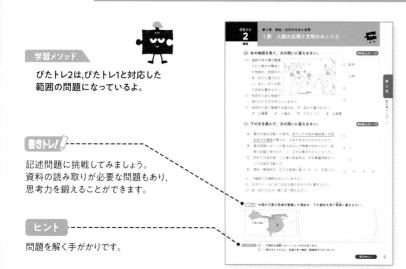

書きトレ！

記述問題に挑戦してみましょう。資料の読み取りが必要な問題もあり,思考力を鍛えることができます。

ヒント

問題を解く手がかりです。

学習メソッド

解答欄は,自分のコースにあう使い方をしてみてね。

- 問題を解いて答えを書き込む。
- 解答はノートに書き込む。
  →くり返し問題を解くことができるよ。

わからないときは,下の「ヒント」を見よう。「ぴたトレ1」に戻って確認するのもOK。

わからない問題や,間違えた問題はチェックして,もう一度解くようにしよう。

ぴたトレ3

確認テスト

どの程度学力がついたかを自己診断するテストです。

成績評価の観点

技 思

問題ごとに「技能」「思考力・判断力・表現力」の評価の観点が示してあります。
※観点の表示がないものは「知識」です。

よく出る

テストで問われることが多い問題です。

作図

作業を伴う問題に表示します。

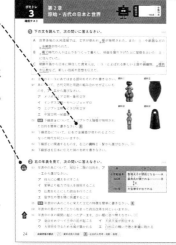

記述

文章で答える問題です。

点UP

テストで高得点を狙える,やや難しい問題です。

学習メソッド

テスト本番のつもりで何も見ずに解こう。

- わからない語句があった→ぴたトレ1に戻ろう。
- わからない問題があった→ぴたトレ2の問題を解いてみよう。

学習メソッド

答え合わせが終わったら,苦手な問題がないか確認しよう。

定期テスト予想問題

- 定期テストに出そうな問題を学習順に掲載しています。
- 各問題には教科書の対応ページを示しています。
- 解答集の「出題傾向」で,傾向と対策を確認しましょう。

学習メソッド

ぴたトレ3と同じように,テスト本番のつもりで解こう。テスト前に,学習内容を本当に理解できているかどうかを確認しよう。

時代区分

古代　　　　　　　　　　近世

中　世

平安　鎌倉　室町　南北朝　戦国　安土桃山　江戸

今は, 現代, 令和時代です。

（　）にあてはまる語句を答えよう。

ノートを活用して，くり返し書いて覚えよう。

1 時期や年代の表し方
教科書p.8 ～ 9

◉西暦／世紀／元号／時代区分

・（ ① ）…ヨーロッパで考え出された年代の表し方。（ ② ）が

生まれたと考えられていた年を「紀元1年(元年)」とし，そ

の前を「紀元前○年」，後を「紀元○年(紀元後○年)」とする。

・世紀…（ ① ）の（ ③ ）年を単位として年代を区切る方法。

①
②
③
④
⑤

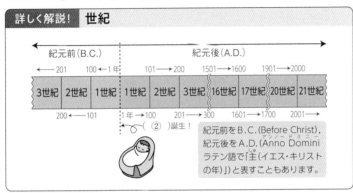

| 詳しく解説! | 世紀 |

紀元前(B.C.)　　　　　　紀元後(A.D.)

←201　100←1年｜1年→100　101→200　1501→1600　1901→2000

3世紀｜2世紀｜1世紀｜1世紀｜2世紀｜3世紀｜16世紀｜17世紀｜20世紀｜21世紀

200←101　　1年→100　201→300　1601→1700　2001→

（ ② ）誕生！

紀元前をB.C.(Before Christ)，
紀元後をA.D.(Anno Domini
ラテン語で「主(イエス・キリスト
の年)」)と表すこともあります。

十干十二支という年代
の表し方もあるよ。

・（ ④ ）…中国にならって取り入れられた時代の表し方。日本では7世紀

半ばの「（ ⑤ ）」が最初のもの。

・時代区分…「平安時代」，「室町時代」など，歴史の流れを大きく区切る方法。

「古代」，「中世」など社会の仕組みの特徴により時代を区切ることもある。

・歴史の学習では，出来事が「いつ，どこで，だれによって起こったのか」という「**時期や年**

代」をとらえることが必要。

2 歴史の流れのとらえ方／ 3 時代の特色のとらえ方
教科書p.10 ～ 13

◉歴史の流れのとらえ方

・歴史の学習では，出来事の「時期や年代」だけではなく，複

数の出来事を時間の流れにそって整理し，どのように

「（ ⑥ ）」したかをとらえることが必要。

◉時代の特色のとらえ方

・物事の特色をとらえるには，別の物事と「（ ⑦ ）」すること

が必要。→前後の時代を比べて，共通点や異なる点を考える。

・歴史の出来事の背景や原因，影響を受けた出来事など，出来事の「（ ⑧ ）」を考える。

・過去の出来事には，現在にまで影響するものがあるため，「**現在とのつながり**」を考えるこ

とが重要。

⑥
⑦
⑧

解答▶▶ p.1

ぴたトレ 1 要点チェック

2節　身近な地域の歴史

（　　）にあてはまる語句を答えよう。

ノートを活用して，くり返し書いて覚えよう。

1 テーマを決めて調査・考察しよう

教科書p.14 ～ 15

◉ 調査の流れ

・1 テーマの設定⇒2 調査⇒3 考察⇒4 まとめ・発表⇒5 ふり

　返りの流れで，身近な地域の歴史の調査を行う。

◉ テーマの設定

・興味のあるものや疑問に思ったことに着目してテーマを設定。

◉ 調査

・図書室・（ ① ）…歴史書，伝記，辞典などの書籍を調べる。

・（ ② ）…キーワードを入力して検索する。

・博物館・美術館…展示を見学，（ ③ ）に話を聞く。

・郷土資料館の利用

　遺跡・遺物の見学

・（ ④ ）調査…地域の人や施設の人など。

◉ 考察

・「相互の関連」，「推移」，「比較」の見方や考え方で，調べた内容の歴史的な背景について考

　える。さまざまな資料に基づいて判断する。

①
②
③
④

（ ② ）の情報をうのみ
にせず，情報を正しく
選択して利用しよう。

2 まとめと発表をしよう

教科書p.16 ～ 17

◉ まとめ

・時代の流れを表現する（ ⑤ ）や人物カードにまとめる。

・（ ⑥ ）にまとめる。→テーマ設定の理由，調査方法，調査内

　容，考察，感想などをまとめる。

・（ ⑦ ）にまとめる。→トップ記事や見出しを決める。

・漫画やイラスト，イラストマップにまとめる。

・（ ② ）を使って発信。

⑤
⑥
⑦

◉ 発表

・聞く人の興味をひく工夫をして，分かりやすく発表する。

◉ ふり返り

・設定したテーマに沿って調べたりまとめたりすることができたか，ふり

　返る。

・自分のまとめ方や発表の仕方を見直して次の学習に生かす。

自分の言葉で伝えたい
ことを表現しよう。

第2章　古代までの日本

1節　世界の古代文明と宗教のおこり①

できごと

約七〇〇〜六〇〇万年前	猿人が出現
約二五〇万年前	氷河時代
約二〇〇万年前	原人が出現
約二〇万年前	新人（ホモ・サピエンス）が出現
約一万年前	新石器時代
	農耕・牧畜の始まり

（　）にあてはまる語句を答えよう。

ノートを活用して，くり返し書いて覚えよう。

1 人類の出現と進化

教科書p.20〜21

◆**人類の出現**

・約700万年から600万年前，アフリカに最も古い人類である（　①　）が出現。後ろあし(足)で立って歩き，前あし(手)で（　②　）を使用し，知能が発達。

◆**旧石器時代**

・（　③　）**時代**…石を打ち欠いて作った（　④　）を使用し，狩りや採集を行って移動しながら生活した時代。1万年ほど前まで続いた。

・250万年ほど前，氷河時代となり，氷期と間氷期をくり返す。

・200万年ほど前，（　⑤　）が出現し，（　④　）を作り始める。やがて人類は火や（　⑥　）を使うようになる。

▲（　④　）

・20万年ほど前，人類の直接の祖先である（　⑦　）(**ホモ・サピエンス**)が出現。→世界中に広がる。

詳しく解説！	**ラスコー洞窟の壁画**

今から約2万年前，フランスのラスコーにある洞窟で，牛や馬，羊などの動物の壁画が新人によってえがかれた。このような壁画はヨーロッパ・アフリカ・オーストラリア・東南アジアなど世界各地で見つかっている。

①	
②	
③	
④	
⑤	
⑥	
⑦	
⑧	
⑨	
⑩	

◆**新石器時代**

・（　⑧　）**時代**…（　⑨　）や（　⑩　）を使用し，農耕や牧畜を始めた時代。

・1万年ほど前，氷期が終わり，気温が上昇。魚や貝，食料になる木の実が増加。

・弓と矢の発明により，小形の動物をとらえられるようになる。

・農耕や牧畜の始まり…麦，粟，稲を栽培し，牛，羊などの家畜を飼育。

・（　⑨　）の発明…食物を煮ることができるようになる。

・（　⑩　）の使用…表面をみがいた石器が作られるようになり，木を切ったり加工したりしやすくなる。

（　③　）時代には狩りや採集，（　⑧　）時代には農耕や牧畜を行うようになったんだね。

解答▶▶p.1

❶ 下の文を読んで，次の問いに答えなさい。

教科書p.20〜21

　a最も古い人類は，今から約700万年前から600万年前に出現し，後ろあし(足)で立ち，やがて前あし(手)で道具を使用するようになった。

　今から250万年ほど前から，地球は寒い氷期と比較的暖かい間氷期をくり返す（　①　）時代に入った。その間，人類は少しずつ進化し，b今から200万年ほど前に現れた人類は，石を打ち欠いてするどい刃を持つ（　②　）を作り始め，これを使って動物をとらえたり，猛獣から身を守ったりするようになった。やがて人類は，（　③　）や言葉を使うようになり，今から20万年ほど前には，c現在の人類の祖先に当たる人類が出現した。d狩りや採集を行って移動しながら生活し，（　②　）を使った時代は 1 万年ほど前まで続いた。

　今から約 1 万年前，気温が上がり始めるとe農耕や（　④　）が始まり，食べ物を煮たりするための（　⑤　）や，表面をみがいて作った（　⑥　）も使うようになった。

(1)	①
	②
	③
	④
	⑤
	⑥
(2)	a
	b
	c
(3)	d
	e

(1)　文中の①〜⑥にあてはまる語句を，ア〜カから選びなさい。
　　ア　磨製石器　　イ　打製石器　　ウ　氷河　　エ　火
　　オ　土器　　　　カ　牧畜
(2)　下線部 a 〜 c の人類を，ア〜ウから選びなさい。
　　ア　原人
　　イ　猿人
　　ウ　新人
(3)　下線部 d・e の時代を何といいますか。

書きトレ！旧石器時代と新石器時代とのちがいを，生活の仕方に着目して簡単に書きなさい。

（

）

ヒント　❶ (1)④家畜を飼育することをいいます。
　　　　(2) c ホモ・サピエンスともよばれます。

第2章　古代までの日本

1節　世界の古代文明と宗教のおこり②

（　　）にあてはまる語句を答えよう。
ノートを活用して，くり返し書いて覚えよう。

2 古代文明のおこりと発展

教科書p.22～23

◆ 文明のおこり

・**農耕や牧畜**の発達により，集団で食料を計画的に生産するようになり，各地で国のまとまりができる。

・**文明**のおこり…（　①　）や**鉄器**，貨幣，文字，法律の発明。

・**エジプト文明**，（　②　）**文明**，（　③　）**文明**，**中国文明**が大河のほとりで発展。

◆ エジプト文明／メソポタミア文明／インダス文明

エジプト文明 (前3000年ごろ)	ナイル川流域で農耕が発達。 ピラミッド・**太陽暦**・（　④　）**文字**。
（　②　）文明 (前3000年ごろ)	チグリス川・（　⑤　）川流域。 （　⑥　）**文字**・**太陰暦**・60進法・1週間を七日とすること。
（　③　）文明 (前2500年ごろ)	（　③　）川流域。 モヘンジョ・ダロの都市遺跡。 前1500年ごろ，アーリヤ人が進出。

①

②

③

④

⑤

⑥

エジプトと（　②　）をふくむ地域をオリエントというよ。

3 中国文明の発展

教科書p.24～25

◆ 中国文明の発生

・1万年ほど前，**黄河・長江**流域で農耕文明が生まれる。

・**殷**…前16世紀ごろ，黄河流域に成立。（　①　）や（　⑦　）**文字**。

・**周**…前11世紀，殷をほろぼす。

・前8世紀，春秋・戦国時代となり，鉄製の兵器や農具が広まり，農業や商業が発達。前6世紀，**孔子**が（　⑧　）を説く。

◆ 秦の中国統一／漢の成立

・**秦**…前3世紀，（　⑨　）が中国を統一。容積の基準，文字，貨幣を統一し，遊牧民の侵入に備えて万里の長城を築く。

・（　⑩　）…秦にかわって中国を統一。前2世紀に朝鮮半島に楽浪郡などを設ける。「（　⑪　）(絹の道)」を通って中国から西方に絹織物が，西方から仏教が伝わる。（　⑧　）が国の教えとなり，紙が発明される。

⑦

⑧

⑨

⑩

⑪

解答▶▶ p.1

第2章　古代までの日本

1節　世界の古代文明と宗教のおこり②

① **右の地図を見て，次の問いに答えなさい。** 教科書p.22〜23

(1) 地図中のA〜C
の地域で発生し
た文明を書きな
さい。

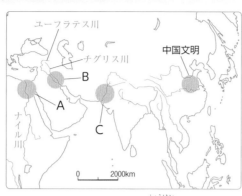

(2) 次の①・②に関
係の深い文明を，
A〜Cから選び
なさい。

① 神殿やピラミッドが造られ，太陽暦や象形文字が発明
された。

② くさび形文字が発明され，太陰暦や60進法，1週間七
日制などが考え出された。

(3) AとBをふくむ地域を何といいますか。

(1)	A	
	B	
	C	
(2)	①	
	②	
(3)		

② **右の地図を見て，次の問いに答えなさい。** 教科書p.24〜25

(1) 地図中のAは，
秦が北方の遊牧
民の侵入を防ぐ
ために築いたも
のです。何とい
いますか。

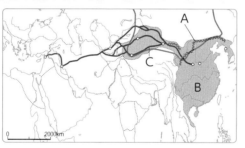

(2) 秦にかわって中国を統一した，地図中のBの国を何といい
ますか。

(3) 中国と西方の国を結ぶ地図中のCの交易路を何といいますか。

(1)	
(2)	
(3)	

書きトレ! エジプト文明とメソポタミア文明に共通する点を，簡単に書きなさい。

( )

ヒント ① (1)Cインダス川流域で生まれました。
② (3)この交易路を通って，中国から西方へ絹織物などが運ばれました。

解答▶▶ p.1 　11

1節　世界の古代文明と宗教のおこり③

できごと

7世紀　イスラム教がおこる

三二三　ローマ帝国がキリスト教を公認

前四ごろ　イエスが生まれる
↓キリスト教

前二七　ローマ帝国が成立する

前三三四　アレクサンドロス大王の東方遠征

前五世紀ごろ　仏教がおこる

前八世紀ごろ　ギリシャ人がポリスを建設

（　）にあてはまる語句を答えよう。

ノートを活用して，くり返し書いて覚えよう。

4 ギリシャ・ローマの文明
教科書p.26～27

◎ **ギリシャの都市国家／ヘレニズム**

・紀元前8世紀ごろから，ギリシャ人がアテネやスパルタなどの都市国家（（ ① ））を建設。アテネでは成年の男性市民全員が参加する民会を中心に，（ ② ）が発展。

・紀元前5世紀，（ ① ）は連合してペルシャの侵攻を撃退。
　→芸術や学問など**ギリシャ文明**は全盛期をむかえる。

・紀元前4世紀，ギリシャを征服したマケドニアの（ ③ ）大王が東方に遠征してペルシャを征服。インダス川まで勢力拡大。

・（ ④ ）…ギリシャ文明が東方に広まる。

◎ **ローマ帝国**

・イタリア半島中部では，イタリア系の人々が都市国家のローマを造る。

・紀元前6世紀，王政を廃し，（ ⑤ ）の国となる。→紀元前27年，帝政に変わる。

・**ローマ帝国**は領土を広げ，高度な文明を築き，各地に水道や浴場，闘技場などの施設を造る。

①
②
③
④
⑤

5 宗教のおこりと三大宗教
教科書p.28～29

◎ **宗教のおこり**

・人々は，苦しみからのがれるため，神に祈るようになる。
　→神の教えを説く者が現れ，儀式や聖典を整え宗教が成立。

◎ **仏教のおこり／キリスト教のおこり／イスラム教のおこり**

宗教	仏教	キリスト教	イスラム教
成立	紀元前5世紀ごろのインド	紀元前後のパレスチナ地方	7世紀のアラビア半島
開祖	（ ⑥ ）	（ ⑦ ）	（ ⑧ ）
特徴	さとりを開けば安らぎを得られるという教え。	（ ⑨ ）を基にして，神の愛を説く。「聖書(新約聖書)」。	唯一の神アラーを信仰。聖典「（ ⑩ ）」。

⑥
⑦
⑧
⑨
⑩

キリスト教はローマ帝国の国教に定められたよ。

解答▶▶ p.2

① 下の文を読んで，次の問いに答えなさい。　　教科書p.26〜27

> ギリシャ人は，地中海各地に都市国家(ポリス)を造った。このうち（ ① ）では，民主政が行われた。紀元前4世紀，マケドニアの a アレクサンドロス大王は東方遠征を行って（ ② ）を征服した。
>
> ローマでは，紀元前6世紀に王政を廃して（ ③ ）となり，紀元前30年には地中海世界を統一した。

(1) 文中の①〜③にあてはまる語句を書きなさい。

(2) 下線部aの結果，東方にギリシャ文明が広まったことを何といいますか。

(1)	①	
	②	
	③	
(2)		

② 右の地図を見て，次の問いに答えなさい。　　教科書p.28〜29

(1) 地図中のA〜Cの地域でおこった宗教を何といいますか。

(2) 次の①・②にあてはまる宗教を，A〜Cから選びなさい。

① アラーを唯一の神とし，「コーラン」を聖典とする。

② ユダヤ教を発展させ，4世紀末にはローマ帝国の国教となる。

(1)	A	
	B	
	C	
(2)	①	
	②	

書きトレ! 古代の宗教はどのような地域でおこりましたか。「文明」という言葉を使って簡単に書きなさい。

(　　　　　　　　　　　　　　　　　　　　　　　　　　　　　　　　　)

ヒント　　① (1)②は紀元前5世紀にギリシャに攻めこみました。
　　　　　② (1) Aはパレスチナ，Bはアラビア半島です。

2節　日本列島の誕生と大陸との交流①

できごと

一万数千年前　縄文時代
前4世紀ごろ　弥生時代
前二〇二　漢(前漢)が中国を統一
五七　倭の奴国の王が漢(後漢)に使いを送る
二二〇　漢(後漢)がほろび魏・呉・蜀の三国に分かれる
二三九　邪馬台国の卑弥呼が魏に使いを送る

（　）にあてはまる語句を答えよう。
ノートを活用して，くり返し書いて覚えよう。

1 旧石器時代と縄文時代の暮らし
教科書p.30 ～ 31

◉旧石器時代の暮らし

・氷河時代は大陸と陸続きで，マンモス・ナウマンゾウなどの
　大形の動物を，（　①　）を付けたやりなどを使ってとらえる。

・人々は，簡単なテントや岩かげに住み，食べ物を求めて移動
　しながら生活。

・1万年ほど前，現在の日本列島の形ができあがる。

◉縄文時代の暮らし

・**縄文時代**…1万数千年前から始まり，表
　面に縄目のような文様を付けた（　②　）を
　使っていた時代。

・植物の栽培が始まり，木の実，けもの，
　魚や貝が豊富にとれた。
　→貝殻や魚の骨を捨てる（　③　）ができる。

・人々は集団で定住するようになり，
　（　④　）に住んだ。抜歯を行い，祈りのた
　めに（　⑤　）を作った。人が死ぬと穴をほ
　り，屈葬を行った。

▲（　⑤　）

①
②
③
④
⑤

（　④　）はほり下げた地面に柱
を立て，屋根をかけた住居だよ。

2 弥生時代の暮らしと邪馬台国
教科書p.32 ～ 33

◉弥生時代の始まり

・大陸から青銅器や鉄器，（　⑥　）が伝わる。→水田の近くにむ
　らを造り，収穫した稲を収めるため（　⑦　）を造る。

・銅鏡や銅鐸，銅剣や銅矛を祭りのための宝物として使用。

・**弥生時代**…薄手でかための（　⑧　）を使っていた時代。

◉国々の成立／邪馬台国

・むらをまとめる王が現れ，小さな国々が成立。

・紀元前1世紀ごろ（　⑨　）(日本)に100余りの国があり，漢の
　皇帝に使いを送った(「漢書」)。1世紀半ばには奴国の王が
　後漢の皇帝から金印を授かる(「後漢書」)。

・**邪馬台国**…3世紀，女王（　⑩　）が30ほどの国をおさめた。魏
　に朝貢し，「親魏倭王」の称号と金印を授けられた(「三国志」魏書　魏志倭人伝)。

⑥
⑦
⑧
⑨
⑩

解答▶▶p.2

第2章　古代までの日本

2節　日本列島の誕生と大陸との交流①

❶ **下の文を読んで，次の問いに答えなさい。**

教科書p.30〜31

> 　1万数千年前から，ₐ日本の人々は土器を作り，集団で定住するようになった。紀元前4世紀ごろ，ₐ稲作が伝えられると，人々の暮らしは大きく変化していった。

(1)　下線部aについて，当時の人々が使用していたものを，ア〜ウから選びなさい。

ア　　　　　　　　イ　　　　　　　　ウ

(2)　下線部bについて，次の問いに答えなさい。

①　当時の人々が使用した，薄手でかための土器を何といいますか。

②　収穫した米をたくわえた倉庫を何といいますか。

(1)	
(2)	①
	②

❷ **下の文を読んで，次の問いに答えなさい。**

教科書p.32〜33

> A　1世紀半ば，倭の奴国の王が中国の皇帝から金印を授けられた。
> B　3世紀になると，（　①　）の女王卑弥呼が，中国の皇帝から金印などを授けられた。

(1)　文中の①にあてはまる語句を書きなさい。

(2)　A・Bの文中の下線部にあたる中国の国名を書きなさい。

(1)	
(2)	A
	B

書きトレ！ 縄文時代に農耕や牧畜があまり発達しなかった理由を，簡単に書きなさい。

ヒント　❶ (2)①弥生時代に使われました。
　　　　❷ (2)Aは「後漢書」，Bは「三国志」魏書に記されています。

2 節　日本列島の誕生と
大陸との交流②

（　）にあてはまる語句を答えよう。
ノートを活用して，くり返し書いて覚えよう。

3　大王の時代

教科書p.34 ～ 35

◉ 大和政権の発展

・**大和政権**…3 世紀後半，奈良盆地を中心とする地域に成立。
王を中心に有力な豪族で構成される強力な勢力。

・（　①　）…3 世紀後半～ 6 世紀末ごろ，王や豪族の墓として前
方後円墳などの**古墳**が盛んに造られた時代。

・5 世紀後半，大和政権の王は九州地方から東北地方南部まで
の有力豪族を従え，（　②　）と呼ばれるようになる。

> **詳しく解説!**　**大仙古墳(仁徳陵古墳)**
> 大阪府堺市に 5 世紀に造られた全長486mの前方後円墳で，世界最大
> 級の墓。世界文化遺産に登録された。

◉ 古墳時代の文化

・石室と棺…はじめは銅鏡・銅剣・玉など
の祭りの道具，後には鉄製の武器や馬具，
かんむりなどを納めた。

・古墳の表面には石がしきつめられ，
（　③　）が置かれた。

◉ 中国・朝鮮半島との交流

・中国…5 ～ 6 世紀，南朝と北朝が対立
（（　④　））。

▲（　③　）

・朝鮮半島…**高句麗**，（　⑤　），**新羅**が対立。大和政権は，（　⑥　）
地域(任那)の国々や（　⑤　）と結び，高句麗・新羅と戦う。

・倭の五王…たびたび南朝に（　⑦　）した大和政権の王たち。

> **詳しく解説!**　**倭の五王**
> 「宋書」には，讃・珍・済・興・武の 5 人の王の名が記されている。
> 武は「ワカタケル大王」だと考えられている。

・（　⑧　）…朝鮮半島から日本列島に一族で移り住んだ人々。
→高温で焼いた黒っぽいかたい（　⑨　），かまどを使う生活文
化，漢字や儒学，6 世紀半ばには（　⑩　）を伝えた。

①
②
③
④
⑤
⑥
⑦
⑧
⑨
⑩

> （　③　）には，家形や馬形など
> さまざまな形のものがあった
> んだ。

解答 ▶▶ p.2

① **下の文を読んで，次の問いに答えなさい。** 教科書p.34～35

　3世紀後半から，ₐ古墳が造られるようになり，大和政権が勢力を広げていった。大和政権は，地図中のCの国や，伽耶(任那)地域の国々と結んでAやBの国と戦った。5世紀になると，大和政権の大王(おおきみ)(だいおう)は，中国の皇帝にたびたび使者を送った。こうして，朝鮮半島の諸国との交流が盛んになると，朝鮮半島から日本列島に移り住むᵦ渡来人(とらいじん)が増えてきた。

(1) 地図中のA～Cの国名を書きなさい。

(2) 下線部aについて，右の写真を見て，次の問いに答えなさい。

　① 大阪府堺市にあるこの世界最大級の墓を何といいますか。

　② 古墳の表面に置かれ，武人や馬などの形をした素焼きの焼き物を何といいますか。

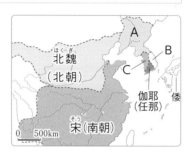

北魏
(北朝)

伽耶
(任那)

倭

宋(南朝)(そう)

0 500km

(3) 下線部bの人たちが伝えたものを，ア～カから4つ選びなさい。

　ア　たて穴住居　　イ　須恵器(すえき)　　ウ　漢字
　エ　鉄製の農具　　オ　磨製石器(ませい)　　カ　儒学

	A	
(1)	B	
	C	
(2)	①	
	②	
(3)		

書きトレ! 埼玉県や熊本県の古墳から発見された鉄剣(てっけん)と鉄刀は，ともに5世紀後半のものと考えられ，ワカタケル大王(武)の名が刻まれていました。このことからわかる大和政権の勢力の状況(じょうきょう)について，簡単に書きなさい。

ヒント ① (1) Aこの国の王として好太王(広開土王)(こうたいおう)(こうかいどおう)が知られています。
　　(3)大陸の技術や文化を伝えました。

3節　古代国家の歩みと東アジア世界①

（　）にあてはまる語句を答えよう。

ノートを活用して，くり返し書いて覚えよう。

1 聖徳太子の政治改革　　　　教科書p.36〜37

◎**朝鮮半島の動乱と隋の中国統一**

・朝鮮半島…6世紀，新羅や百済が勢力を強める。

・中国…6世紀末，（　①　）が南北朝を統一。**律令**という法律を整え，人々を（　②　）に登録して土地を分けあたえる。

◎**聖徳太子と蘇我氏／飛鳥文化**

・**蘇我氏**が勢力を強め，6世紀末に推古天皇を即位させる。

・**聖徳太子(厩戸皇子)**…推古天皇のおいで，（　③　）と協力して大王(**天皇**)中心の政治制度を整えようとした。

・（　④　）の制度…才能や功績のある人物を役人に登用。

・**十七条の憲法**…役人の心構えを示す。

・（　⑤　）…中国の制度や文化を取り入れようと，小野妹子たちを（　①　）に派遣。

・**飛鳥文化**…飛鳥地方を中心に栄えた，日本最初の仏教文化。（　⑥　）の釈迦三尊像などの仏像。

①
②
③
④
⑤
⑥

（⑥）は現存する最古の木造建築だよ。

2 東アジアの緊張と律令国家への歩み　　教科書p.38〜39

◎**唐の成立と東アジアの緊張**

・中国…7世紀前半，（　⑦　）が中国を統一。倭(日本)は中国にたびたび**遣唐使**を送り，中国の制度や文化を取り入れる。

◎**大化の改新／白村江の戦いと壬申の乱**

・**朝廷**で独断的な政治を行う蘇我氏に対する不満が高まる。

・（　⑧　）…645年，（　⑨　）と**中臣鎌足**らが蘇我蝦夷・入鹿親子をほろぼす。→新しい支配の仕組みを作る改革を開始。

・豪族が支配していた土地と人々を，（　⑩　）として国家が直接支配。政治の中心を難波(大阪府)に移す。

・**白村江の戦い**…663年，日本は（　⑦　）・新羅連合軍に敗北。

・（　⑨　）は政治の中心を大津(滋賀県)に移す。即位して**天智天皇**となり，初めて全国の（　②　）を作るなどの改革を行う。

・（　⑪　）…天智天皇の死後に起こったあとつぎをめぐる戦い。→**天武天皇**が即位し，歴史書を作る。政治の中心を飛鳥地方にもどす。

・天武天皇の皇后が持統天皇として即位。本格的な都である（　⑫　）を完成させる。

⑦
⑧
⑨
⑩
⑪
⑫

解答 ▶▶ p.3

3節　古代国家の歩みと東アジア世界①

教科書p.36〜37

1 下の資料を見て，次の問いに答えなさい。

一に曰く，和をもって貴しとなし，さからう(争う)ことなきを宗と(第一に)せよ。
二に曰く，あつく三宝を敬え。三宝とは仏・法(仏教の教え)・僧なり。
三に曰く，詔(天皇の命令)をうけたまわりては必ずつつしめ(守りなさい)。

(1) この資料は，何の一部ですか。

(2) この資料を定めた人物はだれですか。

(3) 右の写真の建物は，資料の二の考えに基づいて建てられた現存する世界最古の木造建築です。何といいますか。

(4) この建物に代表される，日本で最初の仏教文化を何といいますか。

(1)	
(2)	
(3)	
(4)	

2 右の年表を見て，次の問いに答えなさい。

教科書p.38〜39

(1) 年表中の①・②にあてはまる中国の王朝名を書きなさい。

(2) 下線部aでほろぼされた一族を，ア〜ウから選びなさい。

　ア　蘇我氏　　イ　物部氏　　ウ　藤原氏

(3) 下線部bについて，この戦いに勝利して即位した人物を書きなさい。

年	できごと
618	(①)がほろび，(②)が建国する
645	a 大化の改新
663	白村江の戦い
672	b 壬申の乱

(1)	①
	②
(2)	
(3)	

書きトレ! 大化の改新とよばれる一連の政治改革を，簡単に書きなさい。

ヒント
1 (2)推古天皇のおいです。
2 (2)蝦夷・入鹿親子がほろぼされました。

第2章

教科書36〜39ページ

3節　古代国家の歩みと東アジア世界②

できごと
六一八　唐が建国する
六六七　天智天皇が即位する
六七六　新羅が朝鮮半島を統一する
七〇一　大宝律令
七一〇　都を奈良（平城京）に移す
七一二　「古事記」
七二〇　「日本書紀」
七二三　三世一身法
七四三　墾田永年私財法
七五二　東大寺の大仏開眼供養

（　　）にあてはまる語句を答えよう。

ノートを活用して，くり返し書いて覚えよう。

3 律令国家の成立と平城京

教科書p.40〜41

◉大宝律令

・（ ① ）…701年，唐の律令にならい完成。律は（ ② ）の決まり，令は政治を行ううえでの決まり。

・**律令国家**…律令に基づき政治を行う国家。太政官や八省などの役所が設けられる。近畿地方の有力豪族や皇族は天皇から高い位をあたえられて（ ③ ）となり，役所で働いた。

・日本は唐に（ ④ ）を送り，唐の制度や文化を取り入れた。

◉平城京

・（ ⑤ ）…710年，奈良盆地北部に唐の都（ ⑥ ）にならって造られた都。ここに都が置かれていた80年余りを（ ⑦ ）という。

・平城宮…（ ⑤ ）の北側に置かれ，天皇の住居や役所を建設。

・市で各地の産物が売買され，（ ⑧ ）などの貨幣が発行された。

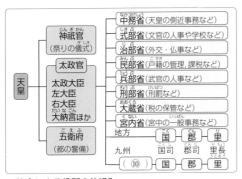

▲（ ⑧ ）

▲律令による役所の仕組み

◉地方の仕組み

・地方…多くの国，郡に区分，国ごとに（ ⑨ ）という役所を設置。都から国に派遣された**国司**は，郡司(地方の豪族が任命された)を指揮。

・（ ⑩ ）(福岡県)は九州地方の政治のほか，外交・防衛に当たる。多賀城(宮城県)は東北地方の政治・軍事に当たる。

・地方と都を結ぶ道路が整えられ，役人の往来のため駅を設ける。

> **詳しく解説！　五畿七道**
> 律令国家の地方行政区画。「五畿(畿内)」は五つの国(大和・山城・河内・摂津・和泉)，「七道」は東山道・北陸道・東海道・山陽道・山陰道・南海道・西海道を指す。

①
②
③
④
⑤
⑥
⑦
⑧
⑨
⑩

（ ⑤ ）の住民は約10万人で，このうち約1万人が役所に勤めていたよ。

解答▶▶ p.3

3節　古代国家の歩みと東アジア世界②

1 下の文を読んで，次の問いに答えなさい。

教科書p.40〜41

　701年，中国の（ ① ）の律令にならい，大宝律令（たいほうりつりょう）が完成した。律令に基づいて政治を行う国家を（ ② ）という。

　（ ② ）では，多くの a役所が設けられ，（ ③ ）の下（もと）で b八省が実務に当たった。また，地方は多くの国に区切られ，国ごとに国府（こくふ）が置かれた。それぞれの国には c都から（ ④ ）が派遣され，（ ④ ）は郡司を指揮した。中国の（ ① ）や朝鮮半（ちょうせん）島の（ ⑤ ）に近い，現在の福岡県には大宰府（だざいふ）が置かれ，九州地方の政治のほか，外交・防衛に当たった。また，支配が十分におよんでいなかった東方地方の政治・軍事に当たらせるため，現在の宮城県には（ ⑥ ）が置かれた。

(1) 文中の①〜⑥にあてはまる語句を，**ア**〜**カ**から選びなさい。

　ア　律令国家　　**イ**　国司　　**ウ**　多賀城

　エ　太政官　　**オ**　新羅（しらぎ／しんら）　　**カ**　唐

(2) 下線部 a について，天皇から高い位と給料をあたえられて役所で働いた，近畿地方の有力な豪族や皇族たちの身分を何といいますか。

(3) 下線部 b について，宮中の一般事務などを行う役所を，**ア**〜**エ**から選びなさい。

　ア　式部省（しきぶ）　　**イ**　宮内省（くない）　　**ウ**　中務省（なかつかさ）　　**エ**　治部省（じぶ）

(4) 下線部 c について，710年に奈良盆地の北部に造られた都を何といいますか。

(5) (4)などに都が置かれていた約80年間の時代を何といいますか。

(1)	①	
	②	
	③	
	④	
	⑤	
	⑥	
(2)		
(3)		
(4)		
(5)		

書きトレ! 律令とはどのようなものですか，簡単に書きなさい。

（　　　　　　　　　　　　　　　　　　　　　　　　　　　　　　　）

ヒント 1 (1) ⑤676年に朝鮮半島を統一しました。
　　　　　　(5) 京都の平安京（へいあんきょう）に都を移すまで続きました。

3節　古代国家の歩みと東アジア世界③

できごと

七五二　東大寺の大仏開眼供養
七四三　墾田永年私財法
七三一　三世一身法
七二〇　『日本書紀』
七一二　『古事記』
七一〇　都を奈良（平城京）に移す
七〇一　大宝律令
六七六　新羅が朝鮮半島を統一する
六一八　唐が建国する

（　）にあてはまる語句を答えよう。
ノートを活用して，くり返し書いて覚えよう。

4 奈良時代の人々の暮らし

教科書p.42 ～ 43

◉人々の身分と負担

・人々の身分…良民と賤民（せんみん）に分けられ，戸籍（こせき）に登録。

・（ ① ）…戸籍に登録された6歳（さい）以上の人々に，性別や身分に応じて（ ② ）をあたえ，死後国に返させる制度。

・人々の負担

（ ③ ）	収穫（しゅうかく）量の約3％の稲（いね）。
（ ④ ）	絹など地方の特産物。
庸（よう）	布(労役（ろうえき）10日のかわり)。
兵役（へいえき）	都1年か（ ⑤ ）(九州北部の防衛) 3年。

◉土地の私有と荘園

・（ ⑥ ）…723年制定。新しく開墾（かいこん）した土地の私有を一定の期間認める。

・（ ⑦ ）…743年制定。新しく開墾した土地の私有を認める。
→貴族・大寺院・郡司（ぐんじ）などが私有地(後の**荘園**（しょうえん）)を広げる。

①
②
③
④
⑤
⑥
⑦

5 天平文化

教科書p.44 ～ 45

◉天平文化

・**天平文化**（てんぴょう）…（ ⑧ ）のころの国際色豊かな文化。
→**東大寺**（とうだいじ）の（ ⑨ ）宝物（ほうもつ），興福寺（こうふくじ），唐招提寺（とうしょうだいじ）など，奈良の寺院に残る建築・仏像・絵画など。

◉奈良時代の仏教

・（ ⑧ ）と光明皇后（こうみょうこうごう）は，仏教の力によって伝染病（でんせんびょう）や災害などの不安から国家を守ろうと考えた。→国ごとに国分寺（こくぶんじ）と国分尼寺（こくぶんにじ）を建て，都に東大寺を建てて大仏を造らせた。

・奈良時代の僧（そう）…民間に布教した行基（ぎょうき），中国(唐（とう）)から来日して日本に正式な仏教の教えを伝えた（ ⑩ ）などが活躍（かつやく）。

◉歴史書と万葉集

・歴史書…「（ ⑪ ）」・「**日本書紀**」，国ごとの自然・産物・伝承を記した「**風土記**（ふどき）」。

・和歌集…8世紀後半，大伴家持（おおとものやかもち）が「（ ⑫ ）」をまとめる。

⑧
⑨
⑩
⑪
⑫

（ ⑩ ）は何度も遭難（そうなん）して盲目（もうもく）になり，来日したよ。

ぴたトレ 2 練習

3節　古代国家の歩みと東アジア世界③

教科書p.42〜43

❶ 右の表を見て，次の問いに答えなさい。

(1) 表中の①〜③にあてはまる語句を，ア〜ウから選びなさい。

租	収穫量の約3％の（ ① ）。
調	（ ② ）など地方の特産物。
（ ③ ）	布(労役10日のかわり)。
兵役	都1年か a防人(さきもり)3年。

ア　絹　イ　稲
ウ　庸

(2) 下線部aについて，防人が送られた地域を，ア〜ウから選びなさい。

ア　東北地方　　イ　近畿(きんき)地方　　ウ　九州北部

(1)	①
	②
	③
(2)	

❷ 下の写真と歌を読んで，次の問いに答えなさい。

教科書p.44〜45

から衣(ころも)すそに取りつき
泣く子らを
置きてぞ来ぬや母(おも)なしにして
(すそに取りついて泣く子どもたちを置いたまま来てしまった。その子の母もいないのに。)

(1) 写真の人物の名前を書きなさい。

(2) 写真の人物が来日したころの日本の様子を，ア〜ウから選びなさい。

ア　小野妹子(おののいもこ)らが中国に派遣(はけん)された。
イ　聖武(しょうむ)天皇が国ごとに国分寺・国分尼寺を建てた。
ウ　中大兄皇子(なかのおおえの)が中臣鎌足(なかとみのかまたり)らとともに蘇我(そが)氏をほろぼした。

(3) 上の歌は，8世紀後半にまとめられた和歌集に収められています。この和歌集を何といいますか。

(1)	
(2)	
(3)	

書きトレ！ 公地・公民の原則がくずれ始めた原因を，「墾田永年私財法(こんでんえいねんしざいのほう)」「口分田(くぶんでん)」という言葉を使って，簡単に書きなさい。

ヒント
❶ (2)唐や新羅(しらぎ)から日本を守るために送られました。
❷ (1)(2)写真の人物は唐で尊敬をあつめていた僧です。

できごと

八九四	遣唐使派遣の延期が提案される
八九〇	
八八四	藤原基経が関白になる
八六六	藤原良房が摂政になる
八一六	空海が高野山で真言宗を広める
八〇六	最澄が天台宗を広める
八〇二	蝦夷のアテルイが降伏する
七九七	坂上田村麻呂が征夷大将軍に任命される
七九四	都を京都(平安京)に移す
七八四	都を京都(長岡京)に移す

（　　）にあてはまる語句を答えよう。

ノートを活用して，くり返し書いて覚えよう。

6 平安京と律令国家の変化

教科書p.46〜47

◉平安京

・784年，（　①　）が長岡京(京都府)に都を移す。

・794年，（　①　）が（　②　）(京都市)に都を移す。

・**平安時代**…（　②　）遷都後，約400年間続いた。

◉律令国家の変化

・朝廷は役所を整理し，国司に対する監督を強めて支配の仕組みを立て直そうとする。

・重い税の負担からのがれるため，（　③　）に登録された土地からはなれる人々が多くなる。→税の取り立てが難しくなり，（　④　）も次第に行われなくなった。

・東北地方の蝦夷の抵抗…8世紀末から9世紀にかけて，朝廷は東北地方にたびたび軍を送る。（　⑤　）になった坂上田村麻呂の働きにより，朝廷の勢力範囲が東北地方に広がる。

→その後も蝦夷は抵抗し続けた。

> **詳しく解説!　蝦夷の抵抗**
>
> 胆沢地方(岩手県奥州市付近)を中心とした蝦夷の指導者アテルイは，789年に6000人の朝廷軍を撃退した。朝廷はその後も攻撃を続けたためアテルイは降伏し，その後処刑された。

◉新しい仏教の動き

・9世紀初め，（　⑥　）とともに唐にわたった僧は，新しい仏教の教えを日本に伝えた。

→山奥の寺での厳しい修行を重視し，貴族の間に広まった。

宗派	（　⑦　）	（　⑧　）
開祖	**最澄**	**空海**
総本山	比叡山(滋賀県・京都府)の（　⑨　）	高野山(和歌山県)の（　⑩　）

◉東アジアの変化

・9世紀，唐の勢力が急速におとろえる。

・894年，（　⑪　）が（　⑥　）派遣の延期を訴えて認められる。

①
②
③
④
⑤
⑥
⑦
⑧
⑨
⑩
⑪

（　⑪　）は学問の神(天神)としてまつられている人物だよ。

3節　古代国家の歩みと東アジア世界④

❶ **右の年表を見て，次の問いに答えなさい。**

教科書p.46〜47

(1) 年表中の①〜④に
あてはまる語句や
数字を書きなさい。

(2) 下線部aについて，
蝦夷を征服するた
めの総司令官を何
といいますか。

年	できごと
784	都を（ ① ）(京都府)に移す
（ ② ）	都を平安京(京都市)に移す
8世紀末	a 蝦夷が反乱を起こす
9世紀初め	（ ③ ）がb天台宗を開く
	（ ④ ）が真言宗を開く
894	c遣唐使派遣の延期が提案される

(3) 蝦夷征服のため(2)に任じられた人物を，ア〜ウから選びな
さい。

　ア　アテルイ
　イ　大伴家持
　ウ　坂上田村麻呂

(4) 下線部bについて，比叡山に建てられた天台宗の総本山を，
ア〜ウから選びなさい。

　ア　延暦寺
　イ　金剛峯寺
　ウ　東大寺

(5) 下線部cについて，遣唐使派遣の延期を訴えた人物はだれ
ですか。

(6) 遣唐使派遣の延期が訴えられた背景を，ア〜ウから選びなさい。
　ア　白村江の戦いで唐と新羅の連合軍に大敗したから。
　イ　唐の勢力が急速におとろえたから。
　ウ　唐がほろび，小国に分かれたから。

(1)	①
	②
	③
	④
(2)	
(3)	
(4)	
(5)	
(6)	

書きトレ！ 左の写真は，周防国玖珂郡玖珂郷の戸籍です。この戸籍で女子が不自然に多くなっ
ている理由を，簡単に書きなさい。

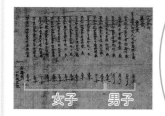

女子　男子

ヒント ❶ (1)④唐風の書の達人で，弘法大師とも呼ばれます。
　　　　(5)後に学問の神とされました。

できごと

一〇五三　平等院鳳凰堂が造られる
一〇一六　藤原道長が摂政になる
十世紀後半　浄土信仰が盛んになる
九六〇　宋(北宋)がおこる
九三六　高麗が朝鮮半島を統一する
九〇七　唐がほろびる
八九四　遣唐使派遣の延期が提案される
八八四　藤原基経が関白になる
八六六　藤原良房が摂政になる

（　）にあてはまる語句を答えよう。

ノートを活用して，くり返し書いて覚えよう。

7 摂関政治の時代　　　教科書p.48〜49

◎藤原氏と摂関政治

・**藤原氏**の台頭…娘を天皇のきさきにし，その子を天皇に立てて勢力を拡大。→9世紀後半，天皇が幼いときは**摂政**，成長すると（　①　）について政治の実権をにぎる。＝（　②　）**政治**。

・11世紀前半の（　③　）と，その子の頼通のころに（　②　）政治が安定し，藤原氏が太政官の役職の多くを独占。

◎新しい税と国司の変化

・10世紀，人々を戸籍に登録して税を課す律令国家の仕組みがくずれ，実際に耕している土地に課税する仕組みに変化。

・朝廷は地方の政治を立て直すため，（　④　）の権限を強める。

　→不正をして富をたくわえる者が多くなり，地方の政治が乱れる。

①

②

③

④

8 国風文化　　　教科書p.50〜51

◎唐の滅亡と宋の商人

・中国…10世紀初め，唐がほろんで小国に分立。**宋**が中国統一。

　→日本とは正式な国交を結ばなかったが，日宋貿易を行う。

・朝鮮半島…（　⑤　）がおこり，新羅をほろぼす。

◎国風文化／浄土信仰

・**国風文化**…日本の風土や生活，日本人の感情に合った文化。

文学	（　⑥　）…漢字を変形させて日本語を表す文字。 「竹取物語」 「**古今和歌集**」…（　⑦　）らがまとめた。 「**源氏物語**」…（　⑧　）の長編小説。 「（　⑨　）」…**清少納言**の随筆。
建築	寝殿造…貴族の住宅。室内のふすまや屏風には大和絵がえがかれた。

・（　⑩　）…念仏を唱えて阿弥陀如来にすがり，死後極楽浄土へ生まれ変わることを願う。

　→宇治(京都府)の（　⑪　）など，阿弥陀堂が造られた。

⑤

⑥

⑦

⑧

⑨

⑩

⑪

▲（　⑪　）

1 下の文を読んで，次の問いに答えなさい。　教科書p.48〜49

　平安時代には，（　①　）が政治の実権をにぎり，（　②　）や a関白が中心となった政治を行った。

　10世紀になると，b律令国家の仕組みがくずれた。また，地方では（　③　）の権限が強まり，次第に政治が乱れていった。

(1) 文中の①〜③にあてはまる語句を，ア〜エから選びなさい。

　ア　藤原氏　　イ　蘇我氏　　ウ　国司　　エ　摂政

(2) 下線部aについて，ア〜ウから選びなさい。

　ア　幼い天皇のかわりに政治を行う。

　イ　成長した天皇を補佐する。

　ウ　蝦夷を征服するための総司令官。

(3) 下線部bと関係が深いものを，ア〜ウから選びなさい。

　ア　冠位十二階の制度を定めた。　　イ　班田収授法が行われなくなった。

　ウ　初めて全国の戸籍を作った。

(1)	①	
	②	
	③	
(2)		
(3)		

2 次の問いに答えなさい。　教科書p.50〜51

(1) 次の文学作品の名前を書きなさい。

　① 紀貫之らがまとめた和歌集。

　② 紫式部がえがいた物語。

(2) (1)の作品はどのような文字で書かれましたか。

(3) 平安時代の貴族が住んでいた住宅の建築様式を何といいますか。

(1)	①	
	②	
(2)		
(3)		

書きトレ! 下の資料は「小右記」の部分要約です。藤原氏がどのようにして政治の実権をにぎったか，簡単に書きなさい。

　今日は威子を皇后に立てる日である。…太閤(道長)が私を呼んでこう言った。「和歌をよもうと思う。ほこらしげな歌ではあるが，あらかじめ準備していたものではない。」

ヒント　**1** (3)税を課す仕組みが変わりました。
　　　　2 (2)漢字を変形させて，日本語を書き表しました。

時間30分 ／100点　合格70点

①　右の年表を見て，次の問いに答えなさい。 32点

(1) 下線部 a について，次の①・②を何といいますか。

① 古代エジプトで造られた王の墓。

② メソポタミアで発明された文字。

(2) 下線部 b の後に起こったできごとア～ウを古い順に並べ替えなさい。 思

ア　秦が中国を統一する。

イ　孔子が儒学(儒教)を説く。

ウ　漢が中国を統一する。

年	世界	日本
紀元前	a 四大文明 b 中国で殷がおこる	c 縄文文化 d 弥生文化
紀元後 200		e 卑弥呼が中国に使いを送る
300		f 大和政権の成立 g 古墳文化
400		h 大陸文化の伝来

(3) 下線部 c について，当時の人々が食べた食べ物の残りかすを捨てた場所を何といいますか。

(4) 下線部 d の文化にあてはまるものを，ア～エから選びなさい。 技

ア  イ  ウ  エ

(5) 下線部 e について，このできごとが書かれている中国の歴史書を何といいますか。

(6) 下線部 f について，この政権の王は 5 世紀ごろには何と呼ばれるようになりましたか。

(7) 下線部 g について，大仙古墳をはじめとする古墳の形を何といいますか。

(8) 下線部 h について，大陸文化を伝えた人々を何といいますか。

点UP (9) 倭の五王が，使いを送った中国の古代国家はどこですか。 技

②　下のA～Hについて，次の問いに答えなさい。 26点

A　弥勒菩薩像　　　B　「古今和歌集」　　　C　「枕草子」　　　D　「古事記」

E　「源氏物語」　　　F　法隆寺　　　G　東大寺　　　H　平等院鳳凰堂

(1) A～Hについて，飛鳥文化に関するものはアを，天平文化に関するものはイを，国風文化に関するものはウを答えなさい。

(2) 次の①～④の人物に関係の深いものを，上のA～Hから選びなさい。 技

① 聖武天皇　　② 紫式部

③ 清少納言　　④ 聖徳太子(厩戸皇子)

(3) 右の写真がある建物を，上のF～Hから選びなさい。 技

❸ 右の年表を見て，次の問いに答えなさい。

年	できごと
593	a 聖徳太子が政務に参加する
645	（ ① ）
663	b 白村江の戦い はくすきのえ／はくそんこう
701	c 大宝律令の制定 たいほうりつりょう
710	奈良に d 都を移す
743	e 墾田永年私財法 こんでんえいねんしざいのほう
794	（ ② ）が京都に都を移す
	・f 仏教の新しい動き
	・藤原氏の（ ③ ）政治が全盛 ふじわら／ぜんせい

(1) 年表中の①～③にあてはまる語句・人物名を書きなさい。

(2) 下線部 a について，聖徳太子が定めた，役人の心構えを示したものを何といいますか。

(3) 下線部 b について，この戦いで日本が援助した朝鮮半島の国はどこですか。
えんじょ　ちょうせん

(4) 下線部 c について，次の問いに答えなさい。
① 戸籍に登録された6歳以上の人にあたえられた土地を何といいますか。
こせき　さい
② ①はその人が死ぬと国に返すことになっていました。この仕組みを何といいますか。
③ ①の面積に応じて，稲の収穫の約3%を納めた税を何といいますか。
いね　しゅうかく

(5) 下線部 d について，これ以後の都である**ア～ウ**を古い順に並べ替えなさい。 思
ア 長岡京　　イ 平安京　　ウ 平城京
ながおかきょう　　へいあんきょう　　へいじょう／へいぜい

(6) 記述 下線部 e の法が出された結果起こったことを，簡単に書きなさい。 思

(7) 下線部 f について，宗派とその開祖の組み合わせを，**ア～エ**から選びなさい。 技
ア 天台宗－鑑真　　イ 天台宗－空海　　ウ 真言宗－鑑真　　エ 真言宗－空海
てんだいしゅう　がんじん　　　　くうかい　　しんごんしゅう

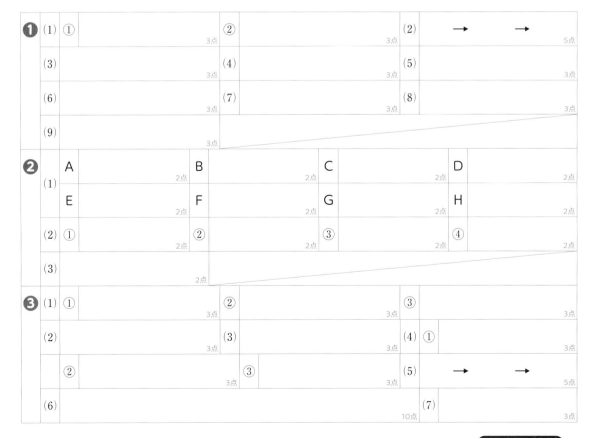

❶	(1)	①		3点	②		3点	(2)	→ →	5点
	(3)			3点	(4)		3点	(5)		3点
	(6)			3点	(7)		3点	(8)		3点
	(9)			3点						

❷	(1)	A		2点	B		2点	C		2点	D		2点
		E		2点	F		2点	G		2点	H		2点
	(2)	①		2点	②		2点	③		2点	④		2点
	(3)			2点									

❸	(1)	①		3点	②		3点	③		3点
	(2)			3点	(3)		3点	(4) ①		3点
	②			3点	③		3点	(5)	→ →	5点
	(6)			10点				(7)		3点

1節　武士の政権の成立①

できごと
一〇一六　藤原道長が摂政になる
一〇八六　白河上皇の院政が始まる
一一五六　保元の乱
一一五九　平治の乱
一一六七　平清盛が太政大臣になる
一一八五　平氏がほろびる
九三九　平将門の乱(〜四〇)
藤原純友の乱(〜四一)

（　）にあてはまる語句を答えよう。

ノートを活用して，くり返し書いて覚えよう。

1 武士の成長

教科書p.64〜65

◉武士の登場／武士団の形成／荘園・公領での武士の役割

・**武士**…戦いの技術に優れた都の武官や地方の豪族。社会的地位を高め，一族や家来を従えて（　①　）を形成。

・10世紀中ごろ，北関東で（　②　）が，瀬戸内地方で（　③　）が（　①　）を率いて反乱を起こす。

・有力な（　①　）…天皇の子孫である**源氏**と**平氏**。

東日本	11世紀後半，源氏の（　④　）が戦乱(前九年合戦・後三年合戦)をしずめ，勢力を広げる。
東北地方	平泉(岩手県)を拠点に（　⑤　）が成長。
西日本	12世紀前半，平氏が勢力を広げる。

・地方の役人や僧，武士などは，（　⑥　）の開発を進め，農民から**年貢**を集めて領主に納めるかわりに，（　⑥　）を支配する権利を保護してもらう。国司が支配する土地(公領)でも武士が年貢の取り立てなどを行う。

① _____
② _____
③ _____
④ _____
⑤ _____
⑥ _____

2 院政から武士の政権へ

教科書p.66〜67

◉院政と武士／平清盛の政権

・**院政**…（　⑦　）が中心となって行う政治。1086年に，天皇の位をゆずった白河上皇が開始。

・鳥羽上皇の死後，天皇と（　⑦　）が対立し，**保元の乱**・（　⑧　）という内乱が起こる。（　⑧　）で源義朝を破った（　⑨　）が勢力を拡大。

・（　⑨　）は，後白河上皇の院政を助け，武士として初めて（　⑩　）となる。日宋貿易を行い，兵庫(神戸市)の港を整備。娘を天皇のきさきにして政治の実権をにぎる。

　→日本で初めての武士の政権が成立。

・貴族や寺社，地方の武士からの平氏への反発が強まり，伊豆(静岡県)の（　⑪　），木曽(長野県)の源義仲が挙兵。鎌倉(神奈川県)を本拠地とした（　⑪　）の弟の**源義経**は，（　⑫　）(山口県)で平氏をほろぼす。

⑦ _____
⑧ _____
⑨ _____
⑩ _____
⑪ _____
⑫ _____

解答▶▶ p.6

第3章　中世の日本

1節　武士の政権の成立①

❶ **下の文と図を見て，次の問いに答えなさい。** 教科書p.64〜65

　平安時代の中ごろ，武士は武士団を作るほどに成長した。a10世紀の中ごろには，各地で反乱が起こったが，朝廷は武士団の力によってこれらをおさえた。b成長した武士団の中でも，天皇の子孫である源氏と平氏が力を伸ばした。

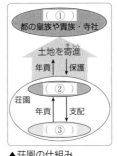
▲荘園の仕組み

(1)		
(2)		
(3)	①	
	②	
	③	

(1)　下線部 a について，北関東で起こった反乱を，ア〜エから選びなさい。

　　ア　前九年合戦　　イ　後三年合戦
　　ウ　平将門の乱　　エ　藤原純友の乱

(2)　下線部 b のうち，奥州藤原氏が拠点としたのは東北地方のどこですか。

(3)　図中の①〜③にあてはまる語句を，ア〜ウから選びなさい。

　　ア　農民　　イ　領主　　ウ　土地の開発者

❷ **右の年表を見て，次の問いに答えなさい。** 教科書p.66〜67

(1)　年表中の①・②にあてはまる人物を，ア〜エから選びなさい。

　　ア　白河上皇　　イ　鳥羽上皇
　　ウ　平清盛　　エ　源義朝

(2)　下線部 a について，壇ノ浦（山口県）で平氏をほろぼしたのはだれですか。

年	できごと
1086	（①）の院政が始まる
1167	（②）が太政大臣になる
1185	a平氏がほろびる

(1)	①
	②
(2)	

書きトレ! 左の系図を参考にして，摂関政治と共通する平氏の政治の特徴を，簡単に書きなさい。

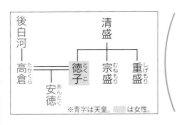
※青字は天皇。▨は女性。

ヒント ❶ (2)奥州藤原氏は，拠点に中尊寺金色堂を建てました。
　　　❷ (2)源頼朝の弟です。

1節　武士の政権の成立②

できごと

一一八五　平氏がほろびる
一一九二　源頼朝が征夷大将軍となる
一二三二　御成敗式目が定められる
一二二一　承久の乱
源頼朝が守護・地頭の設置を認められる

（　）にあてはまる語句を答えよう。

ノートを活用して，くり返し書いて覚えよう。

❸ 鎌倉幕府の成立と執権政治

教科書p.68〜69

◉ 鎌倉幕府の始まり

・1185年，（　①　）が国ごとに（　②　），荘園や公領ごとに（　③　）を置く。→**鎌倉幕府**の始まり。

・**鎌倉時代**…鎌倉に幕府が置かれていた時代。

・源義経と奥州藤原氏をほろぼし，東日本を支配下に置く。

・1192年，（　①　）は征夷大将軍に任命される。

> **詳しく解説！**　**鎌倉幕府の成立時期**
>
> 1185年のほか，頼朝が東日本の支配権を朝廷に認められた1183年，征夷大将軍に任命された1192年などの説がある。

・将軍に忠誠をちかった武士である（　④　）は，将軍から領地を与えられ（**御恩**），京都の御所や鎌倉の幕府の警備，戦時の軍役を担う（（　⑤　））。

▲（　①　）

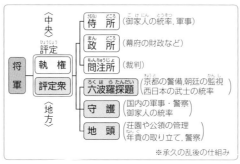

▲鎌倉幕府の仕組み

〈中央〉	侍所	（御家人の統率，軍事）
評定	政所	（幕府の財政など）
執権	問注所	（裁判）
評定衆	六波羅探題	（京都の警備，朝廷の監視 西日本の武士の統率）
〈地方〉	守護	（国内の軍事・警察 御家人の統率）
	地頭	（荘園や公領の管理 年貢の取り立て，警察）

将軍
※承久の乱後の仕組み

①
②
③
④
⑤
⑥
⑦
⑧
⑨
⑩

◉ 執権政治

・（　①　）の死後，北条時政が（　⑥　）として政治の実権をにぎる。→北条氏による**執権政治**の始まり。

・（　⑦　）…1221年，後鳥羽上皇が朝廷の勢力回復をねらって挙兵。→幕府側が勝ち，後鳥羽上皇は（　⑧　）（島根県）に流される。幕府は京都に（　⑨　）を置いて朝廷を監視。

・（　⑦　）後，西日本も支配下に置き，幕府の支配が固まる。

・（　⑩　）…1232年，（　⑥　）の北条泰時が制定した，武士の慣習をまとめた法律。→武士の法律の見本となる。

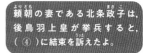

頼朝の妻である北条政子は，後鳥羽上皇が挙兵すると，（　④　）に結束を訴えたよ。

解答▶▶ p.6

① **右の図を見て，次の問いに答えなさい。**　　　　　　　教科書p.68

(1) 右の図は，源頼朝のときに成立した武家社会の仕組みです。図中のＡ・Ｂにあてはまる語句を書きなさい。

(2) 図中のＣは，頼朝が源義経をとらえることを口実に，荘園や公領ごとに置くことを認めさせた役職です。何といいますか。

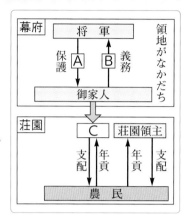

(1)	A
	B
(2)	

② **下の資料を見て，次の問いに答えなさい。**　　　　　　教科書p.69

一　諸国の（　①　）の職務は，（　②　）の時代に定められたように，京都の御所の警備と，謀反や殺人などの犯罪人の取りしまりに限る。

一　武士が20年の間，実際に土地を支配しているならば，その権利を認める。

一　女性が養子をとることは，律令では許されていないが，（　②　）のとき以来現在に至るまで，子どものない女性が土地を養子にゆずりあたえる事例は，武士の慣習として数え切れない。

(部分要約)

(1) 文中の①・②にあてはまる語句を，ア～エから選びなさい。
　ア　執権　　イ　守護　　ウ　後鳥羽上皇　　エ　頼朝公

(2) この資料を何といいますか。

(3) (2)を1232年に定めた人物を，ア～ウから選びなさい。
　ア　北条泰時　　イ　北条時政　　ウ　北条政子

(1)	①
	②
(2)	
(3)	

書きトレ! 承久の乱後，京都に六波羅探題が置かれました。その目的を，簡単に書きなさい。

ヒント ① (1) Ｂ戦いが起こると，御家人は命をかけて戦いました。
② (2) 貞永式目ともよばれます。

第3章
教科書68～69ページ

1節　武士の政権の成立③

東大寺南大門

（　）にあてはまる語句を答えよう。

ノートを活用して，くり返し書いて覚えよう。

❹ 武士と民衆の生活

教科書p.70〜71

◉地頭の支配／武士の生活

・武士…荘園や公領の（　①　）となり，土地や農民を勝手に支配。

　（　①　）は領主と対立し，幕府の裁判で土地の半分が（　①　）に

　あたえられることもあった（（　②　））。

　→（　①　）の力は領主と同等になる。

・農民…領主と（　①　）の支配を受ける。

・武士の一族は長である（　③　）を中心にまとまる。

◉農業と商業の発達

・農作業に牛や馬，鉄製の農具，肥料が使われるようになる。

　米と麦を同じ田畑で交互に作る（　④　）が始まる。

・（　⑤　）…寺社の門前や交通の要所で開かれた市。

①
②
③
④
⑤

❺ 鎌倉時代の文化と宗教

教科書p.72〜73

◉鎌倉文化

・宋の文化や武士の好みを反映した，写実的で力強い文化。

彫刻	東大寺南大門の**金剛力士像**…（　⑥　）ら
文学	「（　⑦　）」…藤原定家，西行らの和歌を収める 「方丈記」…鴨長明の随筆 **「平家物語」**…琵琶法師が語り伝える 「（　⑧　）」…兼好法師の随筆

⑥
⑦
⑧
⑨
⑩

◉鎌倉仏教

・新しい仏教がおこる一方，天台宗や真言宗の力も強く，新たに神道も形成された。

	浄土宗	（　⑨　）	時宗	日蓮宗	臨済宗	曹洞宗
開祖	法然	親鸞	（　⑩　）	日蓮	栄西	道元
特徴	念仏「南無阿弥陀仏」を唱える。	阿弥陀如来の救いを信じる。	踊念仏。念仏の札を配る。	題目「南無妙法蓮華経」を唱える。	座禅によってさとりを開く禅宗を宋から伝える。武士に気に入られ，幕府の保護を受ける。	

解答▶▶ p.6

① 下の文を読んで，次の問いに答えなさい。

教科書p.70～71

> 武士は，武芸によって心身をきたえ，「（　①　）」や「武士の道」
> と呼ばれる心構えが育っていった。
>
> a鎌倉時代には農業が発達した。村には鍛冶屋や手工業者
> が住み着き，（　②　）の門前や交通の要地で定期市が開かれた。
> 一部の荘園では，（　③　）から輸入した銭で年貢を納めるよう
> になった。

(1)	①	
	②	
	③	
(2)		

(1) 文中の①～③にあてはまる語句を，ア～オから選びなさい。
　ア　天皇の住まい　　イ　寺社　　ウ　弓馬の道
　エ　漢　　　　　　オ　宋

(2) 下線部aにあてはまらないものを，ア～ウから選びなさい。
　ア　年に2回米をつくる二毛作　　イ　牛馬の利用　　ウ　鉄製農具の普及

② 右の写真と絵を見て，次の問いに答えなさい。

教科書p.72～73

(1) Aの像を何といいますか。

(2) Bのような人たちによって
語り広められた軍記物語を
何といいますか。

(1)	
(2)	
(3)	①
	②

(3) 鎌倉時代の仏教について，
次の①・②にあてはまる人
物を，ア～ウから選びなさい。
　① 法華経の題目を唱えれば，人も国も救われる。
　② 「南無阿弥陀仏」と念仏を唱えれば，だれでも極楽浄土
　　に生まれ変われる。
　　ア　法然　　イ　道元　　ウ　日蓮

書きトレ！ 鎌倉文化の特徴を，簡単に書きなさい。

第3章

教科書70～73ページ

ヒント　① (1)①武士は，日ごろから馬や弓矢の武芸によって心身をきたえました。
　　　② (1)運慶らによって作られました。

2節　ユーラシアの動きと武士の政治の展開①

できごと

一三三三　鎌倉幕府がほろびる
一二九七　永仁の徳政令
一二八一　弘安の役
一二七四　文永の役
一二七一　フビライ・ハンが国号を
　　　　　元とする
一二〇六　チンギス・ハンが
　　　　　モンゴルを統一する

（　　）にあてはまる語句を答えよう。

ノートを活用して，くり返し書いて覚えよう。

1 モンゴル帝国とユーラシア世界

教科書p.74～75

◉遊牧民の生活／モンゴル帝国の拡大／ユーラシア世界の形成

・遊牧民…アジア内陸部の草原地帯で，羊や馬の飼育や狩りをして暮らした人たち。高い移動力と軍事力を持つ。

・**モンゴル帝国**…13世紀初め，（　①　）が建設。ユーラシア大陸の東西にまたがる大帝国を築く。第5代皇帝（　②　）は大都(現在の北京)に都を置き，13世紀半ばに国名を元とする。（　③　）を従え，宋をほろぼす。

・元の陶磁器や（　④　）がヨーロッパに伝わり，ヨーロッパの商人や宣教師，ムスリム(イスラム教徒)の商人が元を訪れるなどユーラシアの東西で交流が盛んになる。

①
②
③
④

詳しく解説！ **マルコ・ポーロの「世界の記述」**

「東方見聞録」の名でも知られる。フビライ・ハンに仕えたイタリア人のマルコ・ポーロは，「世界の記述」で日本を「黄金の国ジパング」としてヨーロッパに紹介した。

2 モンゴルの襲来

教科書p.76～77

◉二度の襲来

・（　②　）は日本を従えようと使者を送ったが，執権の（　⑤　）はこれを無視。

　→元と（　③　）の軍勢が二度にわたって襲来(元寇)。

・（　⑥　）…1274年，九州北部の博多湾岸(福岡市)に上陸。幕府軍は元軍の集団戦法と（　④　）を使った武器に苦しむ。

・（　⑦　）…1281年，幕府が築いた石の防壁や，御家人の活躍，暴風雨などによって元軍は上陸できず，退く。

◉鎌倉幕府の滅亡

・御家人は，領地の分割相続によって生活が困窮し，土地を手放す。幕府は御家人が手放した土地を取り返させる（　⑧　）を出すが，効果が上がらず，幕府への反感が強まる。

・鎌倉時代の終わりごろ，幕府の命令に従わず，年貢をうばう武士が現れ，（　⑨　）と呼ばれる。

・（　⑩　）**天皇**は倒幕を計画したが失敗し，隠岐(島根県)に流される。その後，天皇は楠木正成や有力御家人の**足利尊氏**，新田義貞などを味方につけ，1333年に鎌倉幕府をほろぼす。

⑤
⑥
⑦
⑧
⑨
⑩

解答▶▶ p.6

2節　ユーラシアの動きと武士の政治の展開①

1 下の地図を見て，次の問いに答えなさい。

教科書p.74〜75

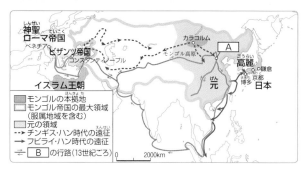

神聖ローマ帝国　ベネチア　ビザンツ帝国　コンスタンティノープル　イスラム王朝
カラコルム　モンゴル高原　A　高麗　鎌倉　京都　博多　日本　元

■ モンゴルの本拠地
□ モンゴル帝国の最大領域（服属地域を含む）
□ 元の領域
---▶ チンギス・ハン時代の遠征
━▶ フビライ・ハン時代の遠征
⇌ B の行路（13世紀ごろ）
2000km

(1)	
(2)	

(1) 地図中のAにあてはまる元の都を，ア〜ウから選びなさい。
　ア　大都　　イ　長安　　ウ　景徳鎮
(2) 地図中のBは，「世界の記述」の中で日本を「黄金の国ジパング」と紹介した人物の行路です。この人物はだれですか。

2 下の文を読んで，次の問いに答えなさい。

教科書p.76〜77

　a元の襲来以降，日本の社会は大きく変動した。また，鎌倉幕府を支えていた御家人の生活が苦しくなったため，b幕府はこれを救済しようとしたが，十分な成果が上がらず，御家人の幕府への反感が強まった。こうした中，後醍醐天皇は幕府をたおそうとして一度は隠岐に流されたが，c武士を味方につけ，1333年に鎌倉幕府をほろぼした。

(1)	
(2)	
(3)	

(1) 下線部aについて，この時の幕府の執権はだれですか。
(2) 下線部bについて，このために幕府が出した法令を何といいますか。
(3) 下線部cについて，天皇の味方についた有力御家人を，2人書きなさい。

書きトレ！ 左の絵は元寇の様子をえがいたもので，左側が元軍，右側が幕府軍です。元軍の戦い方を，簡単に書きなさい。

ヒント　1 (1) 現在の北京です。
　　　　2 (2) 御家人の借金を取り消し，手放した土地を取り返させようとしました。

できごと

一三九二　南朝と北朝が統一される
一三七八　足利義満が幕府を室町に移す
一三三八　足利尊氏が征夷大将軍になる
一三三六　朝廷が南北に分かれる
一三三四　建武の新政
一三三三　鎌倉幕府がほろびる

（　）にあてはまる語句を答えよう。

ノートを活用して，くり返し書いて覚えよう。

3 南北朝の動乱と室町幕府

教科書p.78～79

◎ **南北二つの朝廷**

・（ ① ）…後醍醐天皇による天皇中心の新しい政治。貴族を重
視したため，武士の不満が高まる。→足利尊氏が挙兵し，約
2年で（ ① ）は崩壊。

・（ ② ）**時代**…北朝と南朝の争いが続いた約60年。

・北朝(京都の朝廷)…尊氏が京都に新しい天皇を立てた。

・南朝((　③　)の朝廷)…後醍醐天皇が（ ③)(奈良県)にのがれ
て正統な天皇であると主張。

・**室町幕府**…1338年，尊氏が北朝から（ ④ ）に任命されて開く。

・（ ⑤ ）…足利氏の将軍を中心とする幕府が京都に置かれた時
代。

◎ **守護大名と地方の動き**

・（ ⑥ ）…幕府から強い権限をあたえられた守護が，国内の武
士をまとめて力を持つようになった。

・将軍に直接仕えて（ ⑥ ）に対抗する者も出現。

・鎌倉には（ ⑦ ）が置かれ，足利氏の一族が鎌倉公方となって
関東を支配。

①
②
③
④
⑤
⑥
⑦
⑧
⑨
⑩

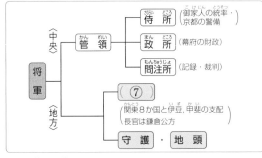

▲室町幕府の仕組み

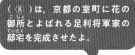

（ ⑧ ）は，京都の室町に花の御所とよばれる足利将軍家の邸宅を完成させたよ。

◎ **室町幕府の支配の確立**

・第3代将軍（ ⑧ ）…1392年，（ ② ）を統一。
　→室町幕府が全国を支配する唯一の政権となる。

・将軍の補佐役として（ ⑨ ）が置かれ，細川氏などの有力な（ ⑥ ）が任命される。

・幕府は，お金の貸し付けなどを行っていた（ ⑩ ）や酒屋を保護するかわりに税を取り立て，
関所を設けて通行税を取り，収入を得た。

解答▶▶ p.7

❶ 右の年表を見て，次の問いに答えなさい。

教科書p.78〜79

(1) 年表中の①・②にあて
はまる人物を，ア〜ウ
から選びなさい。

　ア　後醍醐天皇
　イ　足利義満（よしみつ）
　ウ　足利尊氏

年	できごと
1334	（　①　）が建武の新政を始める
	↕A
1336	a 南北朝に分かれて争う
	↕B
1338	（　②　）が征夷大将軍になる
	↕C
1392	南北朝が統一される

(1)	①	
	②	
(2)		
(3)		
(4)	①	
	②	

(2) 下線部 a について，①
がのがれた吉野（よしの）の朝廷
を何といいますか。

(3) 京都の室町に御所（ごしょ）を建てた時期を，年表中の A 〜 C から選
びなさい。

(4) 下の室町幕府の仕組みの図を見て，次の問いに答えなさい。

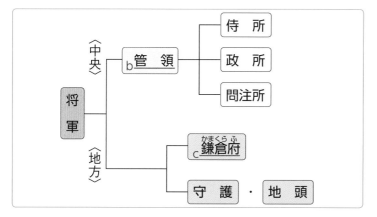

　① 下線部 b に任命された有力な守護大名を答えなさい。

　② 下線部 c について，鎌倉府の長官を何といいますか。

書きトレ！ 左の資料は，建武の新政を批判した二条河原落書（にじょうがわらのらくしょ）(部分要約)です。

　　　建武の新政が２年ほどでたおれたのはなぜですか，簡単に書きなさい。

此比都ニハヤル物（このごろ）
夜討強盗謀綸旨（ようちごうとうにせりんじ）

（このごろ都ではやっているものは，
夜襲（やしゅう），強盗，天皇のにせの命令。）

ヒント　❶(2)京都の朝廷と対立しました。
　　　　(4)②足利氏の一族が任命され，関東を支配しました。

第3章　中世の日本

2節　ユーラシアの動きと武士の政治の展開③

できごと
一三六八　明がおこる
一三九二　朝鮮国がおこる
一四〇四　日明貿易(勘合貿易)が始まる
一四二九　琉球王国の成立
一四五七　コシャマインの戦い
一三七八　足利義満が幕府を室町に移す

（　）にあてはまる語句を答えよう。

ノートを活用して，くり返し書いて覚えよう。

4 東アジアとの交流

教科書p.80〜81

◉**日明貿易**

・中国…14世紀に漢民族が（　①　）を建国。大陸沿岸をあらす（　②　）の出現により，公式の朝貢による交易のみを許可。

・**日明貿易**（（　③　）**貿易**）の開始…足利義満は（　②　）を禁じ，正式な貿易船に（　③　）を持たせた。

◉**朝鮮との貿易／琉球王国の成立／アイヌ民族の交易活動**

・**朝鮮国**…14世紀末に李成桂が高麗をほろぼし建国。（　④　）という文字を作り，日本と国交を結び，貿易を行う。

・琉球(沖縄県)…按司という豪族が争い，14世紀に山北(北山)・中山・山南(南山)の三つの勢力が（　①　）と朝貢貿易を行う。15世紀初め，中山の尚氏が沖縄島を統一し，首里を都とする（　⑤　）を建国。アジア諸国との**中継貿易**で栄える。

・蝦夷地(北海道)…（　⑥　）**民族**が狩りや漁，交易を行う。14世紀，津軽(青森県)の十三湊の安藤氏と交易。15世紀，蝦夷地南部に本州の人々(和人)が進出し，交易をめぐり衝突。15世紀半ば，首長のコシャマインを中心に蜂起するが，敗れる。

①	
②	
③	
④	
⑤	
⑥	

5 産業の発達と民衆の生活

教科書p.82〜83

◉**農業の改良と手工業の発展／商業の発展と都市の成長**

農業	二毛作が広がり，かんがい用の水車や堆肥を使用。麻・桑・藍・茶の栽培。
手工業	西陣(京都市)や博多(福岡市)の（　⑦　），陶器，紙，酒，油などの特産物の生産。
商業	定期市の広がり。宋銭・明銭の使用。物資を運ぶ（　⑧　）や，運送業をかねた倉庫業者の**問**が活躍。土倉や酒屋，商人や手工業者などは同業者団体の（　⑨　）をつくる。

⑦	
⑧	
⑨	
⑩	

・京都では町衆による自治。博多や堺でも自治を行う。

> 京都の町衆は応仁の乱でとだえていた祇園祭を再開させたよ。

◉**村の自治**

・惣…有力な農民を中心とする村の自治組織。→村のおきてを定める。

・15世紀，土倉や酒屋をおそって借金の帳消しを要求する（　⑩　）が起こる。

解答▶▶ p.7

1 右の地図を見て，次の問いに答えなさい。

教科書p.80〜81

(1) 大陸沿岸をあらした地図中のAの集団を何といいますか。

(2) 地図中のBに住み，狩りや漁を行っていた民族を何といいますか。

(3) 地図中のCに尚氏が建てた国を何といいますか。

(4) 日明貿易を始めた室町幕府の将軍はだれですか。

(5) 14世紀末に朝鮮国を建国したのはだれですか。

(1)	
(2)	
(3)	
(4)	
(5)	

2 下の文を読んで，次の問いに答えなさい。

教科書p.82〜83

> 南北朝の動乱が終わると，a 産業が盛んになった。商人や手工業者は，b 同業者ごとに団体を作り，農村では c 有力な農民を中心に自治組織がつくられるようになった。

(1) 下線部aについて，この時代に農業生産が向上した理由として正しいものを，ア〜ウから選びなさい。
ア　武士や僧が中心となって土地を開発したから。
イ　麻や桑，茶などの栽培が広がったから。
ウ　草や木を焼いた灰を肥料として使うようになったから。

(2) 下線部bについて，この団体を何といいますか。

(3) 下線部cについて，この自治組織を何といいますか。

(1)	
(2)	
(3)	

書きトレ！ 左の絵は勘合という証明書です。勘合を用いて日明貿易が行われた理由を，簡単に書きなさい。

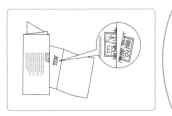

ヒント 1 (4) 南北朝の動乱をしずめて統一を実現させた室町幕府第3代将軍です。
2 (2) 武士や貴族，寺社に税を納めて保護を受け，営業の独占権を得ました。

ぴたトレ 1 要点チェック

第3章　中世の日本

2節　ユーラシアの動きと武士の政治の展開④

できごと

- 一四八八　加賀一向一揆(〜一五八〇)
- 一四八五　山城国一揆(〜九三)
- 一四六七　応仁の乱(〜七七)
- 一四八九　銀閣が建てられる
- 一四四九　足利義政が将軍となる
- 一三九七　金閣が建てられる
- 一三六八　足利義満が将軍となる

(　　)にあてはまる語句を答えよう。
ノートを活用して，くり返し書いて覚えよう。

6 応仁の乱と戦国大名

教科書p.84～85

応仁の乱

・**応仁の乱**…1467年，第８代将軍(　①　)のあとつぎ問題をめぐり，有力守護大名の細川氏と山名氏が対立。東軍と西軍に分かれ，11年間争う。

社会の変化と戦国大名の登場／戦国大名の支配の在り方

・山城国一揆…応仁の乱後，山城(京都府)南部で起こる。
・加賀(石川県)の(　②　)…浄土真宗(一向宗)の信仰で結び付いた武士や農民が守護大名をたおし，自治を行う。
・家来が主人に打ち勝つ(　③　)の状況のもと，国を統一して支配する**戦国大名**が登場。
・(　④　)…応仁の乱以後，各地で戦国大名が活躍した時代。
・戦国大名は，平地に城を築いて(　⑤　)を造り，独自の(　⑥　)を定めて武士や民衆の行動を取りしまる。農業を盛んにして商工業を保護し，石見銀山(島根県)などの鉱山を開発。

①
②
③
④
⑤
⑥

7 室町文化とその広がり

教科書p.86～87

室町文化

・**室町文化**…貴族の文化と，禅宗の影響を受けた武士の文化が融合。
・茶の湯が流行。和歌から連歌が生まれる。

北山文化	(　⑦　)…足利義満が京都の北山に建てた。 **能**…観阿弥・(　⑧　)親子が猿楽や田楽を発展。
東山文化	**銀閣**…(　①　)が京都の東山に建てた。 (　⑨　)…床の間を設け，書・絵画や花をかざる。 (　⑩　)…墨一色で自然を表現。雪舟が完成。 龍安寺の石庭…河原者と呼ばれる人々の活躍。

民衆への文化の広がり

・(　⑪　)…能の合間に演じられ，民衆の生活や感情を表す。
・(　⑫　)…「一寸法師」などの絵入りの物語。
・足利学校(栃木県)…上杉氏が保護。儒学を学ぶ。

⑦
⑧
⑨
⑩
⑪
⑫

銀閣の東求堂同仁斎は代表的な(　⑨　)の部屋だよ。

解答▶▶ p.8

1 下の資料を見て，次の問いに答えなさい。

教科書p.84〜85

資料A
一　けんかをした者は，いかなる理由による者でも処罰する。
一　許可を得ないで他国へおくり物や手紙を送ることは一切禁止する。

(1) このような法令を何といいますか。

(2) このような法令を定めた大名を何といいますか。

(3) 資料Aを定めた大名を，ア〜
エから選びなさい。

ア　上杉氏　　イ　朝倉氏
ウ　武田氏　　エ　今川氏

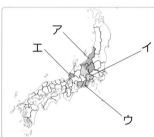

(4) (3)の大名の領地を，右の地図
のア〜エから選びなさい。

(1)	
(2)	
(3)	
(4)	

2 下の写真を見て，次の問いに答えなさい。

教科書p.86〜87

A

B

(1) Aの写真は，東求堂同仁斎の内部の様子です。ここに見ら
れる部屋の造りを何といいますか。

(2) Bの写真の建物を何といいますか。

(3) A・Bにあてはまる文化を，ア・イから選びなさい。

ア　北山文化　　イ　東山文化

(1)	
(2)	
(3)	

書きトレ！　応仁の乱後，世の中はどのようになりましたか。「戦国大名」「下剋上」という言葉
を使って，簡単に書きなさい。

ヒント　**1** (3)資料Aは「甲州法度之次第」です。
　　　　2 (2)足利義政が京都の東山に建てました。

第3章
中世の日本

| 時間 30分 | / 100点 | 合格 70点 |

❶ 右の地図を見て，次の問いに答えなさい。 12点

(1) 地図中のaは，鎌倉時代に幕府が直接支配する
ようになった地域です。それまでこの地を支配
していた勢力を，ア～ウから選びなさい。技
ア 平氏　イ 奥州藤原氏　ウ 足利氏

(2) 地図中のbは，承久の乱を起こした人物が流さ
れた場所です。流された人物はだれですか。

よく出る
(3) 地図中のcでは，1185年に平氏がほろぼされま
した。この時の戦いを何といいますか。

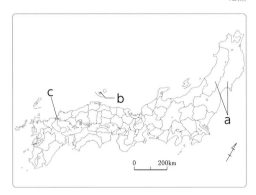

0　200km

❷ 右の年表を見て，次の問いに答えなさい。 32点

(1) 年表中の①・②にあてはまる中国の国名，③にあては
まる戦乱名を書きなさい。

(2) 下線部aとbの両方に関係のある人物を，ア～ウから
選びなさい。技
ア 足利尊氏　イ 足利義政　ウ 足利義満

(3) 下線部bについて，この貿易で用いられた証明書を何
といいますか。

点UP
(4) 下線部cは，浄土真宗(一向宗)の信徒が起こした一揆
です。この宗派の開祖はだれですか。

(5) 次の①・②のことがらがおこった時期を，年表中のA
～Dから選びなさい。
① 室町幕府が成立する。
② 鎌倉幕府がほろびる。

年	できごと
1274	（ ① ）が攻めてくる
1281	
	↕ A
1334	建武の新政
	↕ B
1392	a 南朝と北朝が統一される
1404	b （ ② ）と貿易が始まる
	↕ C
1467	（ ③ ）
1488	c 加賀の一向一揆
	↕ D

❸ 右の図を見て，次の問いに答えなさい。 18点

(1) 図Ⅰは，鎌倉幕府，室町幕府のど
ちらの仕組みを表したものですか。
技

(2) A・Bにあてはまる役職名を書き
なさい。

(3) 記述 Cは，承久の乱後に設けられ
た役所です。この役所が設けられた理由を，簡単に書きなさい。思

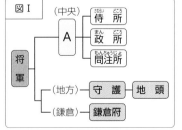

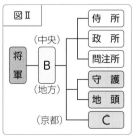

　成績評価の観点　技…資料活用の技能　思…社会的な思考・判断・表現

❹ **次の問いに答えなさい。**

(1) 右の文を読んで，次の問いに答えなさい。

① 文中の①にあてはまる語句を書きなさい。

② [記述]鎌倉時代の農民の負担がどのようなものであったか，簡単に書きなさい。[思]

> 鎌倉時代，農民は荘園や公領の領主に年貢を納めていたが，（ ① ）が土地や農民を勝手に支配することが多かった。紀伊（和歌山県）にあった荘園である阿氏河荘の農民は，（ ① ）のひどい行いを領主に訴えるため，訴状を作った。

(2) 次の文中の下線部が正しければ○を，間違っていれば正しい語句を書きなさい。[思]

・鎌倉時代になると，農作業には牛馬が利用され，草や木を焼いた灰が肥料として使われ，米の裏作に麦を作る a 二期作 も行われるようになった。

・室町時代，交通の要所では b 馬借 や問と呼ばれる運送業や倉庫業者が活動し，商人や手工業者は c 市 を作って営業権を独占した。また，農村では，農民が d 町衆 と呼ばれる自治組織を作った。団結を強めた農民は，やがて借金の帳消しなどを求める e 土一揆 を起こすようになった。

(3) 次の①～④に関係の深い人物を，ア～オから選びなさい。

① 水墨画　　② 金剛力士像

③ 「徒然草」　④ 能

ア　世阿弥　　イ　兼好法師　　ウ　雪舟　　エ　鴨長明　　オ　運慶

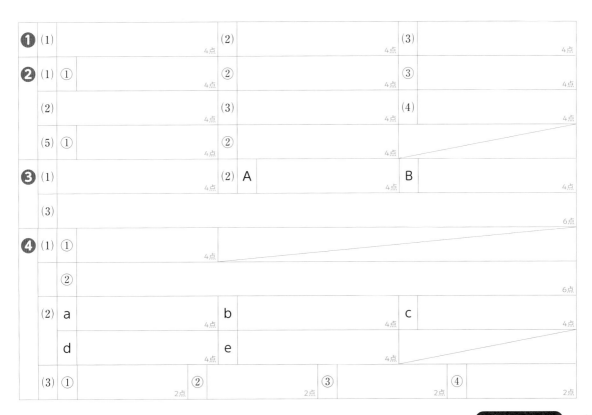

❶ (1) ［4点］　(2) ［4点］　(3) ［4点］

❷ (1) ① ［4点］　② ［4点］　③ ［4点］

(2) ［4点］　(3) ［4点］　(4) ［4点］

(5) ① ［4点］　② ［4点］

❸ (1) ［4点］　(2) A ［4点］　B ［4点］

(3) ［6点］

❹ (1) ① ［4点］

② ［6点］

(2) a ［4点］　b ［4点］　c ［4点］

d ［4点］　e ［4点］

(3) ① ［2点］　② ［2点］　③ ［2点］　④ ［2点］

1節　ヨーロッパ人との出会いと全国統一①

（　）にあてはまる語句を答えよう。

ノートを活用して，くり返し書いて覚えよう。

1 中世ヨーロッパとイスラム世界

教科書 p.100〜101

◉**中世のヨーロッパ**

・4世紀，ローマ帝国は東西に分かれる。→西ローマ帝国は5世紀にほろび，東ローマ帝国((　①　))は15世紀まで続く。

・中世ヨーロッパ…キリスト教が広まる。(　①　)と結び付いた**正教会**と，西ヨーロッパの(　②　)に分かれる。(　②　)では**ローマ教皇**が頂点に立ち，大きな権威を持つ。

◉**イスラム世界の拡大**

・**イスラム帝国**…7世紀にアラビア半島に成立。ペルシャ，北アフリカ，イベリア半島などの地域を支配。

・イスラム世界は，13世紀に(　③　)の支配を受ける。15世紀，(　④　)が(　①　)を征服。16世紀，インドにムガル帝国が成立。

・ムスリム(イスラム教徒)商人は各地で活動。学問や文化が発展。

◉**十字軍**

・11世紀，イスラム教国が聖地(　⑤　)を占領。キリスト教世界は聖地奪回のため**十字軍**を組織。

→(　⑤　)奪回に失敗したが，中国の紙と火薬，東南アジアの砂糖，イスラム文化などが伝わる。

①
②
③
④
⑤

2 ルネサンスと宗教改革

教科書 p.102〜103

◉**ルネサンス／宗教改革**

・(　⑥　)(文芸復興)…人のいきいきとした姿を表現。14〜16世紀，イタリアから西ヨーロッパ各地に広がる。レオナルド・ダ・ビンチやミケランジェロの作品など。

・**宗教改革**…16世紀，ローマ教皇による**免罪符**販売を批判してドイツでは(　⑦　)が，スイスではカルバンが開始。→かれらの教えを支持した(　⑧　)(抗議する者)はカトリックと対立。

・(　⑨　)…(　②　)も改革を始め，ザビエルなどの宣教師をアジアやアメリカ大陸へ派遣して布教を行う。

◉**近世への移り変わり**

・羅針盤の実用化や航海術の進歩などにより15世紀に(　⑩　)が始まる。(　⑩　)，(　⑥　)，宗教改革の開始により，ヨーロッパは近世に入った。

⑥
⑦
⑧
⑨
⑩

（⑥）は古代ギリシャ・ローマ文化を模範としたよ。

解答▶▶ p.9

ぴたトレ
2
練習

1節　ヨーロッパ人との出会いと
全国統一①

① 下の地図を見て，次の問いに答えなさい。

教科書 p.100〜101

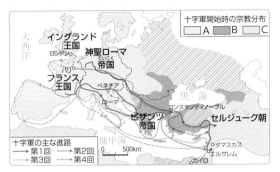

十字軍開始時の宗教分布　A□ B■ C▨

大西洋　イングランド王国　ロンドン　神聖ローマ帝国　パリ　フランス王国　ベネチア　ローマ　黒海　コンスタンティノープル　セルジューク朝　ビザンツ帝国　地中海　ダマスカス　エルサレム　カイロ

十字軍の主な進路
→第1回　‐‐‐第2回　‐‐‐第3回　‐‐‐第4回
0　500km

(1)	A
	B
	C
(2)	

(1) 地図中のA〜Cにあてはまる宗教を，ア〜ウから選びなさい。

　ア　カトリック　　イ　正教会　　ウ　イスラム教

(2) 十字軍が奪回をめざした聖地を，地図中の都市から選びなさい。

② 下の文を読んで，次の問いに答えなさい。

教科書 p.102〜103

> 14世紀ごろから，ヨーロッパでは_a_ルネサンスが花開き，16世紀には_b_カトリック教会の動きを批判して_c_宗教改革が始まった。

(1)	
(2)	
(3)	

(1) 下線部aで活躍した人物を，ア〜エから選びなさい。

　ア　カルバン　　イ　ミケランジェロ
　ウ　ザビエル　　エ　ムハンマド

(2) 下線部bについて，ローマ教皇が売り出して批判されたものを，ア〜ウから選びなさい。

　ア　羅針盤　　イ　聖書　　ウ　免罪符

(3) 下線部cについて，ドイツで宗教改革を始めた人物を書きなさい。

書きトレ！ 左の絵はルネサンス期にボッティチェリがえがいた「春」です。ルネサンスの文化の特徴を，簡単に書きなさい。

(　　　　　　　　　　　　　　　　　)

ヒント ① (2)キリスト教・イスラム教・ユダヤ教の聖地です。
② (2)これを買うと全ての罪が許されると宣伝されました。

1節　ヨーロッパ人との出会いと全国統一②

できごと

一六〇二　オランダが東インド会社を設立
一五四九　キリスト教の伝来
一五四三　ポルトガル人が鉄砲を伝える
一五二二　マゼランの船隊が世界一周に成功
一四九八　バスコ・ダ・ガマがインドに到達
一四九二　コロンブスがアメリカに到達

（　）にあてはまる語句を答えよう。

ノートを活用して，くり返し書いて覚えよう。

3 ヨーロッパ世界の拡大

教科書 p.104 〜 105

◉大航海時代

・**大航海時代**…カトリック国のポルトガルとスペインが先がけ。キリスト教の布教やアジアの（　①　）獲得を目的とする。

・ポルトガル…1488年にアフリカ南端に到達。1498年に（　②　）がインドに到達。→ムスリム商人を経ず，中継貿易を行う。

・スペイン…1492年，（　③　）がカリブ海の島に到達。

◉アメリカ大陸の植民地化／オランダの台頭

・アメリカ大陸の（　④　）化…スペイン人は先住民の文明をほろぼし，銀鉱山，農園(プランテーション)の開発を進める。

→ヨーロッパに銀が運ばれ，ジャガイモ，とうもろこし，トマトなどが伝わる。

・伝染病や厳しい労働で先住民の人口が激減すると，ヨーロッパ人は大西洋の三角貿易を始め，アフリカの人々を奴隷としてアメリカ大陸へ連れていった。

・16世紀，スペインの援助で（　⑤　）の船隊が世界初の世界一周を達成。

・16世紀末にスペインから独立したオランダは，17世紀に東インド会社を設立してアジアに進出，日本とも貿易を行った。

①

②

③

④

⑤

（　③　）はカリブ海の島を「インド」だと考えたよ。

4 ヨーロッパ人との出会い

教科書 p.106 〜 107

◉鉄砲の伝来／キリスト教の伝来と広まり

・1543年，ポルトガル人が（　⑥　）(鹿児島県)に漂着。→**鉄砲**を日本に伝える。戦国大名に注目され，堺(大阪府)や国友(滋賀県)で生産。

・1549年，イエズス会宣教師（　⑦　）が来日してキリスト教を布教。民衆の間にキリスト教信者(キリシタン)が増加。

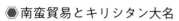

▲（　⑦　）

◉南蛮貿易とキリシタン大名

・**南蛮貿易**…（　⑧　）(ポルトガル人やスペイン人のこと)との貿易。明の生糸・絹織物，ヨーロッパの鉄砲・火薬など。

・（　⑨　）…キリシタンになった戦国大名。肥前の大村氏など。

・（　⑩　）…1582年，大友宗麟がキリスト教信者の少年4人をローマ教皇のもとへ派遣。

⑥

⑦

⑧

⑨

⑩

解答 ▶▶ p.9

① 右の地図を見て，次の問いに答えなさい。

教科書 p.104〜105

(1) 地図中のA〜C の航路を発見した人物を書きなさい。

(2) アメリカ大陸にわたり，先住民の支配者を武力でたおした国はどこですか。

(3) オランダがアジア進出の拠点として設立した組織を何といいますか。

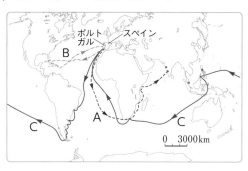

	A
(1)	B
	C
(2)	
(3)	

② 右の年表を見て，次の問いに答えなさい。

教科書 p.106〜107

(1) 下線部 a について，どこの国の人が伝えましたか。

(2) 下線部 b について，キリスト教を伝えた宣教師が布教活動をしていた教団を何といいますか。

(3) 下線部 c について，使節を派遣したキリシタン大名を答えなさい。

年	できごと
1543	a 鉄砲が日本に伝わる
1549	b キリスト教が日本に伝わる
1582	c 天正遣欧使節が派遣される

(1)	
(2)	
(3)	

書きトレ! 左の地図は，大西洋の三角貿易を示しています。アフリカの人々が奴隷としてアメリカ大陸へ連れていかれたのはなぜですか，簡単に書きなさい。

ヒント　① (1) Aはインドに到達，Bはカリブ海の島に到達，Cの船隊は世界一周を達成しました。
② (1) 南蛮人と呼ばれました。

1節　ヨーロッパ人との出会いと全国統一③

できごと	
一五六〇	桶狭間の戦い
一五七三	室町幕府がほろびる
一五七五	長篠の戦い
一五七七	安土城下で楽市・楽座政策
一五八二	本能寺の変
一五九〇	豊臣秀吉が全国を統一
一五八八	刀狩令
一五九二	太閤検地を始める
一五九二	文禄の役
一五九七	慶長の役

（　）にあてはまる語句を答えよう。

ノートを活用して，くり返し書いて覚えよう。

5 織田信長・豊臣秀吉による統一事業　　　教科書 p.108〜109

◉ **織田信長の統一事業**

- **織田信長**…尾張(愛知県)の戦国大名。
- （ ① ）の戦い(愛知県)…駿河(静岡県)の今川義元を破る。
- 1573年，（ ② ）を追放して室町幕府をほろぼす。
- 比叡山延暦寺や一向一揆などの仏教勢力を武力で従わせる。
- （ ③ ）の戦い(愛知県)…（ ④ ）を活用して甲斐(山梨県)の武田勝頼を破る。
- （ ⑤ ）を築き，城下で（ ⑥ ）を実施。市での税を免除し，座や関所を廃止。

▲織田信長

◉ **豊臣秀吉の全国統一**

- **豊臣秀吉**…羽柴秀吉。1582年に本能寺(京都府)で信長を襲撃した（ ⑦ ）をたおし，信長の後継者となる。
- 大阪城を築いて本拠地とする。
- 天皇から（ ⑧ ）に任じられ，1587年に九州の島津氏を降伏させる。1590年には関東の北条氏をほろぼして全国を統一。
- 大阪・京都・堺などの重要都市や鉱山を直接支配。統一的な金貨の発行。
- （ ⑨ ）**時代**…信長と秀吉の時代。

▲豊臣秀吉

①
②
③
④
⑤
⑥
⑦
⑧
⑨
⑩
⑪

> 詳しく解説！ **安土桃山時代**
> 信長が築いた安土城，秀吉が住まいとした伏見城(桃山城とも呼ばれる)の名にちなむ。「桃山」は現在の京都市南部の地名。

> 秀吉は各地の金山や銀山を直接支配して，天正大判などの金貨を発行したよ。

◉ **宣教師の追放**

- 織田信長…キリスト教を優遇。
- 豊臣秀吉…長崎がイエズス会に寄進される。→宣教師の国外追放を命じる（（ ⑩ ））。（ ⑪ ）は禁止されなかったため，不徹底。

解答▶▶ p.10

1節　ヨーロッパ人との出会いと全国統一③

① 右の年表を見て，次の問いに答えなさい。

教科書 p.108〜109

(1) 下線部 a について，この戦いで織田信長が破った大名を，ア〜エから選びなさい。

年	できごと
1560	a 桶狭間(おけはざま)の戦い
	↕ A
1575	b 長篠(ながしの)の戦い
1576	信長が c 安土城を築く
	↕ B
1582	d 本能寺の変
	↕ C
1590	秀吉が全国を統一する

ア　明智光秀(あけちみつひで)
イ　今川義元
ウ　足利義昭(あしかがよしあき)
エ　武田勝頼

(1)
(2)
(3)
(4)
(5)

(2) 下線部 b について，この戦いで織田信長が破った大名を，ア〜エから選びなさい。

　　ア　明智光秀　　イ　今川義元　　ウ　足利義昭　　エ　武田勝頼

(3) 下線部 c について，安土城の城下で商工業を盛(さか)んにするためにとった政策を，ア〜エから選びなさい。

　　ア　同業者ごとに座と呼ばれる団体を作った。
　　イ　関所を設けて通行税を取った。
　　ウ　市での税を免除した。
　　エ　御成敗式目(ごせいばいしきもく)(貞永式目(じょうえいしきもく))を定めた。

(4) 下線部 d について，信長を自害に追いこんだ人物を，ア〜エから選びなさい。

　　ア　明智光秀　　イ　今川義元　　ウ　足利義昭　　エ　武田勝頼

(5) バテレン追放令が出された時期を，年表中のA〜Cから選びなさい。

書きトレ！ 左の絵は長篠の戦いをえがいたものです。ア・イのどちらが信長の軍かを選び，その記号を選んだ理由を，簡単に書きなさい。

記号
理由

ヒント ① (1) 駿河(静岡県)の大名です。
　　　　　　　(2) 甲斐(山梨県)の大名です。

できごと

一五六〇　桶狭間の戦い
一五七三　室町幕府がほろびる
一五七五　長篠の戦い
一五七七　安土城下で楽市・楽座政策
一五八二　本能寺の変
一五八二　太閤検地を始める
一五九〇　豊臣秀吉が全国を統一
一五九二　文禄の役
一五九七　慶長の役

（　　）にあてはまる語句を答えよう。

ノートを活用して，くり返し書いて覚えよう。

6 兵農分離と秀吉の対外政策　　教科書 p.110〜111

◉ **太閤検地と刀狩**

・（ ① ）…ものさしやますを統一し，全国の田畑の面積や土地のよしあしをしらべ，収穫量を石高で表す。

→検地帳に登録された百姓は土地を耕作する権利を保障され，年貢を納める。武士は石高で表された領地をあたえられ，軍役を負担。荘園領主は土地の権利を失う。

・（ ② ）…一揆を防ぐため百姓・寺社から武器を取り上げる。

・（ ③ ）…武士と農民との身分の区別が明確になる。

◉ **朝鮮侵略**

・秀吉は東南アジアへの商人の渡航を奨励。朝鮮・高山国(台湾)・ルソン(フィリピン)などに服属を要求。

・朝鮮侵略…1592年の（ ④ ）と1597年の（ ⑤ ）。

・（ ④ ）では，明の征服を目指して朝鮮に出兵。（ ⑤ ）は，明との講和不成立により再戦し，秀吉の死で撤退。→豊臣氏没落の原因になる。

①
②
③
④
⑤

日本軍は李舜臣の水軍に苦しめられたよ。

> **詳しく解説!　朝鮮人陶工と日本の陶磁器文化**
>
> 朝鮮侵略の際，朝鮮人陶工が日本に連れてこられた。彼らが伝えた技術により，有田焼(佐賀県)，薩摩焼(鹿児島県)，萩焼(山口県)などが作られるようになった。

7 桃山文化　　教科書 p.112〜113

◉ **天下統一と豪壮な文化／芸能と生活文化の展開**

・（ ⑥ ）…織田信長や豊臣秀吉のころに栄えた豪壮な文化。

・城…安土城や大阪城など。天守と石垣が築かれ，内部のふすまや屏風には（ ⑦ ）らの画家が濃絵をえがいた。

・**茶の湯**の流行…（ ⑧ ）がわび茶の作法を完成。

▲唐獅子図屏風　（ ⑦ ）作

・小歌や浄瑠璃，出雲の阿国がはじめた（ ⑨ ）。

◉ **南蛮文化**

・（ ⑩ ）…ヨーロッパ文化に影響を受けた芸術や風俗が流行。

⑥
⑦
⑧
⑨
⑩

解答▶▶ p.10

1節　ヨーロッパ人との出会いと 全国統一④

① 右の年表を見て，次の問いに答えなさい。 教科書 p.110〜111

(1) 下線部 a について，検地帳に登録された身分を，ア〜ウから選びなさい。

年	できごと
1582	a 太閤検地が始まる
1588	b 刀狩令が出される
1590	秀吉が全国を統一する
1592	c 朝鮮侵略が始まる
1598	秀吉が病死する

ア　百姓
イ　公家
ウ　寺社

(1)	
(2)	
(3)	

(2) 下線部 a と b によって，武士と農民の区別が明確にされたことを何といいますか。

(3) 下線部 c について，秀吉が征服しようとした中国の国名を書きなさい。

② 下の文を読んで，次の問いに答えなさい。 教科書 p.112〜113

桃山文化を代表するのは，a 壮大な城である。天守が建設され，城の内部には（　①　）や弟子たちがふすまや屏風にきらびやかな絵をえがいた。また，信長と秀吉に仕えた（　②　）は，わび茶の作法を完成させた。このころ，社会全体に平和な世の中を楽しむ風潮が広がり，出雲の（　③　）が始めたかぶきおどりも人気を集めた。

(1)	①	
	②	
	③	
(2)		

(1) 文中の①〜③にあてはまる語句を書きなさい。

(2) 下線部 a について，現在の兵庫県にあり，世界遺産に登録されている城を，ア〜ウから選びなさい。

ア　安土城　　イ　姫路城　　ウ　名護屋城

書きトレ！ 検地と刀狩によって社会がどのように変化したのか，「荘園領主」「一揆」という言葉を使って，簡単に書きなさい。

ヒント
① (2)刀狩により，百姓や寺社から武器が取り上げられました。
② (2)白鷺城とも呼ばれています。

2節　江戸幕府の成立と対外政策①

（　）にあてはまる語句を答えよう。

ノートを活用して，くり返し書いて覚えよう。

1 江戸幕府の成立と支配の仕組み

教科書 p.114～115

◎江戸幕府の成立

・（ ① ）…1600年，（ ② ）の戦いで石田三成を破る。1603年に征夷大将軍に任命され，江戸(東京都)に**江戸幕府**を開く。1614，15年の大阪の陣で（ ③ ）をほろぼす。

・（ ④ ）…江戸に幕府が置かれた260年余りの時代。

◎幕藩体制の確立

・幕府の直接の支配地である（ ⑤ ）と家臣の領地を合わせ，全国の石高の約4分の1を支配。京都・大阪などの重要都市や主要な鉱山を直接支配し，貨幣の発行権を独占。

・大名…将軍から1万石以上の領地をあたえられた武士。全国に配置された。

親藩	徳川家の一族。
（ ⑥ ）大名	（ ② ）の戦い以前からの徳川家の家臣。
（ ⑦ ）大名	（ ② ）の戦い以後に徳川家に従った家臣。

・（ ⑧ ）…大名の領地と支配の仕組み。

・**幕藩体制**…幕府と（ ⑧ ）が全国を支配する政治体制。

・老中が幕府の政治を行い，若年寄が補佐。多くの役職が置かれ，（ ⑥ ）大名や旗本が任命された。

▲（ ① ）

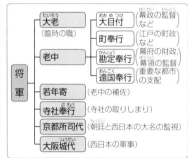

◀江戸幕府の仕組み

◎大名・朝廷の統制

・大名の統制…（ ⑨ ）の制定。第3代将軍**徳川家光**は（ ⑩ ）を制度化。

　→大名は1年おきに領地と江戸を往復。

・朝廷の統制…禁中並公家中諸法度の制定。京都所司代を置いて朝廷を監視。

①
②
③
④
⑤
⑥
⑦
⑧
⑨
⑩

将軍の家臣には，将軍に直接会うことができる旗本と，会うことができない御家人がいたよ。

解答▶▶ p.10

① 右の年表と図を見て，次の問いに答えなさい。　教科書 p.114～115

(1) 下線部aについて，図中のA～Cにあてはまる役職を，ア～カから選びなさい。

ア　評定衆
イ　京都所司代
ウ　鎌倉府
エ　老中
オ　六波羅探題
カ　町奉行

年	できごと
1603	徳川家康が a江戸幕府を開く
1614	
1615	b大阪の陣

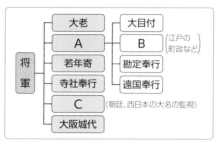

(2) 下線部bによりほろんだのは何氏ですか。

(3) 右の資料について，次の問いに答えなさい。

① この法律を何といいますか。

② この法律は，どのような人たちを統制するために出されましたか。

③ 1635年，この法律に参勤交代の制度を加えた将軍はだれですか。

― 学問と武芸にひたすら精を出すようにしなさい。
― 諸国の城は，修理する場合であっても，必ず幕府に申し出ること。新しい城を造ることは厳しく禁止する。
― 幕府の許可なく，結婚をしてはならない。

（部分要約）

(4) 右上の法律と同じ年に，天皇や公家を統制するために出された法律を何といいますか。

(1)	A	
	B	
	C	
(2)		
(3)	①	
	②	
	③	
(4)		

第4章

教科書114～115ページ

書きトレ！ 左の地図について，Aの大名を何というか答えたうえで，Aの大名の領地がどのような地域に配置されているのかを，簡単に書きなさい。

Aの大名
領地の配置

凡例：幕領／親藩・譜代大名の領地／Aの領地（1664年）　0　200km

ヒント ① (1) A幕府の重要な政務にあたりました。
(3) ①1615年に定められました。

第4章　近世の日本

2節　江戸幕府の成立と対外政策②

できごと
一六三五　参勤交代が制度化
一六三二　徳川家光が征夷大将軍となる
一六一五　武家諸法度・禁中並公家中諸法度
一六〇五　豊臣氏がほろびる
一六〇三　徳川秀忠が征夷大将軍となる
一六〇〇　徳川家康が征夷大将軍となる
関ヶ原の戦い

（　　）にあてはまる語句を答えよう。
ノートを活用して，くり返し書いて覚えよう。

2 さまざまな身分と暮らし

教科書 p.116～117

◉武士と町人

・身分…（ ① ），**百姓**，**町人**。（ ① ）
と町人は江戸や城下町に住む。

・（ ① ）…支配身分。（ ② ）・帯刀などの特権を持ち，軍事を担う。

・町人…全人口の約5％。地主や家持は幕府や藩に（ ③ ）を納める。名主などの（ ④ ）が自治を行う。借家人は日雇いや行商などで生活。商家の奉公人や職人の弟子は，幼いときから主人の家に住みこんで仕事を覚え，独立を目指す。

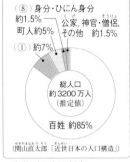

（ ⑧ ）身分・ひにん身分
約1.5%　　公家，神官・僧侶，
町人約5%　　その他　約1.5%
（ ① ）約7%

総人口
約3200万人
（推定値）

百姓 約85%

（関山直太郎『近世日本の人口構造』）

▲身分別の人口割合

◉村と百姓

・百姓…全人口の約85％。林野・用水路を共同で利用し，田植えなどの農作業を助け合う。

（ ⑤ ）	土地を持つ。庄屋(名主)や組頭，百姓代などの村役人となって自治を行い，（ ⑥ ）を徴収する。
水のみ百姓	土地を持たず，小作を行う。

・（ ⑥ ）…米で納め，武士の生活を支えた。四公六民(40％)，五公五民(50％)などの重い負担。

・幕府の統制…（ ⑥ ）を安定的に取り立てるため，土地の売買を禁止。

・（ ⑦ ）の制度…犯罪防止や（ ⑥ ）納入に連帯責任を負わせる。

◉差別された人々

・（ ⑧ ）身分，ひにん身分…ほかの身分の人々から厳しく差別された。

（ ⑧ ）身分	農業を行い，（ ⑥ ）を納める。死んだ牛馬の解体や皮革業などに従事。牢番など役人の下働きも務める。
ひにん身分	役人の下働きや芸能などに従事。

・村での差別…村の運営や祭りなどに参加できない。

・幕府や藩の規制…住む場所や職業を制限。服装なども規制。

①
②
③
④
⑤
⑥
⑦
⑧

幕府は百姓支配の方針を出して，百姓の生活の細部まで統制したよ。

解答▶▶ p.11

1 **右のグラフを見て，次の問いに答えなさい。**

教科書 p.116〜117

(1) グラフ中の**A〜C**にあてはまる身分を，**ア〜ウ**から選びなさい。

　　ア　武士
　　イ　百姓
　　ウ　町人

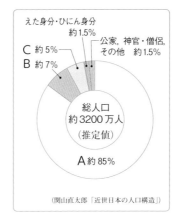

えた身分・ひにん身分
約1.5%
公家，神官・僧侶，その他　約1.5%
C 約5%
B 約7%

総人口
約3200万人
（推定値）

A 約85%

（関山直太郎「近世日本の人口構造」）

(2) 江戸時代の身分について述べた次の文中の下線部が正しければ○を，間違っていれば正しい語句を書きなさい。

　① 支配身分である武士は政治を行い，名字や帯刀などの特権を持っていた。

　② 町人のうち，町ごとに選ばれた名主などの村役人が自治を行った。

　③ 百姓には，土地を持つ本百姓と，土地を持たずに小作を行う家持の区別があった。

　④ 幕府は，五人組の制度を作り，犯罪防止や年貢納入に連帯責任を負わせた。

　⑤ えた身分の人々は，死んだ牛馬の解体や皮革業などに従事し，牢番など役人の下働きも務めた。

(1)	A	
	B	
	C	
(2)	①	
	②	
	③	
	④	
	⑤	

書きトレ! 左の資料は，1643年に幕府が出した触書の部分要約です。このように幕府が百姓の生活を定めたのはなぜですか，「武士の生活」「年貢」という言葉を使って，簡単に書きなさい。

― 衣類は，模様のないものを着ること。
― 雑穀を食べ，米はむやみに食べないようにせよ。
― 田畑をよく手入れし，草も念を入れて取るようにせよ。不届きな百姓は，取り調べて処罰する。
― 独身の百姓が病気になったら，五人組や村全体で助け合って田畑を耕作し，年貢を納めるようにせよ。

ヒント **1** (1) BやCの身分の人たちは，江戸や大名の城下町に集められました。
　　　　　(2)⑤えた身分の人々は，ほかの身分の人々から厳しく差別されました。

（　　）にあてはまる語句を答えよう。
ノートを活用して，くり返し書いて覚えよう。

3 貿易の振興から鎖国へ

教科書 p.118〜119

◉ 積極的な貿易政策

・**朱印船貿易**…徳川家康が（　①　）を発行して東南アジアへの海外渡航を許可。

　→大名や豪商が朱印船貿易を行い，多くの日本人が東南アジアへ移住して各地に（　②　）ができる。

・（　③　）・イギリスとの貿易…平戸(長崎県)に商館を設ける。

・輸入品は中国産の生糸，絹織物，東南アジア産の染料・象牙など。輸出品は銀，刀，工芸品。

◉ 禁教と貿易統制の強化

・家康は貿易の利益を重視してキリスト教布教を黙認。

　→キリスト教信者が増加。

・（　④　）…領主よりも神を重んじるキリスト教の教えを危険視するようになり，1612年，幕領でキリスト教を禁止。第2代将軍の（　⑤　）は（　④　）を強化。

・1635年，第3代将軍徳川家光は，日本人の出国・帰国を禁止し，朱印船貿易を停止。1636年，長崎に（　⑥　）を築き，ポルトガル人を移す。

◉ 島原・天草一揆と鎖国

・（　⑦　）…1637年，キリスト教信者への迫害や重い年貢に苦しんだ島原(長崎県)・天草(熊本県)の人々が，天草四郎(益田時貞)を中心に一揆を起こしたが，鎮圧される。

> **詳しく解説！ 島原・天草一揆**
>
> 幕府は約12万人の大軍を送ったが，約3万7000人の一揆軍の抵抗に苦しみ，鎮圧するのに4か月かかった。以後，幕府はキリスト教禁止をいっそう強めた。

・1639年，ポルトガル船の来航を禁止。

・1641年，（　③　）商館を（　⑥　）に移し，中国と（　③　）のみ長崎での貿易を許可。→（　⑧　）の完成。

・宗教統制…（　⑨　）でキリスト教信者を発見。（　⑩　）で仏教徒であることを寺に証明させる。

①
②
③
④
⑤
⑥
⑦
⑧
⑨
⑩

長崎では，キリストや聖母マリアの像を踏む（　⑨　）が，毎年正月の行事として行われたよ。

▲踏絵

2節　江戸幕府の成立と対外政策③

1 **右の年表を見て，次の問いに答えなさい。** 教科書 p.118～119

(1) 年表中の①～④に
あてはまる国を，
ア～エから選びな
さい。
ア　イギリス
イ　オランダ
ウ　スペイン
エ　ポルトガル

年	できごと
	↕A
1612	a朱印船貿易が始まる 幕領に禁教令が出される
	↕B
1623	（　①　）が平戸の商館を閉じる
1624	（　②　）船の来航禁止
	↕C
1637	b島原・天草一揆
1639	（　③　）船の来航禁止
1641	平戸の（　④　）商館を c長崎に 移し，d二国と貿易を行う

(2) 下線部aについて，
この貿易の許可証
を何といいますか。

(3) 下線部bについて，
どのような宗教の信者が起こした一揆ですか。

(4) 下線部cについて，長崎のどこに移しましたか。

(5) 下線部dについて，ア～オから2つ選びなさい。
ア　イギリス　　　イ　オランダ　　　ウ　スペイン
エ　ポルトガル　　オ　中国

(6) 日本人の海外渡航・帰国が禁止された時期を，年表中のA
～Cから選びなさい。

(7) 幕府が禁教を強化するために行ったことのうち，役人の前
でキリストや聖母マリアの像をふませたことを何といいま
すか。

(1)	①
	②
	③
	④
(2)	
(3)	
(4)	
(5)	
(6)	
(7)	

第4章

教科書118～119ページ

書きトレ! 江戸幕府が鎖国政策をとった理由を，「宣教師」「独占」という言葉を使って，簡単
に書きなさい。

ヒント **1** (5) キリスト教の布教を行わない国だけが貿易を許されました。
(6) 第3代将軍徳川家光の時代です。

鎖国下の窓口

（　）にあてはまる語句を答えよう。

ノートを活用して，くり返し書いて覚えよう。

4 鎖国下の対外関係

教科書 p.120 〜 121

◆四つの窓口

・長崎・（　①　）藩(長崎県)・（　②　）藩(鹿児島県)・（　③　）藩(北
海道)の4か所を窓口として国際関係を作り出した。

◆オランダ・中国との貿易／朝鮮との交際

・長崎での貿易…生糸・絹織物・薬・香木などを輸入，銀・銅
・俵物(干しあわび，ふかひれなどの海産物)などを輸出。

・オランダとの貿易…長崎の（　④　）で交易を行う。オランダ商
館長にはオランダ風説書を提出させて海外情報を独占。

・中国との貿易…17世紀前半，女真族(満州族)が清を建国し，
（　⑤　）がほろぶ。密貿易を防ぐため，17世紀後半から中国人
を唐人屋敷に住まわす。

・朝鮮との交際…（　①　）藩の努力で国交回復。将軍の代がわり
ごとに（　⑥　）が来日。（　①　）藩は朝鮮の釜山に倭館を置き，
貿易を行う。→生糸・絹織物・朝鮮にんじんを輸入，銀・銅を輸出。

①
②
③
④
⑤
⑥

5 琉球王国やアイヌ民族との関係

教科書 p.122 〜 123

◆琉球の支配

・琉球王国(沖縄県)…1609年，（　②　）藩(鹿児島県)が征服。

・琉球は（　⑤　）や清に対する朝貢貿易を続ける。

・（　②　）藩の支配…奄美群島を直接支配し，砂糖や布を納めさ
せる。（　⑦　）(那覇市)に役人を派遣し，中継貿易を管理下に
置く。

・将軍や琉球国王の代がわりごとに（　⑧　）を派遣させた。

◆アイヌ民族との交易

・（　⑨　）(北海道)…先住のアイヌ民族が漁業や狩猟に従事。

・和人(本州から来た人々)のほか，千島列島や樺太(サハリン)，
中国東北部の人々と海産物や毛皮などの交易を行う。

・（　⑨　）南部を支配する（　③　）藩がアイヌ民族との交易を独占。
→米や日用品と，さけ・にしん・こんぶなどの海産物を交換。

・17世紀後半，（　③　）藩との不利な交易に対する不満から，首長
の（　⑩　）が蜂起したが失敗。

⑦
⑧
⑨
⑩

18世紀前半，交易は和人の商人に
任され，アイヌの人々への経済的
支配は厳しくなったよ。

解答▶▶ p.12

① **右の地図を見て，次の問いに答えなさい。**　教科書 p.120 〜 121

(1) 地図中の**A**で行われた貿易で，
日本から輸出されたものを，
ア〜ウから選びなさい。

　　ア　香木
　　イ　朝鮮にんじん
　　ウ　俵物

(2) 江戸時代に対馬藩が貿易を
行っていた相手国を，**ア〜ウ**
から選びなさい。

　　ア　朝鮮　　**イ**　元　　**ウ**　スペイン

(3) 対馬藩の位置を，右上の地図中の**ア〜エ**から選びなさい。

(4) (2)の国が，将軍の代がわりごとに日本へ派遣した使節を何といいますか。

(1)	
(2)	
(3)	
(4)	

② **下の文を読んで，次の問いに答えなさい。**　教科書 p.122 〜 123

> **A**　琉球王国(沖縄県)は，17世紀初めに江戸幕府の許可を受
> けた（　①　）藩に征服された。（　①　）藩は琉球王国が行って
> いた中継貿易を管理下に置き，大きな利益を得た。
> **B**　蝦夷地(北海道)の（　②　）民族は，（　③　）藩との交易を
> 行った。

(1) 文中の①〜③にあてはまる語句を書きなさい。

(2) 次のできごとと関係が深いのは**A**，**B**のどちらですか。
　　①　シャクシャインが戦いを起こした。
　　②　将軍などの代がわりがあると，江戸に使節を派遣した。

(1)	①	
	②	
	③	
(2)	①	
	②	

書きトレ！ 鎖国体制のもとで，幕府が海外の情報を得た方法について，簡単に書きなさい。

ヒント　① (2)対馬藩の努力により，国交が回復しました。
　　　　　② (1)②独自の文化を持ち，漁業や狩猟を行って生活していました。

第4章

教科書120〜123ページ

3節　産業の発達と幕府政治の動き①

近世の交通

- 五街道
- 主要陸路
- 東廻り航路
- 西廻り航路
- 南海路
- その他
- 主な関所

甲州道中
中山道　日光
草津
京都
奥州道中・白河・日光道中
江戸
大阪
東海道・箱根

（　　）にあてはまる語句を答えよう。

ノートを活用して，くり返し書いて覚えよう。

1 農業や諸産業の発展
教科書 p.124 ～ 125

◉農業の発展

・大規模な（　①　）…幕府や藩，農民が干拓，開墾を行う。18世紀初めには，農地面積は豊臣秀吉のころの約2倍に増加。

・農業生産力の向上…深く耕す（　②　），効率的に脱穀する（　③　）など農具の開発，いわしを原料とする干鰯などの肥料。

・**商品作物**の栽培…木綿，菜種など。

◉諸産業の発展

林業	木曽(長野県)のひのき，秋田のすぎ。
水産業	（　④　）(千葉県)のいわし漁。紀伊(和歌山県)・土佐(高知県)の捕鯨やかつお漁。蝦夷地(北海道)のにしん漁・こんぶ漁。瀬戸内海沿岸で塩田が発達。
鉱業	佐渡金山(新潟県)，石見銀山(島根県)，別子(愛媛県)・足尾(栃木県)の銅山など。→金座や銀座で金貨や銀貨を鋳造。（　⑤　）(銅銭)が全国に流通。

①	
②	
③	
④	
⑤	

酒やしょうゆなどの醸造業，織物，磁器，漆器，鋳物，製紙などの産業も発達したよ。

2 都市の繁栄と交通路の整備
教科書 p.126 ～ 127

◉三都の繁栄

・**三都**の発展…江戸，大阪，京都。

江戸	「（　⑥　）のおひざもと」。人口約100万の大都市。
大阪	「（　⑦　）」。諸藩が**蔵屋敷**を置き，年貢米や特産物を販売。
京都	朝廷のある古くからの都。西陣織などの手工業。

・商人は同業者ごとに（　⑧　）を作り，営業を独占。両替商が経済力をつける。→江戸の三井家，大阪の鴻池家。

◉街道の整備／海運の発達

・**五街道**…（　⑨　），中山道，甲州道中，日光道中，奥州道中。
→本陣や旅籠など宿場が整備され，飛脚が行き来。

・**南海路**…江戸と上方(京都・大阪)を結ぶ。

・（　⑩　）と**東廻り航路**…東北地方や北陸地方の年貢米を大阪・江戸に運ぶ。

⑥	
⑦	
⑧	
⑨	
⑩	

第4章　近世の日本

3節　産業の発達と幕府政治の動き①

教科書 p.124〜125

① 次の問いに答えなさい。

(1) 江戸時代に入り，幕府や藩が年貢を増やすために開発したものは何ですか。漢字2字で答えなさい。

(2) 右の図の農具を見て，次の問いに答えなさい。

　① この農具の名前を書きなさい。

　② 右の図の農具の特色を，ア〜ウから選びなさい。

　　ア　土を深く耕すことができる。

　　イ　効率よく脱穀することができる。

　　ウ　簡単に穀粒ともみ殻を選別することができる。

(3) 江戸時代に全国に流通した銅銭を，ア〜ウから選びなさい。

　ア　豆板銀　　イ　寛永通宝　　ウ　慶長小判

(1)	
(2)	①
	②
(3)	

② 右の地図を見て，次の問いに答えなさい。

教科書 p.126〜127

(1) 東海道を，右の地図中のア〜エから選びなさい。

(2) 次の①・②の都市を，右の地図中のA〜Eから選びなさい。

　①　「天下の台所」

　②　「将軍のおひざもと」

(3) 地図中のXとYは，年貢米を運送する航路です。それぞれ何といいますか。

(1)	
(2)	①
	②
(3)	X
	Y

書きトレ！ 左のグラフを見て，18世紀初めの耕地面積について，豊臣秀吉のころと比較しながら，簡単に書きなさい。

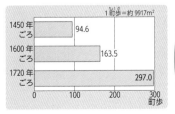

1町歩=約9917m²

1450年ごろ	94.6
1600年ごろ	163.5
1720年ごろ	297.0

(0 100 200 300 町歩)

ヒント　① (3)幕府は，金貨・銀貨・銅銭を造りました。
② (2)①は経済の中心地，②は幕府が置かれた都市です。

解答▶▶ p.12　　63

（　）にあてはまる語句を答えよう。

ノートを活用して，くり返し書いて覚えよう。

3 幕府政治の安定と元禄文化
教科書 p.128〜129

◎綱吉の政治と正徳の治

・第5代将軍（　①　）の時代…儒学が盛んとなり，（　②　）が学ばれる。極端な動物愛護の政策(生類憐みの政策)を採る。

▲（　①　）

・幕府の財政が苦しくなったため，（　①　）は貨幣の質を落として発行量を増やした。
→物価の上昇を招いた。

> **詳しく解説！** 徳川綱吉
>
> 第3代将軍家光の子。動物愛護を命じる生類憐みの政策を行った。特に犬に関して極端化し，「犬公方」と称された。

・正徳の治…18世紀初め，儒学者の（　③　）による政治。幕府の財政を立て直すため，貨幣の質を元にもどし，長崎貿易を制限して金・銀の海外流出を防いだ。

◎元禄文化

・**元禄文化**…（　④　）(京都・大阪)を中心とする町人の文化。

浮世草子(小説)	（　⑤　）が武士や町人の生活を書く。
俳諧(俳句)	（　⑥　）が芸術性を高める。
人形浄瑠璃	（　⑦　）が脚本を書く。
（　⑧　）	演劇として発達。（　④　）の坂田藤十郎，江戸の市川団十郎。
装飾画	俵屋宗達，**尾形光琳**。
（　⑨　）	菱川師宣が町人の生活をえがく。

・学問…武士の間にも広まる。「万葉集」や「源氏物語」など日本の古典の研究。水戸(茨城県)藩主の徳川光圀は「（　⑩　）」を編集。

・庶民の生活…衣服に木綿が用いられる。年中行事が庶民に広まる。

見返り美人図▶

①
②
③
④
⑤
⑥
⑦
⑧
⑨
⑩

社会の安定と都市の繁栄を背景に，経済力を持った新興の町人が元禄文化の担い手となったよ。

解答▶▶ p.13

3節　産業の発達と幕府政治の動き②

教科書 p.128〜129

❶ 下の文を読んで，次の問いに答えなさい。

　第5代将軍（　①　）の時代に，（　②　）を中心に栄えた町人文化を a 元禄文化という。（　③　）は武士や町人の生活を基に浮世草子(小説)を書き，（　④　）では，近松門左衛門が現実に起こった事件を基に脚本を書いた。また，この時期には，学問が武士などの間に広まり，b 儒学の研究が盛んに行われるようになった。

(1)　文中の①〜④にあてはまる語句を，ア〜オから選びなさい。

ア　徳川家光　　イ　徳川綱吉
ウ　井原西鶴　　エ　上方　　　　オ　人形浄瑠璃

(2)　下線部 a について，次の問いに答えなさい。

①　右の「見返り美人図」をえがいたのはだれですか。

②　このような絵を何といいますか。ア〜ウから選びなさい。
ア　浮世絵　　イ　水墨画
ウ　大和絵

③　右の資料は，「奥の細道」です。「奥の細道」の作者はだれですか。

④　③が芸術性を高めたものを何といいますか。

(3)　下線部 b について，主従関係や上下関係を重視する儒学を何といいますか。

夏草や 兵どもが夢の跡　　　　　　（岩手県）
五月雨を集めて早し最上川　　　　（山形県）
荒海や佐渡に横たふ天の川　　　　（新潟県）

(1)	①
	②
	③
	④
(2)	①
	②
	③
	④
(3)	

第4章

教科書128〜129ページ

書きトレ! 元禄文化が上方を中心に栄えた理由を，「町人」「経済力」という言葉を使って簡単に書きなさい。

（　　　　　　　　　　　　　　　　　　　　　　　　　　）

ヒント　❶ (1)①生類憐みの政策を行いました。
　　　　　　(2)②人気のある役者や相撲取り，評判の美人などがえがかれました。

解答▶▶ p.13　　65

3節　産業の発達と幕府政治の動き③

でできごと

一七四一　公事方御定書が完成する
一七三二　享保のききん
一七二三　上げ米の制を定める
一七二一　目安箱を設ける
一七一六　享保の改革（〜四五）

（　　）にあてはまる語句を答えよう。
ノートを活用して，くり返し書いて覚えよう。

4　享保の改革と社会の変化

教科書 p.130〜131

◉享保の改革

・享保の改革…1716年，第8代将軍（　①　）が始
めた幕府の政治改革。

▲（　①　）

・（　②　）…武士に質素・倹約を命じる。

・（　③　）の制…参勤交代で大名が江戸に住む期
間を1年から半年にし，かわりに米を納めさせる。

・新田開発などの政策により，一時的に幕府の財政は立ち直る。

・（　④　）の制定…裁判の基準となる法律。

・（　⑤　）の設置…民衆の意見を聞く。

◉産業の変化と工業の発達

・木綿や生糸，絹織物などの国産化が進展。

（　⑥　）	18世紀〜。問屋が織機やお金を貸して生産させ，製品を買う。
（　⑦　）（マニュファクチュア）	19世紀〜。工場を建設し，分業で製品を作る。→近代工業発展の基礎に。

◉農村の変化と百姓一揆

・農村の変化…貨幣経済が浸透し，自給自足経済が変化。
　→土地を手放して（　⑧　）となる者や，土地を買い集めて地主
となる者など，貧富の差が拡大。

・民衆の抵抗…農村では年貢軽減を求める（　⑨　）が，都市では
米を買いしめた商人に対する（　⑩　）が起こった。

①
②
③
④
⑤
⑥
⑦
⑧
⑨
⑩

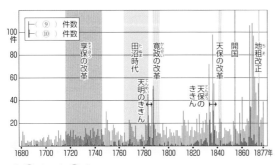
▲（　⑨　）・（　⑩　）の発生件数の推移

▲（　⑩　）の様子

解答▶▶ p.13

3 節　産業の発達と
幕府政治の動き③

① 下の表を見て，次の問いに答えなさい。

教科書 p.130 〜 131

倹約令	武士に質素・倹約を命じる。
（　①　）	参勤交代で江戸に住む期間を 1 年から半年に短縮するかわりに，米を幕府に納めさせる。
a公事方御定書	裁判の基準となる法律。
（　②　）	民衆の意見を聞くために設置。
町火消しを組織	江戸の防災を強化。

(1)　表中の①・②にあてはまる語句を書きなさい。

(2)　上の表の改革を何といいますか。

(3)　(2)を行った人物を，ア〜ウから選びなさい。
　　　ア　徳川綱吉　　イ　徳川吉宗　　ウ　新井白石

(4)　下線部 a について，この法律を，ア〜ウから選びなさい。
　　　ア　一　衣類は，模様のないものを着ること。
　　　イ　一　幕府の許可なく，結婚をしてはならない。
　　　ウ　一　人を殺しぬすんだ者　引き回しの上獄門

(5)　江戸時代の工業の発達と農村の変化について述べた次の文中の下線部が正しければ○を，間違っていれば正しい語句を書きなさい。
　　　①　問屋が農民に織機やお金を貸して生産させ，製品を買い取ることを工場制手工業(マニュファクチュア)という。
　　　②　18世紀になると農村は変化していき，土地を手放して地主となる者や，都市へ出かせぎに行く者が多くなった。

(1)	①
	②
(2)	
(3)	
(4)	
(5)	①
	②

第4章

教科書130〜131ページ

書きトレ！　左の資料は，からかさ連判状です。一揆の参加者が円形に署名した理由を，簡単に書きなさい。

ヒント　① (2)1716(享保元)年から始まりました。
(3)紀伊(和歌山)藩主から第 8 代将軍になりました。

解答▶▶ p.13　67

3節　産業の発達と幕府政治の動き④

（　　　）にあてはまる語句を答えよう。

ノートを活用して，くり返し書いて覚えよう。

5 田沼意次の政治と寛政の改革

教科書 p.132〜133

◉田沼意次の時代

・（ ① ）…18世紀後半の老中。商工業を重視した政治を行う。

・（ ② ）の奨励…商人に特権をあたえて営業税を徴収。

・長崎貿易の活発化…銅の専売制を実施し，金・銀にかわる輸出品とする。蝦夷地(北海道)の調査を行い，俵物の輸出を拡大。

・（ ③ ）(千葉県)の干拓。

・地位や特権を求めてわいろが横行し，批判が高まる。

・（ ④ ）のききん後，各地で百姓一揆や打ちこわしが起こり，（ ① ）は失脚。

◉寛政の改革

・**寛政の改革**…老中の（ ⑤ ）が始めた改革。農村の立て直しと政治の引きしめを目指す。

・江戸に出てきていた農民を故郷に帰す。

・（ ⑥ ）の栽培を制限し，米の生産を奨励。

・凶作やききんに備えて米をたくわえさせる。

▲（ ⑤ ）

・江戸に（ ⑦ ）を創り，朱子学以外の学問を禁止(寛政異学の禁)。

・倹約令を出す一方，旗本や御家人が札差という商人からしていた借金を帳消しにする。

・政治批判を禁止し，出版の統制。→人々の反感を買う。

◉ロシアの接近

・（ ⑧ ）…1792年，蝦夷地の根室に来航したロシア使節。漂流民の大黒屋光太夫を送り届け，通商を求めた。

・（ ⑨ ）…1804年，長崎に来航したロシア使節。幕府は交渉を拒否。

・幕府はロシアを警戒し，（ ⑩ ）らに蝦夷地・樺太(サハリン)の調査を命じる。

①
②
③
④
⑤
⑥
⑦
⑧
⑨
⑩

寛政の改革の厳しさから，「白河の清きに魚のすみかねて，元のにごりの田沼こひしき」という狂歌がよまれたよ。

詳しく解説!　藩政改革

17世紀後半から財政が苦しくなった諸藩は，独自の紙幣である藩札を発行した。熊本藩や米沢藩(山形県)は特産物の生産をすすめ，財政の立て直しに成功した。

解答 ▶▶ p.13

❶ 右の年表を見て，次の問いに答えなさい。 教科書 p.132 ～ 133

(1) 年表中の①～③に
あてはまる語句を，
ア～エから選びな
さい。

ア　天明
てんめい
イ　享保
きょうほう
ウ　レザノフ
エ　ラクスマン

年	できごと
	↕A
1772	a田沼意次が老中になる
	↕B
1782	（①）のききん
1787	b寛政の改革
1792	（②）が根室に来航
1804	（③）が長崎に来航
	↕C

(2) 下線部 a について

述べた次の文が正しければ○を，間違っていれば×を付け

なさい。

① 株仲間を奨励した。
② 公事方御定書を制定した。
く じ かた お さだめがき
③ 印旛沼の干拓を始めた。
いん ば ぬま

(3) 下線部 b について述べた次の文が正しければ○を，間違っ

ていれば×を付けなさい。

① 第8代将軍の徳川吉宗によって改革が行われた。
とくがわよしむね
② 昌平坂学問所を創り，朱子学以外の学問を禁止した。
しょうへいざか
③ 永仁の徳政令を出して，旗本や御家人が商人からして
えいにん
いた借金を帳消しにした。

(4) 間宮林蔵が樺太の調査を行った時期を，年表中の A ～ C か
ま みやりんぞう
ら選びなさい。

(1)	①
	②
	③
(2)	①
	②
	③
(3)	①
	②
	③
(4)	

書きトレ! 田沼意次の政治と，寛政の改革の違いを，「商人」「農村」という言葉を使って，簡

単に書きなさい。

（　　　　　　　　　　　　　　　　　　　　　　　　　　　　　　　　　　　　　）

ヒント ❶ (1) ①このききんは浅間山の大噴火の影響もあり，全国に広がりました。
あさ ま やま　　ふん か
(4) ロシアを警戒した幕府の命により調査が行われました。

3節　産業の発達と幕府政治の動き⑤

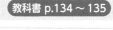
（　）にあてはまる語句を答えよう。

ノートを活用して，くり返し書いて覚えよう。

6　新しい学問と化政文化

教科書 p.134～135

◉国学と蘭学

・**国学**…仏教や儒学が伝わる以前の日本古来の考え方を研究。

　（　①　）が「古事記伝」を著し，国学を大成。

　→幕末(江戸時代末期)の（　②　）運動に影響。

・**蘭学**…（　③　）語でヨーロッパの学問や文化を

　学ぶ。

　→前野良沢・（　④　）が「解体新書」を出版。

　→（　⑤　）が正確な日本地図を作る。

▲「解体新書」

◉化政文化

・**化政文化**…19世紀前半の文化・文政年間に江戸で栄えた，庶民を担い手とする文化。

文学	川柳や狂歌の流行。 十返舎一九の「（　⑥　）」，曲亭(滝沢)馬琴の「南総里見八犬伝」。 俳諧(俳句)…（　⑦　）や小林一茶。
絵画	錦絵…多色刷りの版画。鈴木春信が始める。 役者絵は東洲斎写楽，美人画は（　⑧　）， 風景画は**葛飾北斎**や（　⑨　）。

・庶民の娯楽…歌舞伎や大相撲，落語など。季節に応じて花見や花火を楽しむ。「伊勢参り」などの旅行。

◉教育の広がり

・諸藩…**藩校**を設け，人材育成を図る。

・民間…学者が儒学や蘭学を教える私塾を開く。

・町や農村…（　⑩　）が開かれ，読み・書き・そろばんを教える。

①
②
③
④
⑤
⑥
⑦
⑧
⑨
⑩

▲葛飾北斎の風景画(富嶽三十六景)

> **詳しく解説！　藩校や私塾**
> 水戸の弘道館などが有名な藩校，岡山の閑谷学校などが有名な郷学，大阪の医者緒方洪庵が開いた適塾，オランダ商館の医者シーボルトが開いた鳴滝塾などが有名な私塾である。

解答▶▶ p.14

１ **下の写真を見て，次の問いに答えなさい。**

教科書 p.134 〜 135

Ⅰ

Ⅱ

(1) 写真Ⅰは，前野良沢・杉田玄白（すぎ た げんぱく）などが出版した書物です。
この書物の名前を書きなさい。

(2) 写真Ⅰの例に見られるような，オランダ語でヨーロッパの
学問や文化を学ぶ学問を何といいますか。

(3) 写真Ⅱは，多色刷りの版画です。このような絵を何といい
ますか。

(4) 写真Ⅱをえがいた人物を書きなさい。

(5) 新しい学問と化政文化について述べた次の文中の下線部が
正しければ○を，間違っていれば正しい語句を書きなさい。

① 本居宣長（もとおりのりなが）は，「古事記」を研究して「古事記伝」を著し，
国学を大成した。

② 化政文化は，文化・文政年間に上方で栄えた，庶民を担い手とする文化である。

③ 曲亭(滝沢)馬琴は，「東海道中膝栗毛」（とうかいどうちゅうひざくりげ）を書いた。

④ 喜多川歌麿（き た がわうたまろ）は，美人画をえがいた。

(1)	
(2)	
(3)	
(4)	
(5)	①
	②
	③
	④

書きトレ！ 写真は，庶民の間で行われていた教育の様子を表したものです。当時の庶民の教育
について，簡単に書きなさい。

ヒント　**１**　(1) ヨーロッパの解剖書（かいぼう）「ターヘル・アナトミア」を翻訳（ほんやく）・出版しました。
(3) 浮世絵師（うきよえ）の鈴木春信が始めました。

3節　産業の発達と幕府政治の動き⑥

できごと
一八四一　天保の改革(～四三)
一八四〇　アヘン戦争(～四二)
一八三九　蛮社の獄
モリソン号事件
一八三七　大塩の乱
一八三三　天保のききん(～三九)
一八二五　異国船打払令
一八〇八　フェートン号事件

(　　)にあてはまる語句を答えよう。
ノートを活用して，くり返し書いて覚えよう。

7 外国船の出現と天保の改革

教科書 p.136～137

異国船打払令と大塩の乱

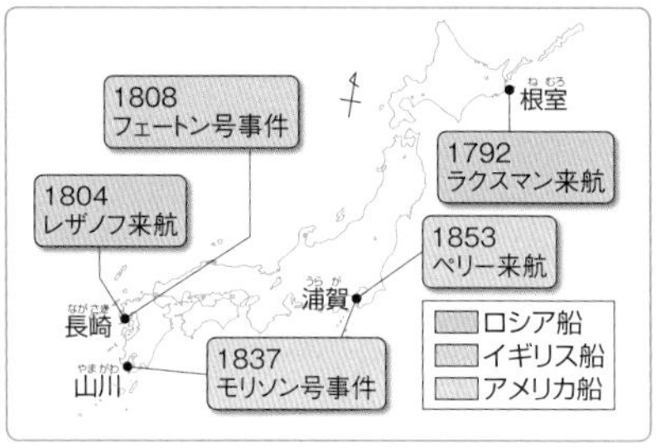
1808
フェートン号事件
1804
レザノフ来航
1792
ラクスマン来航
1853
ペリー来航
1837
モリソン号事件
根室
長崎
山川
浦賀
ロシア船
イギリス船
アメリカ船
▲外国船の来航

・外国船の来航…19世紀，外国船が日本に接近。1808年にはイギリス軍艦が長崎港に侵入(フェートン号事件)。
・(①)…1825年に外国船の撃退を命じる。
→アメリカ商船を砲撃(モリソン号事件)。これを批判した蘭学者の(②)と高野長英は処罰される(蛮社の獄)。
・(③)…1830年代に起こったききん。多くの餓死者が出る。
・**大塩の乱**…1837年，大阪町奉行所の元役人(④)が起こした反乱。

天保の改革

・**天保の改革**…1841年，老中(⑤)が始めた，幕府の権力を回復させるための改革。
・倹約令…町人の派手な風俗を取りしまる。
・政治批判や風紀を乱す小説の出版禁止。
・(⑥)の解散…物価引き下げを図った。
・江戸に出稼ぎに来ている農民を故郷の村に帰らせる。
・(①)の廃止…寄港した外国船にまきや水をあたえる。
・上知令…江戸・大阪周辺を(⑦)にしようとする。
→大名や旗本の反対により取り消す。
・改革は失敗に終わり，幕府の権威の低下が表面化。

▲(⑤)

雄藩の成長

・(⑧)…改革に成功して西洋式の軍備を整え，幕末に政治を動かした藩。
・(⑨)藩(鹿児島県)…奄美群島の黒砂糖の専売。
・(⑩)藩(山口県)
・佐賀(肥前)藩(佐賀県・長崎県)…反射炉を建設し，質の良い鉄を製造。

①
②
③
④
⑤
⑥
⑦
⑧
⑨
⑩

天保の改革は失敗に終わり，(⑤)は2年余りで失脚したよ。

解答▶▶ p.14

1 右の年表を見て，次の問いに答えなさい。　　教科書 p.136〜137

(1) 年表中の①にあてはまる語句を書きなさい。

(2) 下線部 a の事件が起こった場所を，地図中のア〜エから選びなさい。

(3) 下線部 b の反乱が起こった場所を，地図中のア〜エから選びなさい。

(4) 下線部 c の事件が起こった場所を，地図中のア〜エから選びなさい。

(5) 下線部 d で処罰された学者を，二人書きなさい。

(6) 下線部 e について述べた次の文中の下線部が正しければ○を，間違っていれば正しい語句を書きなさい。

① 老中の水野忠邦は，享保の改革と寛政の改革を手本にして改革を行った。

② 上知令を出して，町人の派手な風俗を取りしまった。

③ 株仲間を解散した。

年	できごと
1808	a フェートン号事件
1825	幕府が（ ① ）を出す
1837	b 大塩の乱
	c モリソン号事件
1839	d 蛮社の獄
1841	e 天保の改革

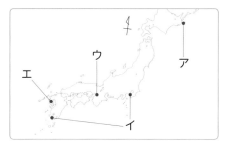

(1)	
(2)	
(3)	
(4)	
(5)	
(6)	①
	②
	③

書きトレ! 左の資料にある政策が廃止された理由を，「清」「イギリス」という言葉を使って，簡単に書きなさい。

イギリスに限らず，南蛮や西洋の国は幕府が厳禁しているキリスト教の国であるから，……外国船が乗り寄せてきたのを見たならば，その村にいる人々で，ためらうことなく，ひたすら撃退し，……場合によっては討ち取っても差し支えない。

（部分要約）

ヒント **1** (2)イギリス軍艦がオランダ船をとらえるために港に侵入しました。
(4)アメリカ商船が浦賀(神奈川県)と山川(鹿児島県)で撃退されました。

時間30分 ／100点　合格70点

① 右の年表を見て，次の問いに答えなさい。 55点

(1) 年表中の①～④にあてはまる人物名・語句を書きなさい。

よく出る

(2) 下線部 a について，日本にキリスト教を伝えたイエズス会宣教師はだれですか。

(3) 下線部 b について，次の問いに答えなさい。

① 秀吉の政策により，武士と農民の身分の区別が明確になったことを何といいますか。

② このころの文化にあてはまらないものを，ア～ウから選びなさい。技
　ア　狩野永徳の「唐獅子図屏風」
　イ　千利休のわび茶
　ウ　雪舟の水墨画

(4) 下線部 c について，次の問いに答えなさい。
① 徳川家康が石田三成を破った戦いを何といいますか。
② 徳川家の古くからの家臣を何といいますか。

(5) 下線部 d について，次の問いに答えなさい。

点UP

① グラフの折れ線は，何が起こった件数を示していますか。技

② グラフ中のA～Cの改革を行った人物の組み合わせを，ア～エから選びなさい。技
　ア　A－徳川家光　B－新井白石　C－大塩平八郎
　イ　A－徳川家光　B－松平定信　C－水野忠邦
　ウ　A－徳川吉宗　B－新井白石　C－大塩平八郎
　エ　A－徳川吉宗　B－松平定信　C－水野忠邦

③ A～Cの改革にあてはまるものを，ア～エからそれぞれ選びなさい。
　ア　株仲間を解散させた。
　イ　目安箱を設置した。
　ウ　株仲間の結成を奨励した。
　エ　旗本や御家人の商人からの借金を帳消しにした。

(6) 右の写真の出来事が起こった時期を，年表中のA～Cから選びなさい。思

年	できごと
1549	a キリスト教の伝来
1560	桶狭間の戦いで（ ① ）が今川義元を破る
	↕A
1590	b 豊臣秀吉の全国統一
1603	c 徳川家康が江戸幕府を開く
1615	（ ② ）制定
	↕B
1641	オランダ商館を長崎の（ ③ ）に移す
1680	（ ④ ）が第5代将軍になる
	↕C
1716	d 幕府の三大改革が始まる

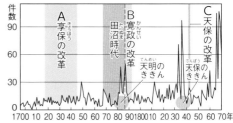

　成績評価の観点　技…資料活用の技能　思…社会的な思考・判断・表現

② **右の地図と写真を見て，次の問いに答えなさい。**

(1) 地図中のa・bの街道を何といいますか。

(2) 「天下の台所」といわれた都市を，地図中のア〜ウ
から選びなさい。⟦技⟧

(3) (2)の都市に年貢米を運送するために開かれた航路を，
地図中のX〜Zから選びなさい。⟦技⟧

(4) (2)の都市で，各地から運ばれてきた年貢米などを保
管・販売した倉庫を何といいますか。

(5) 江戸時代の文化について，次の問いに答えなさい。

① 右のⅠ〜Ⅲにあてはまるものを，ア〜ウから選
びなさい。

ア　元禄文化
イ　化政文化
ウ　蘭学

② 右のⅠ〜Ⅲに関係の深い人物を，
ア〜エから選びなさい。
ア　松尾芭蕉　　イ　菱川師宣
ウ　杉田玄白　　エ　喜多川歌麿

③ 「古事記伝」を著し，国学を大成した人物はだれですか。

点UP (6) ⟦記述⟧元禄文化と化政文化の中心地の違いを，簡単に書きなさい。⟦思⟧

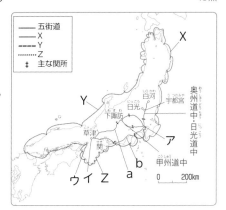

Ⅰ　　　　　　　　Ⅱ　　　　　　　　Ⅲ

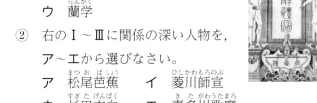

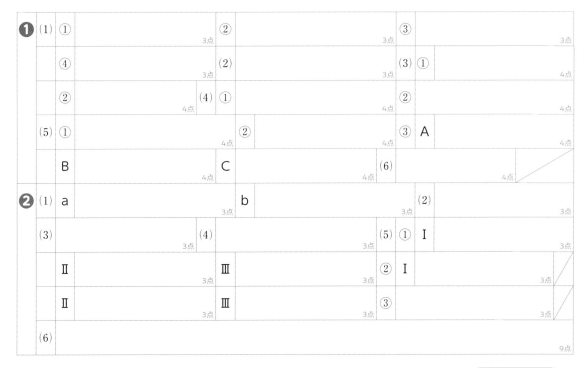

解答▶▶ p.15　75

できごと

一八一四　ウィーン会議（〜一五）
一八〇四　ナポレオンが皇帝になる
一七八九　フランス革命が始まる
一七八七　アメリカ合衆国憲法
一七七六　アメリカの独立宣言
一七七五　アメリカの独立戦争
一六八九　『権利章典』
一六八八　イギリスの名誉革命
（〜八三）
一六四〇　イギリスのピューリタン
革命（〜六〇）

（　　）にあてはまる語句を答えよう。

ノートを活用して，くり返し書いて覚えよう。

1　イギリスとアメリカの革命　　　　　　教科書 p.150〜151

◆近世ヨーロッパの動向

・オランダに対抗し，18世紀にはイギリス・フランスが台頭。

・啓蒙思想…**ロック**は社会契約説と抵抗権，（　①　）は法の精神
と（　②　），**ルソー**は社会契約説と人民主権を主張。

◆イギリス革命

・17世紀半ば，国王が議会を無視して専制を続け，（　③　）が起
こる。→クロムウェルの指導で議会側が勝利。国王が処刑さ
れ，共和政が始まる。クロムウェルの死後，王政が復活。

・**名誉革命**…1688〜89年，新たな王が選ばれ，「（　④　）」制定。
→**立憲君主制**と**議会政治**が始まる。

◆アメリカの独立革命

・イギリスは北アメリカに作った植民地に対して重い税を課す。
→植民地側は反対し，独立戦争が始まる。

・1776年，植民地側は（　⑤　）を発表。勝利したアメリカは人民主権や（　②　）を柱とする合衆国
憲法を制定し，初代大統領（　⑥　）を選出。

①
②
③
④
⑤
⑥

2　フランス革命　　　　　　教科書 p.152〜153

◆フランス革命の始まり

・17世紀後半から国王が政治権力をにぎる(**絶対王政**)。第一身
分(聖職者)と第二身分(貴族)は免税特権を持ち，第三身分(平
民)が税を負担。
→国王は特権身分への課税を図り，三部会を招集。

・（　⑦　）…1789年開始。三部会の議員は国民議会を作り，自由
と平等，国民主権，私有財産の不可侵を唱える（　⑧　）を発表。

・周囲の国々の干渉に対して，フランスの革命政府は共和政を
開始し，（　⑨　）により軍事力を強化。→不安定な政治が続い
て軍人の（　⑩　）が台頭し，1804年に皇帝に即位。

⑦
⑧
⑨
⑩

◆ナポレオンの時代

・（　⑩　）はヨーロッパの大部分を支配。（　⑧　）をふまえて**民法**(ナポレオン法典)を制定。

・1815年，（　⑩　）は退位し，ヨーロッパ各国はウィーン会議を開いて革命前の君主を復位。

解答▶▶ p.15

1 右の年表を見て，次の問いに答えなさい。

教科書 p.150〜151

(1) 下線部aを指導した人物はだれですか。

(2) 下線部bについて，どこの国からの独立を宣言しましたか。

年	できごと
1640	aピューリタン革命(英)
1688	名誉革命(英)
1776	b独立宣言(米)
1787	cアメリカ合衆国憲法

(3) 下線部cにも定められている三権分立を説いた啓蒙思想家を，ア〜ウから選びなさい。

ア　モンテスキュー　　イ　ワシントン　　ウ　ルソー

(1)
(2)
(3)

2 下の文を読んで，次の問いに答えなさい。

教科書 p.152〜153

　1789年，フランスでは aフランス革命が始まり，b人権宣言が発表された。周囲の国々が革命に干渉して戦争となり，戦争で活躍した cナポレオンが台頭した。

(1) 下線部aについて，革命以前のフランスで税を負担していた身分を，ア〜ウから選びなさい。

ア　第一身分(聖職者)
イ　第二身分(貴族)
ウ　第三身分(平民)

(2) 下線部bに定められた内容を，ア〜ウから選びなさい。
ア　自由で平等な権利　　イ　徴兵制　　ウ　大統領制

(3) 下線部cが定めたものを，ア〜ウから選びなさい。
ア　マグナ・カルタ　　イ　民法　　ウ　「社会契約論」

(1)
(2)
(3)

書きトレ! 左の資料は「権利章典」の部分要約です。どのようなことが定められたか，簡単に書きなさい。

第1条　議会の同意なしに，国王の権限によって法律とその効力を停止することは違法である。
第4条　国王大権と称して，議会の承認なく，国王の統治のために税金を課すことは，違法である。

ヒント　1 (2)この国はフランスとの戦争の費用で財政が苦しくなっていました。
　　2 (1)人口の大部分をしめる人々が税を負担しました。

ぴたトレ 1 要点チェック

１節　欧米における近代化の進展②

できごと

一八七一　ドイツの統一
アメリカ南北戦争（〜六五）
一八六一　イタリア王国が成立
一八五三　クリミア戦争（〜五六）
一八四八　ヨーロッパ諸国で革命
一八三二　イギリスで選挙法改正（第一次）
一八三〇　フランス七月革命
一八一四　ウィーン会議（〜一五）

（　　）にあてはまる語句を答えよう。
ノートを活用して，くり返し書いて覚えよう。

3 ヨーロッパにおける国民意識の高まり

教科書 p.154～155

「国民」の登場

・「国民」意識…フランス革命や（ ① ）の支配の影響で，ヨーロッパ各国で「国民」としての意識が高まる。→19世紀，各国で徴兵制や（ ② ）が普及し，一体感が高まる。

ヨーロッパと中南米諸国の動向

・フランス…（ ① ）退位後に王政が復活。1830年，48年に革命が起こり，世界初の男子（ ③ ）が確立。ナポレオン３世が大統領，皇帝となる。→戦争に敗れて退位し，再び共和政に。
・イギリス…19世紀半ばに繁栄。ロンドンで世界初の万国博覧会開催。男性労働者が選挙権を獲得し，**政党政治**が発達。
・ドイツ(プロイセン)…19世紀後半，「鉄血宰相」（ ④ ）が富国強兵を進めてドイツ統一を指導し，1871年にドイツ帝国が成立。
・イタリア…1861年にイタリア王国が成立。
・中南アメリカ諸国…19世紀初め，メキシコやブラジル，アルゼンチンなどが独立。

①
②
③
④

ドイツやイタリアは中世から分裂していたよ。

4 ロシアの拡大とアメリカの発展

教科書 p.156～157

ロシアの拡大

・17世紀初めまでウラル山脈以西を領土とする。
→東西に領土を広げ，バルト海からシベリアに進出。
・（ ⑤ ）**政策**…19世紀，不凍港を求めて領土を拡大。
・黒海に進出を図る。→クリミア戦争が起こる。
・中央アジア，中国東北部への進出を図る。→日本と衝突。
・20世紀初めまで憲法や議会がなく，皇帝の専制政治が続く。

アメリカ合衆国の発展／南北戦争

・19世紀，（ ⑥ ）を受け入れて人口が急増。領土も拡大し，19世紀半ばには太平洋岸に達する。日本に（ ⑦ ）を派遣。
・19世紀半ば，北部と南部の州が（ ⑧ ）制をめぐり対立し，1861年に（ ⑨ ）が始まる。→（ ⑩ ）大統領が指導する北部が勝利し，（ ⑧ ）が解放される。
・19世紀末，世界最大の資本主義国になるが，人種差別問題をかかえる。

⑤
⑥
⑦
⑧
⑨
⑩

解答▶▶ p.16

第5章　開国と近代日本の歩み

1節　欧米における近代化の進展②

❶ 下の文を読んで，次の問いに答えなさい。

教科書 p.154〜155

> A　この国では1830年と1848年に革命が起こり，世界初の男子普通選挙（ふつう）が確立された。
>
> B　この国は19世紀半ばに繁栄し，1851年に a首都で世界初の万国博覧会が開かれた。
>
> C　この国は b「鉄血宰相」の指導の下，A国との戦争に勝利し，1871年に統一を実現した。

(1)　A〜Cの国名を書きなさい。

(2)　下線部aについて，B国の首都を書きなさい。

(3)　下線部bの人物はだれですか。

(1)	A
	B
	C
(2)	
(3)	

❷ 下の表を見て，次の問いに答えなさい。

教科書 p.156〜157

	北部	南部
経済	工業が発展	大農場
中心勢力	資本家	大農場主
貿易	（ ① ）貿易	（ ② ）貿易
奴隷制	（ ③ ）	（ ④ ）

(1)　表中の①〜④にあてはまる語句を，ア〜エから選びなさい。

　　ア　保護　　イ　自由　　ウ　賛成　　エ　反対

(2)　南部と北部の対立から，1861年に起こった戦争を何といいますか。

(1)	①
	②
	③
	④
(2)	

書きトレ! 左の人物は，南北戦争で北部を勝利に導いた大統領です。この大統領の事績を「奴隷」という言葉を使って，簡単に書きなさい。

（　　　　　　　　　　　　　　　　　　　　　　　　）

ヒント　❶ (1)B国では政党政治が発達しました。
　　　　❷ (1)①イギリスの工業製品に対抗（たいこう）するための貿易政策です。

蒸気機関で動く機械を使う紡績工場

（　　）にあてはまる語句を答えよう。

ノートを活用して，くり返し書いて覚えよう。

5 産業革命と資本主義

教科書 p.158～159

◉産業革命

・綿織物の生産…ヨーロッパ各国はインド産の綿織物を輸入。
国産化に向け，技術改良を進める。

・18世紀後半，イギリスは（　①　）で動く機械を使用して綿織物
を安く大量に生産。→大西洋の（　②　）の商品になる。

・（　③　）…技術の向上による経済と社会の仕組みの変化。

・製鉄，機械，鉄道，造船などの産業が発達したイギリスは，
19世紀半ばに「（　④　）」と呼ばれるようになる。

→ほかの欧米諸国でも（　③　）が起こり，19世紀末には各国で
電気が普及。

> **詳しく解説！** | **鉄道の開通**
>
> イギリスのスチーブンソンが蒸気機関車の実用化に成功し，1825年，
> イギリスのストックトン・ダーリントン間で鉄道が開通した。1830
> 年にはリバプール・マンチェスター間で蒸気機関車の営業運転が開
> 始された。

◉資本主義の発展と社会問題

・（　⑤　）…（　③　）の結果広がった，利益の拡大を目的に自由競
争を行う経済の仕組み。

（　⑥　）	資金(資本)を持つ者。労働者を工場で雇う。
労働者	賃金をもらって働く者。

・不況のとき，（　⑥　）は労働者を解雇。

→労働者は雇用と生活を守るため，**労働組合**を結成。

・工業都市の問題…労働者増加による住宅不足，工場のけむりや
騒音などの（　⑦　），上下水道の不備による不衛生。

◉社会主義の広がり

・（　⑧　）…（　⑤　）の広がりによって生じた貧困や格差の解消を図る考え。

→平等な社会の実現を唱える。

・ドイツ(プロイセン)出身の（　⑨　）の著作が，（　⑧　）運動に影響をあたえる。

①
②
③
④
⑤
⑥
⑦
⑧
⑨

> 男性よりも低賃金な女性や子どもが多数雇われ，長時間労働をしいられたよ。

解答▶▶ p.16

① 下の文を読んで，次の問いに答えなさい。

教科書 p.158〜159

> 18世紀後半，イギリスでは蒸気機関で動く機械を使って（　①　）を a工場で安く大量に生産するようになった。このような，技術の向上による経済と社会の仕組みの変化を（　②　）という。（　②　）の結果，資本主義が広がり，物が豊かになる一方で，経営者の（　③　）と工場で働く（　④　）の格差が大きな問題となり， b社会主義の考えが芽生えた。

(1) 文中の①〜④にあてはまる語句を，ア〜カから選びなさい。
　　ア　綿花　　　　イ　綿織物　　ウ　ルネサンス
　　エ　産業革命　　オ　資本家　　カ　労働者

(2) 下線部 a について，右の資料は工場で働く子どもの証言です。この資料からわかることを，ア〜ウから選びなさい。
　　ア　女性が低賃金で雇われていた。
　　イ　労働者が労働組合を作った。
　　ウ　子どもが長時間労働を行っていた。

(3) 下線部 b について，社会主義運動に大きな影響をあたえたドイツ（プロイセン）出身の人物を，ア〜ウから選びなさい。
　　ア　ビスマルク
　　イ　マルクス
　　ウ　ロック

	①	
(1)	②	
	③	
	④	
(2)		
(3)		

問：朝の何時に工場に行き，どのくらい働きましたか。
　答：朝の3時には工場に行き，仕事が終わるのは夜の10時から10時半近くでした。
問：休憩時間はどのくらいあたえられましたか。
　答：朝食に15分間，昼食に30分間，そして飲み物をとる時間に15分間です。

（部分要約）

書きトレ！ 産業革命とその影響について，「資本主義」「社会主義」という言葉を使って，簡単に書きなさい。

ヒント ① (1)③が④を工場で雇いました。
　　　　 (3)「資本論」を著しました。

（　）にあてはまる語句を答えよう。

ノートを活用して，くり返し書いて覚えよう。

1 欧米のアジア侵略　　　　　　　　　　　　　　　教科書 p.160〜161

◎欧米とアジアの力関係／アヘン戦争と中国の半植民地化

・（ ① ）によって軍事・工業技術が発達したイギリスなどの欧米諸国は，アジアの大国を支配することが可能になった。

・18世紀の中国(清)…欧米との貿易を広州1港に限定。
→イギリスは，綿織物をインドへ輸出，インドで栽培した麻薬の（ ② ）を清へ輸出し(**三角貿易**)，貿易赤字を解消。

・（ ② ）**戦争**…1840年，イギリスが戦争を起こし，清に勝利。
→1842年の講和条約((　③　))で清は5港を開港し，香港をイギリスに割譲し，賠償金を課される。翌年，清に（ ④ ）がなく，イギリスに**領事裁判権**を認める不平等条約を結ぶ。

・（ ⑤ ）の乱…重税に苦しむ人々が蜂起。

◎インドと東南アジアの植民地

・イギリスはインド(ムガル帝国)に支配地を広げる。

・（ ⑥ ）…1857年に始まる，イギリスに対するインド人兵士の反乱。
→イギリスが鎮圧。ムガル皇帝を退位させ，インド帝国を造り，植民地支配の拠点とする。

・東南アジア…19世紀には大部分が欧米諸国の植民地とされる。

①
②
③
④
⑤
⑥

2 開国と不平等条約　　　　　　　　　　　　　　　教科書 p.162〜163

◎ペリーの来航／不平等な通商条約

・1853年，アメリカの東インド艦隊司令長官の（ ⑦ ）が浦賀(神奈川県)に来航。日本の開国を要求。

・（ ⑧ ）…1854年締結。下田(静岡県)・函館(北海道)を開港。→鎖国体制がくずれ，日本は**開国**。

・1856年，アメリカ総領事ハリスは通商条約の締結を要求。

・（ ⑨ ）…1858年，大老（ ⑩ ）は朝廷の許可を得ずに条約を結び，函館・神奈川(横浜)・長崎・新潟・兵庫(神戸)を開港。
→アメリカに領事裁判権を認め，日本に（ ④ ）がない不平等条約。オランダ・ロシア・イギリス・フランスとも同様の不平等条約を結ぶ。

▲（ ⑦ ）

⑦
⑧
⑨
⑩

（ ⑦ ）が率いた軍艦は「黒船」と呼ばれたよ。

解答▶▶ p.17

❶ **下の文を読んで，次の問いに答えなさい。**

教科書 p.160 〜 161

> イギリスは，清との貿易赤字を補うため，_a綿織物をインドに輸出し，インドで栽培させたアヘンを清に売り，茶などの中国製品を買った。1840年には_b戦争を起こし，これに勝利した。

(1) 下線部 a について，このような貿易を何といいますか。

(2) 下線部 b について，次の問いに答えなさい。

　① この戦争を何といいますか。

　② この戦争の様子を示した右の絵で，イギリス船はア・イのどちらですか。

(1)	
(2)	①
	②

❷ **右の地図を見て，次の問いに答えなさい。**

教科書 p.162 〜 163

(1) ペリーが1853年に来航した場所を，地図中のア〜オから選びなさい。

(2) 鎖国体制の下で貿易が行われた港を，地図中のア〜オから選びなさい。

(3) 日米和親条約の開港地を，地図中のア〜オから2つ選びなさい。

(1)	
(2)	
(3)	

書きトレ！ 左の資料は1858年に結ばれた日米修好通商条約の部分要約です。この条文で定められた，不平等な内容を，簡単に書きなさい。

第 6 条　日本人に対して法を犯したアメリカ人は，アメリカ領事裁判所において取り調べのうえ，アメリカの法律によってばっすること。

ヒント ❶ (2)②イギリスの軍艦が清の帆船を砲撃する様子をえがいています。
　　　❷ (3)下田(静岡県)・函館(北海道)を開港しました。

解答▶▶ p.17　83

2節　欧米の進出と日本の開国②

（　）にあてはまる語句を答えよう。

ノートを活用して，くり返し書いて覚えよう。

3 開国後の政治と経済　　教科書 p.164〜165

◉幕府への批判の高まり

・（ ① ）…天皇を尊ぶ尊王論と外国を排除しようとする攘夷論

　が結び付いた運動。

・安政の大獄…大老（ ② ）が幕府を批判した人々を処罰。

・（ ③ ）の変…1860年，（ ② ）が元水戸藩士らに暗殺される。

　→幕府の権威を取りもどそうと，公武合体策を進める。

◉開港の経済的影響

・外国から毛織物・綿織物・兵器を輸入，日本から生糸・茶を

　輸出。最大の貿易港は（ ④ ），貿易相手国はイギリス中心。

・安価な綿製品の輸入により，国内の綿織物・綿糸の生産は大打撃を受ける。

・金銀の交換比率のちがいから，金が流出。小判の質を落としたため物価が上昇。

①
②
③
④

4 江戸幕府の滅亡　　教科書 p.166〜167

◉薩摩藩と長州藩の動き／世直しへの期待

・長州藩…（ ① ）の中心で，1863年に関門海峡を通る外国船を

　砲撃。長州藩の砲撃に対する報復として，4か国が連合して

　下関砲台を攻撃(下関戦争)。

・（ ⑤ ）…生麦事件の報復。イギリス海軍が鹿児島を攻撃。

・薩摩藩と長州藩は攘夷が困難であることをさとる。

　→長州藩では高杉晋作や（ ⑥ ），薩摩藩では**西郷隆盛**や

　（ ⑦ ）が実権をにぎり，西洋式の軍備を強化。

・**薩長同盟**…1866年，土佐藩出身の（ ⑧ ）の仲介で薩摩藩と長

　州藩が結んだ同盟。幕府と対決する姿勢を強める。

・民衆は「世直し」を期待して一揆や打ちこわしを起こす。「え

　えじゃないか」と熱狂しておどる現象が各地で発生。

⑤
⑥
⑦
⑧
⑨
⑩

◉大政奉還と王政復古

・（ ⑨ ）…1867年，第15代将軍**徳川慶喜**が政権を朝廷に返す。→江戸幕府がほろぶ。

・**王政復古の大号令**…天皇中心の政府の樹立を宣言。徳川慶喜に官職や領地の返上を命じる。

・（ ⑩ ）…1868〜69年，王政復古の大号令に不満を持つ旧幕府軍と新政府軍の戦い。

　→旧幕府軍は江戸城を明けわたし，函館(北海道)で降伏。

解答▶▶ p.17

❶　**下の文を読んで，次の問いに答えなさい。**

教科書 p.164〜165

> 　1858年，アメリカとの通商がさけられないと判断した幕府は，ₐ日米修好通商条約を結んだ。朝廷の許可を得ないまま条約が結ばれたため，幕府への批判が高まった。大老井伊直弼はこの動きを厳しく処罰したが，♭1860年に元水戸藩士たちによって暗殺された。

(1)　下線部aの影響として正しいものには○を，間違っているものには×を付けなさい。
　①　生糸の生産が盛んとなった。
　②　綿製品の生産が盛んとなった。

(2)　下線部bについて，このできごとを何といいますか。

(1)	①
	②
(2)	

❷　**右の年表を見て，次の問いに答えなさい。**

教科書 p.166〜167

(1)　下線部aについて，政権を朝廷に返した江戸幕府の将軍はだれですか。

(2)　下線部bに勝利したのは，旧幕府軍，新政府軍のどちらですか。

(3)　薩長同盟が成立した時期を，年表中のA〜Cから選びなさい。

年	できごと
1863	薩英戦争
	↕A
1867	ａ大政奉還
	↕B
1868	♭戊辰戦争
	↕C

(1)	
(2)	
(3)	

書きトレ！　長州藩と薩摩藩の動きに注目して，倒幕までの過程を，「尊王攘夷」という言葉を使って，簡単に書きなさい。

( )

ヒント　❶(1)生糸は輸出品，綿織物は輸入品です。
　　　　❷(1)江戸幕府最後の将軍です。

解答▶▶ p.17　　85

時間30分	合格70点
/100点	点

❶ 右の年表を見て，次の問いに答えなさい。

56点

(1) 年表中の①・②にあてはまる語句を書きなさい。

(2) 下線部aについて，この戦争で最高司令官を務め，独立後に初代大統領になったのはだれですか。

(3) 下線部bについて，工業が飛躍的に発展した19世紀のイギリスは何と呼ばれましたか。

(4) 下線部cに関連するできごとア～ウを古い順に並べ替えなさい。思

　ア　バスチーユ牢獄を襲撃した。

　イ　ナポレオンが皇帝に即位した。

　ウ　共和政を始めた。

(5) 下線部dについて，この戦争の講和条約でイギリスが清から獲得した領土を書きなさい。

(6) 下線部eの背景の１つには，右のグラフが示す，ある商品の輸出額の変化があります。グラフは何の輸出額を示していますか。思

(7) 下線部fについて，南北戦争当時の大統領はだれですか。

(8) 次の問いに答えなさい。

　① 日本で寛政の改革が始められた時期を，年表中のA～Eから選びなさい。思

　② 日本で天保の改革が始められた時期を，年表中のA～Eから選びなさい。思

年	できごと
1688	イギリスの（ ① ）革命
	↕A
1775	a アメリカの独立戦争
18世紀後半	このころイギリスでb産業革命が始まる
	↕B
1789	c フランス革命
	↕C
1840	d アヘン戦争
	↕D
1851	（ ② ）の乱
1857	e インド大反乱
1861	f アメリカの南北戦争
	↕E

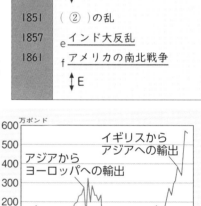

(9) 下の資料Ⅰ・Ⅱを読んで，次の問いに答えなさい。

資料Ⅰ

　第１条　人は生まれながらに，自由で平等な権利を持つ。社会的な区別は，ただ公共の利益に関係のある場合にしか設けられてはならない。

（部分要約）

資料Ⅱ

　我々は以下のことを自明の真理であると信じる。人間はみな平等に創られ，ゆずりわたすことのできない権利を神によってあたえられていること，その中には，生命・自由・幸福の追求がふくまれていること，である。

（部分要約）

　① 資料Ⅰ・Ⅱを何といいますか。

　② 資料Ⅰ・Ⅱと関係の深い出来事を，年表中の下線部a～fから選びなさい。技

❷ **下の文を読んで，次の問いに答えなさい。**

44点

> 　1853年，アメリカの（　①　）の率いる艦隊が浦賀に入港して開国を求め，翌年（　②　）条約が結ばれた。1858年には，幕府は朝廷の許可を得ないまま _a日米修好通商条約を結び，（　③　），ロシア，イギリス，フランスとも同様の条約を結んだ。開国後，欧米諸国との貿易によって，_b日本の経済は大きく変わり，_c尊王攘夷運動が高まる中，薩摩藩と長州藩は倒幕へと転換していった。このような情勢の中で，第15代将軍となった（　④　）は，1867年に大政奉還を行った。翌年，新政府と旧幕府軍との間で，_d戊辰戦争が起こった。

教科書150〜167ページ

(1)　文中の①〜④にあてはまる語句を書きなさい。

(2)　記述 下線部aの条約が不平等条約だといわれる理由を，簡単に書きなさい。思

(3)　下線部bにあてはまるものを，ア〜ウから選びなさい。技

　　ア　日本と外国の貿易が盛んになり，物価が急上昇して人々の生活は苦しくなった。

　　イ　外国の安い工業製品が大量に輸入され，人々の生活は楽になった。

　　ウ　外国と金銀の交換比率がちがうため，外国の金が大量に日本に流入した。

(4)　下線部cのできごとア〜ウを古い順に並べ替えなさい。

　　思

　　ア　薩英戦争　　　イ　桜田門外の変　　　ウ　薩長同盟

(5)　下線部dについて，次の問いに答えなさい。

　　①　この戦争の開始場所を，地図中のア〜オから選びなさい。

　　②　この戦争の終了場所を，地図中のア〜オから選びなさい。

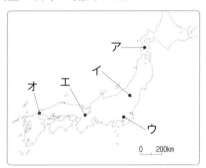

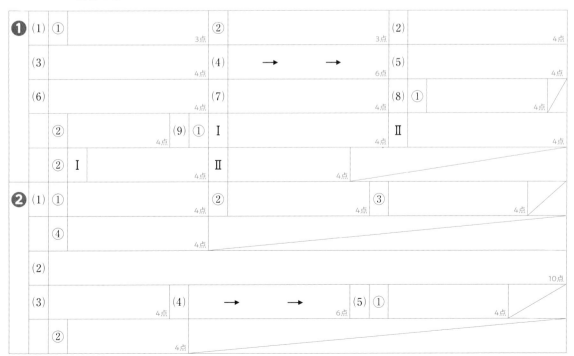

❶	(1)	①			②			(2)		
				3点			3点			4点
	(3)				(4)	→	→	(5)		
				4点			6点			4点
	(6)				(7)			(8)	①	
				4点			4点			4点
		②		(9)	①	I		Ⅱ		
			4点							4点
		②	I		Ⅱ					
			4点			4点				
❷	(1)	①			②		③			
				4点			4点			4点
		④								
				4点						
	(2)									
										10点
	(3)			(4)	→	→	(5)	①		
			4点			6点				4点
		②								
				4点						

解答▶▶ p.18　87

	できごと
一八六八	五箇条の御誓文
一八六九	版籍奉還
一八七〇	公家・大名を華族、家臣を士族とする 平民に名字の使用を許可
一八七一	「解放令」(「賤称廃止令」) 廃藩置県
一八七二	学制公布
一八七三	徴兵令 地租改正

（　）にあてはまる語句を答えよう。
ノートを活用して，くり返し書いて覚えよう。

1 新政府の成立　　　　教科書 p.168〜169

◎明治維新

・**明治維新**…日本が近代国家へ移る際の政治，経済，社会の変革。

・（ ① ）…1868年に定められた新しい政治の方針。

・江戸を（ ② ）に改称し，元号を慶応から明治に改める。

> **詳しく解説!** **五榜の掲示**
>
> 1868年に出した五つの高札。江戸幕府の政策と同じ内容であったが，3番目の高札(キリスト教の禁止)が外交問題を引き起こしたため，1873年に掲示は撤去された。

◎藩から県へ

・新政府は，政府が地方を直接治める中央集権国家建設を目指す。

・（ ③ ）…1869年，藩主に土地(版)と人民(籍)を天皇に返させる。
　→旧藩主がそのまま藩の政治を担当。

・（ ④ ）…1871年，藩を廃止して県を置き，（ ⑤ ）(後の県知事)や府知事を中央から派遣。

・（ ⑥ ）**政府**…薩摩・長州・土佐・肥前の出身者や少数の公家が政府の実権をにぎる。

◎身分制度の廃止

・「四民平等」…皇族以外の身分は全て平等とされる。
　→居住・移転,職業選択,商業の自由を認める。（ ⑦ ），（ ⑧ ），平民相互の結婚を許可。

皇族	天皇の一族。
（ ⑦ ）	元の公家・大名。
（ ⑧ ）	武士。後に帯刀禁止。
平民	百姓・町人。平民も（ ⑨ ）を名乗る。

・「（ ⑩ ）」（「賤称廃止令」）…1871年，えた身分・ひにん身分の呼び名を廃止し，平民と同じ身分，職業に。→差別は根強く続いた。

①
②
③
④
⑤
⑥
⑦
⑧
⑨
⑩

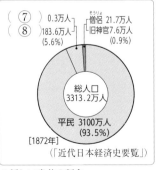

▲新しい身分の割合

解答▶▶ p.18

❶ 下の資料を見て，次の問いに答えなさい。　教科書 p.168〜169

資料Ⅰ

一　広ク会議ヲ興シ万機公論ニ
　　決スベシ

一　上下心ヲ一ニシテ盛ニ経綸
　　ヲ行ウベシ

一　官武一途庶民ニ至ル迄，各
　　其志ヲ遂ゲ，人心ヲシテ倦マ
　　ザラシメンコトヲ要ス

一　旧来ノ陋習ヲ破リ，天地ノ
　　公道ニ基クベシ

一　智識ヲ世界ニ求メ，大ニ皇
　　基ヲ振起スベシ

資料Ⅱ

ア　華族　0.3万人
イ　士族183.6万人
　　（5.6%）
僧侶 21.7万人
旧神官7.6万人
（0.9%）

総人口
3313.2万人

ウ 平民 3100万人
（93.5%）

[1872年]

（「近代日本経済史要覧」）

(1) 資料Ⅰを何といいますか。

(2) 資料Ⅰ中の下線部が表しているものを，**ア〜ウ**から選びな
　　さい。
　　　ア　国際法　　**イ**　えた身分　　**ウ**　攘夷の風潮

(3) 次の①〜③は，新しい身分の下で何と呼ばれましたか，**資
　　料Ⅱ**中の**ア〜ウ**から選びなさい。
　　　①　武士　　②　町人　　③　公家

(4) 新政府の政策について述べた次の文中の下線部が正しければ○を，間違っていれば正しい
　　語句を書きなさい。
　　　①　元号を慶応から明治に改めた。
　　　②　廃藩置県によって，藩主に土地と人民を天皇に返させた。
　　　③　江戸時代までの身分制度は廃止され，天皇の一族は皇族と呼ばれるようになった。

(1)	
(2)	
(3)	①
	②
	③
(4)	①
	②
	③

書きトレ！ 新政府の政策によって，えた身分やひにん身分として差別されてきた人々の身分は
　　　　　どうなりましたか，「呼び名」「差別」という言葉を使って，簡単に書きなさい。

（　　　　　　　　　　　　　　　　　　　　　　　　　　　　　　　　　　　　　　）

ヒント ❶ (2)「悪い習慣」という意味です。
　　　　　(4)①明治天皇によって改められました。

できごと	

できごと

一八六八　五箇条の御誓文
一八六九　版籍奉還
一八七〇　平民に名字の使用を許可
公家・大名を華族、家臣
を士族とする
一八七一　廃藩置県
「解放令」（「賤称廃止令」）
一八七二　学制公布
徴兵令
一八七三　地租改正

（　）にあてはまる語句を答えよう。

ノートを活用して，くり返し書いて覚えよう。

2 明治維新の三大改革　　教科書 p.170～171

◈ 三大改革

・三大改革…近代国家建設のための（　①　）や，兵制，税制改革。

◈ 学制の公布

・（　①　）…1872年公布。満6歳以上の男女を（　②　）に通わせる。

　→授業料は家庭の負担，（　②　）建設は地元の負担。

・高等教育機関…東京大学など。「お雇い外国人」とも呼ばれる外国人教師を招く。多くの留学生を欧米に派遣。

◈ 徴兵令

・（　③　）…1873年制定。満20歳以上の男子に兵役の義務を課す。

　→多くの免除規定があり，「国民皆兵」の実現は1889年。

◈ 地租改正

・（　④　）…1873年から実施。(1)土地の所有者と価格(地価)を定め，（　⑤　）を発行。(2)課税の基準を収穫高から地価にする。(3)税率は地価の（　⑥　）％で，土地の所有者が現金で納める。

　→各地で（　④　）反対一揆が起こり，1877年に地租を地価の（　⑥　）％から2.5％に引き下げ。

①
②
③
④
⑤
⑥

江戸時代の年貢の負担とほとんど変わらなかったよ。

3 富国強兵と文明開化　　教科書 p.172～173

◈ 富国強兵／殖産興業政策

・「富国強兵」…経済を発展させて軍隊を強くすることを目指す政策。「強兵」→徴兵制，「富国」→（　⑦　）政策。

・（　⑦　）政策…産業を育て，経済の資本主義化を図る。

・交通・通信…1872年，新橋・横浜間に鉄道開通。蒸気船の運航。郵便制度や電信網の整備。

・官営模範工場…群馬県の（　⑧　）など。→生糸増産を図る。

◈ 文明開化／新しい思想

・（　⑨　）…欧米の文化が取り入れられ，都市を中心に伝統的な生活が変化し始めた様子。れんが造りの建物，ランプやガス灯，洋服や肉食の広がりなど。太陽暦の採用。

・新しい思想…自由・平等など欧米の思想を紹介。（　⑩　）の「学問のすゝめ」，中江兆民はルソーの思想を紹介。

⑦
⑧
⑨
⑩

▲群馬県の（　⑧　）

解答▶▶ p.19

❶ **下の表を見て，次の問いに答えなさい。**

教科書 p.170 〜 171

三大改革の内容	
学制	満（ ① ）歳以上の男女に小学校教育。
兵制	満（ ② ）歳以上の男子に兵役の義務。
税制	a地租改正を実施。税率は地価の（ ③ ）％。

(1) 表中の①〜③にあてはまる数字を，**ア〜オ**から選びなさい。
　　ア 3　**イ** 6　**ウ** 9　**エ** 18　**オ** 20

(2) 下線部aについて，政府が土地の所有者に発行した証明書を何といいますか。

(1)	①	
	②	
	③	
(2)		

❷ **下の資料を見て，次の問いに答えなさい。**

教科書 p.172 〜 173

資料Ⅰ

資料Ⅱ

(1)	
(2)	
(3)	

(1) 資料Ⅰのような，欧米の技術や機械を取り入れた工場を何といいますか。

(2) (1)のような工場建設など，産業を育て，経済の資本主義化を図る政策を何といいますか。

(3) 資料Ⅱの人物が，人間の平等を「天は人の上に人をつくらず，人の下に人をつくらず」という言葉で説いた著書を何といいますか。

書きトレ！ 左の錦絵は，文明開化の様子をえがいたものです。街並みの変化について，簡単に書きなさい。

（　　　　　　　　　　　　　　　　　　　）

ヒント ❶ (1)③1877年には2.5％に引き下げられました。
　　　 ❷ (1)資料Ⅰは，群馬県の富岡製糸場です。

3節　明治維新③

できごと

一八〇五　竹島を日本領へ編入
一八九五　尖閣諸島を日本領へ編入
一八七九　沖縄県を置く
一八七六　小笠原諸島の領有を通告
一八七五　日朝修好条規
　　　　　江華島事件
一八七五　樺太・千島交換条約
一八七一　琉球藩を置く
　　　　　日清修好条規
一八七一　岩倉使節団派遣(〜七三)

（　）にあてはまる語句を答えよう。

ノートを活用して，くり返し書いて覚えよう。

4 近代的な国際関係

教科書 p.176 ～ 177

◎ ぶつかる二つの国際関係

・東アジアの伝統的な国際関係…中国の皇帝に（ ① ）する。

・欧米の近代的な国際関係…条約に基づいた関係。

　→欧米諸国がアジア諸国と結んだ関係は，アジアを植民地に

　したり，（ ② ）を結んだりするものであった。

・日本…（ ② ）を改正して欧米諸国と対等な関係を築こうとす

　る一方，朝鮮とは不平等な関係を結ぼうとした。

◎ 岩倉使節団

・岩倉使節団…1871年，（ ② ）改

　正を目的として欧米に派遣され

　た使節。全権大使は（ ③ ）。薩

　摩藩出身の（ ④ ），女子留学生

　などが参加。→交渉は失敗し，

　日本の国力充実が必要であると

　痛感して帰国。日本の近代化を推進。

▲岩倉使節団

> 詳しく解説！　**女子留学生**
>
> 岩倉使節団には５人の女子留学生が同行した。このうち最年少の津
> 田梅子は派遣当時７歳で，帰国後に女子英学塾(現在の津田塾大学)
> を創立した。

◎ 清や朝鮮との関係

・清との関係…1871年，対等な内容の（ ⑤ ）を

　結ぶ。

・朝鮮との関係…武力で開国をせまる（ ⑥ ）が

　高まり，1873年に西郷隆盛の派遣を決定。

　→欧米から帰国した（ ④ ）が派遣を延期させ

　る。西郷隆盛や（ ⑦ ）は政府を去る。

・朝鮮の開国…1875年の（ ⑧ ）を口実として，

　1876年に（ ⑨ ）を結んで開国させる。日本の

　みが（ ⑩ ）を持つなど，不平等な内容。

▲（ ④ ）

▲西郷隆盛

①

②

③

④

⑤

⑥

⑦

⑧

⑨

⑩

> 西郷隆盛らが政府を去ったことは
> （ ⑥ ）政変と呼ばれるよ。

解答▶▶ p.19

❶ **下の資料を読んで，次の問いに答えなさい。**

教科書 p.176 ～ 177

資料Ⅰ(1871年)（部分要約）
第1条　この後大日本国と大清国は，友好関係を強め，たがいの国土をおかさず，永久に安全なものとする。
第8条　両国の開港地には，それぞれの役人を置き，自国の商人の取りしまりを行う。財産や産業について訴えがあった事件は，その役人が裁判を行い，自国の法律で裁く。

資料Ⅱ(1876年)（部分要約）
第1条　朝鮮国は自主の国であり，日本国と平等の権利を持っている。…
第10条　日本国の人民が，朝鮮国の開港地に在留中に罪を犯し，朝鮮国の人民に関係する事件は，日本国の領事が裁判を行う。
第11条　両国は，別に通商に関する規定を定め，両国の商人の便を図る。…

(1)	Ⅰ	
	Ⅱ	
(2)		
(3)	①	
	②	
	③	
	④	

(1) 資料Ⅰ・Ⅱの条約名を書きなさい。

(2) 資料Ⅰ・Ⅱの間に起こった出来事として間違っているものを，ア～エから選びなさい。
　　ア　徴兵令が出された。
　　イ　日米修好通商条約を結んだ。
　　ウ　武力で朝鮮に開国をせまる征韓論が高まった。
　　エ　江華島事件が起こった。

(3) 資料Ⅰ・Ⅱについて述べた文として，正しいものには○を，間違っているものには×を付けなさい。
　　①　資料Ⅰでは，日本が清の皇帝に朝貢することが定められた。
　　②　資料Ⅰでは，清のみが領事裁判権を持った。
　　③　資料Ⅱは，日本にとって不平等な内容であった。
　　④　資料Ⅱの後，通商に関する規定が定められた。

書きトレ！ 左の写真は，1871年から岩倉具視を全権大使として欧米に派遣された使節団です。この使節団の目的を，簡単に書きなさい。

ヒント ❶ (1)資料Ⅰは清と，Ⅱは朝鮮と結びました。
(3)①東アジアの伝統的な国際関係は，朝貢に基づくものでした。

3節　明治維新④

できごと

一九〇五　竹島を日本領へ編入
一八九五　尖閣諸島を日本領へ編入
一八七九　沖縄県を置く
一八七六　小笠原諸島の領有を通告
一八七六　日朝修好条規
一八七五　樺太・千島交換条約
一八七二　琉球藩を置く
一八七一　日清修好条規
　　　　　岩倉使節団派遣(～七三)

（　　　）にあてはまる語句を答えよう。

ノートを活用して，くり返し書いて覚えよう。

5 国境と領土の確定

教科書 p.178 ～ 179

◎南北の国境の確定

・（　①　）…幕末にロシアと結ぶ。択捉島以南の**北方領土**を日本領，得撫島（ウルップとう）以北の千島列島（ちしま）をロシア領とする。

・（　②　）…1875年にロシアと結ぶ。ロシアは樺太（からふと），日本は千島列島を領有。

・（　③　）は1876年に日本の領有が確定。**尖閣諸島**（せんかく）は1895年，日本領に編入。（　④　）は1905年，日本領に編入。

◎北海道の開拓とアイヌの人々

・**北海道**…1869年，蝦夷地（えぞち）を改称し，（　⑤　）という役所（かいしょ）を置く。農業兼業（けんぎょう）の兵士である（　⑥　）を中心に開拓。

→アイヌの人々の土地や漁場をうばい，アイヌ民族の風習・文化を否定する同化政策を進める。1899年，北海道旧土人保護法（きゅうどじん）を制定。

◎沖縄県の設置と琉球の人々

・琉球藩（りゅうきゅう）…1872年，琉球王国を琉球藩に。

・**沖縄県**…1879年，琉球藩を廃止（はいし）して設置。この一連の出来事を（　⑦　）という。

→沖縄の人々に対しても同化政策を進める。

①

②

③

④

⑤

⑥

⑦

6 領土をめぐる問題の背景　領有の歴史的な経緯

教科書 p.180 ～ 181

◎歴史的に見る島々の領有

・現在の日本は，領土をめぐる問題をかかえる地域がある。

（　④　）	（　⑧　）が不法に占拠（せんきょ）。
	17世紀半ばに日本が領有権を確立。
	1905年に（　⑨　）県に編入。
北方領土	ロシアが不法に占拠。
	（　①　）で択捉島と得撫島の間に国境を定める。
	1875年に（　②　）を結ぶ。
尖閣諸島	中華人民共和国（ちゅうか）や（　⑩　）が領有権を主張。
	1895年に沖縄県に編入。

⑧

⑨

⑩

尖閣諸島は日本が実効支配を続けているよ。

94

① 右の地図を見て，次の問いに答えなさい。

教科書 p.178〜179

(1) 1879年に琉球藩を廃止して沖縄県を置いた地域を，地図中の**ア〜オ**から選びなさい。

(2) 1875年に日本と樺太・千島交換条約を結んだ国を，地図中の**ア〜オ**から選びなさい。

(3) 開拓使という役所を置き，屯田兵を中心に開拓を進めた地域を，地図中の**ア〜オ**から選びなさい。

(1)	
(2)	
(3)	

② 下の表を見て，次の問いに答えなさい。

教科書 p.180〜181

（ ① ）	大韓民国(韓国)が不法に占拠。
（ ② ）	ロシアが不法に占拠。
（ ③ ）	中華人民共和国や台湾が領有権を主張。

(1) 表中の①〜③にあてはまる語句を，**ア〜エ**から選びなさい。
ア 小笠原諸島　**イ** 尖閣諸島
ウ 北方領土　**エ** 竹島

(2) 表中の③を1895年に編入した都道府県を，**ア〜エ**から選びなさい。
ア 北海道　**イ** 東京都　**ウ** 島根県　**エ** 沖縄県

(1)	①
	②
	③
(2)	

書きトレ! 琉球処分の内容を，簡単に書きなさい。

( )

ヒント　①(3) かつて蝦夷地と呼ばれた地域です。
②(1) ①日本海，②日本の北方，③東シナ海に位置する地域です。

できごと

一八九〇　第一回帝国議会
　　　　　教育勅語
一八八九　大日本帝国憲法発布
一八八五　内閣制度ができる
一八八二　立憲改進党結成
一八八一　自由党結成
　　　　　国会期成同盟の結成
一八八〇　西南戦争
一八七七
一八七四　立志社の創立
　　　　　民撰議院設立の建白書

（　　）にあてはまる語句を答えよう。

ノートを活用して，くり返し書いて覚えよう。

7　自由民権運動の高まり

教科書 p.182〜183

◉ 自由民権運動と士族の反乱

・（　①　）の政治…征韓論政変後，政府の中心となる。

・**自由民権運動**…1874年に（　②　）らが（　③　）の建白書を提出して議会の開設を主張。→（　②　）は高知で（　④　）を結成。

・士族の反乱…改革で特権をうばわれたことに不満を持つ「不平士族」が各地で反乱を起こす。

→1877年，鹿児島の士族が西郷隆盛を中心として（　⑤　）を起こす。

▲（　②　）

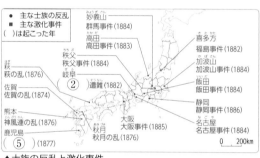

```
●　主な士族の反乱
■　主な激化事件
（　）は起こった年

妙義山
群馬事件(1884)
高田
高田事件(1883)
秩父
秩父事件(1884)
萩
萩の乱(1876)
岐阜
②　遭難(1882)
佐賀
佐賀の乱(1874)
熊本
神風連の乱(1876)
鹿児島
（　⑤　）(1877)
萩月
秋月の乱(1876)
大阪
大阪事件(1885)
喜多方
福島事件(1882)
加波山
加波山事件(1884)
飯田
飯田事件(1884)
静岡
静岡事件(1886)
名古屋
名古屋事件(1884)

0　　200km
```

▲士族の反乱と激化事件

◉ 高まる自由民権運動

・藩閥政府への批判…（　⑤　）後，言論によるものへと変化。

・（　⑥　）…1880年に大阪で結成。→憲法草案作成へ。（　⑦　）や中江兆民は欧米思想を基に民権論を展開。

> **詳しく解説！　憲法草案**
> 東京の五日市町(現在のあきる野市)の青年たちがまとめた五日市憲法や，民権派の植木枝盛が起草した東洋大日本国国憲按など，多くの草案が民間で作成された。

◉ 国会の開設をめぐる対立

・政府の動き…国会の早期開設を主張する（　⑧　）と**伊藤博文**が対立。

→1881年に北海道開拓使官有物払い下げ事件が起こると，（　⑧　）を政府から追い出し，1890年までの国会開設を約束(国会開設の勅諭)。

・政党の結成…（　②　）を党首とする（　⑨　），（　⑧　）を党首とする（　⑩　）。

・民権運動の停滞…政府の弾圧や民権派の関係する激化事件により活動は休止状態に。

①

②

③

④

⑤

⑥

⑦

⑧

⑨

⑩

> （　②　）と（　⑧　）は，1898年に憲政党を結成して日本初の政党内閣を組織したよ。

解答▶▶ p.20

❶ 右の年表を見て，次の問いに答えなさい。

教科書 p.182〜183

(1) 年表中の①・②にあてはまる人物を，ア〜ウから選びなさい。

　ア　伊藤博文
　イ　板垣退助
　ウ　西郷隆盛

(2) 下線部 a が出発点となった，国民が政治に参加する権利の確立を目指す運動を何といいますか。

(3) 下線部 b が起こった地域を，地図中のア〜エから選びなさい。

(4) 下線部 c の後，政党を作る動きが活発になりました。大隈重信を党首として結成された政党を，ア〜ウから選びなさい。

　ア　自由党　　イ　立憲改進党　　ウ　立志社

(5) 国会期成同盟が結成された時期を，年表中のA〜Cから選びなさい。

年	できごと
1874	（①）らが a 民撰議院設立の建白書を提出する
	↕A
1877	（②）らが b 西南戦争を起こす
	↕B
1881	c 国会開設の勅諭
	↕C

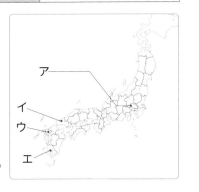

(1)	①
	②
(2)	
(3)	
(4)	
(5)	

第5章

教科書182〜183ページ

書きトレ！ 左の資料は，1875年に出された新聞紙条例の部分要約です。この条例の目的を，「新聞や雑誌」「政府」という言葉を使って，簡単に書きなさい。

第12条　新聞紙あるいは雑誌や他の報道において，人をそそのかして罪を犯させた者は，犯した者と同罪とする。…

第13条　政府をたおし，国家をくつがえすような言論をのせ，さわぎをあおろうとする者は，禁獄1年から3年とする。

ヒント　❶ (1)②征韓論政変で政府を去った薩摩藩出身の人物です。

　　　　 (5)国会の開設を政府に求めるために結成された全国的な団体です。

（　）にあてはまる語句を答えよう。

ノートを活用して，くり返し書いて覚えよう。

8 立憲制国家の成立

教科書 p.184 〜 185

◉憲法の準備／憲法の発布

・憲法制定の準備…（ ① ）がヨーロッパへ調査

に。帰国後，憲法制定の準備を進めて草案を

作成し，枢密院で審議。

・（ ② ）…1885年創設。（ ① ）が初代内閣総理

大臣(首相)になる。

▲（ ① ）

・（ ③ ）…1889年2月11日，天皇が国民にあたえるという形で

発布(欽定憲法)。

天皇	国の（ ④ ）として統治。 天皇の権限…**帝国議会**の召集，（ ⑤ ）の解散，陸海軍の指揮，条約締結，戦争の開始・終了(講和)など。
内閣	天皇の政治を補佐する。 大臣は天皇に対して個々に責任を負う。
議会	（ ⑤ ）と（ ⑥ ）の二院制。 （ ⑤ ）…国民が選挙した議員で構成。 （ ⑥ ）…皇族・華族，天皇が任命した議員などで構成。
国民	天皇の「（ ⑦ ）」とされる。 法律の範囲内で言論・出版・集会・結社・信仰の自由などの権利が認められる。

・法制度の整備…民法，商法などの公布。民法は一家の長である戸主が家族に対して強い支配

権を持ち，「家」を重視。

・教育…1890年，（ ⑧ ）が出され，忠君愛国の道徳を示す。

◉帝国議会の開設

・（ ⑤ ）議員の選挙権…直接国税を15円以上納める満（ ⑨ ）歳以

上の男子。→有権者は総人口の1.1%(約45万人)。

・第1回帝国議会…（ ⑤ ）は民党の議員が多数をしめる。

→日本はアジアで最初の近代的な（ ⑩ ）国家になる。

| ① |
| ② |
| ③ |
| ④ |
| ⑤ |
| ⑥ |
| ⑦ |
| ⑧ |
| ⑨ |
| ⑩ |

君主権の強いドイツやオーストリアなどの憲法を参考として憲法が制定されたよ。

❶ **下の文を読んで，次の問いに答えなさい。**

教科書 p.184～185

> 　自由民権運動の高まりの中，政府は国会を開くことを約束するとともに，_a憲法制定の準備を進め，民権派も政党の結成に着手した。こうして，1889年に_b大日本帝国憲法が制定され，翌年_c第1回帝国議会が開かれた。

(1) 下線部aについて，ヨーロッパに調査へ行った人物を，ア～ウから選びなさい。
　ア　大隈重信（おおくましげのぶ）　　イ　板垣退助（いたがきたいすけ）　　ウ　伊藤博文（いとうひろぶみ）

(2) 下線部bについて，次の文中の下線部が正しければ○を，間違っていれば正しい語句を書きなさい。
　① 大日本帝国憲法は，天皇が定めるという形の<u>欽定憲法</u>であった。
　② 大日本帝国憲法の主権者は，<u>臣民</u>とされた。
　③ <u>天皇</u>は，帝国議会の召集や，陸海軍の指揮などの権限を持った。
　④ 内閣は天皇の政治を補佐し，大臣は<u>議会</u>に対して責任を負った。
　⑤ 帝国議会は，<u>衆議院と貴族院</u>からなる二院制であった。
　⑥ 国民の権利は，<u>法律の範囲内</u>で言論や集会の自由などの権利が認められた。

(3) 下線部cについて，このとき選挙権をあたえられた人たちを，ア～ウから選びなさい。
　ア　直接国税を15円以上納める満25歳以上の男女
　イ　直接国税を15円以上納める満25歳以上の男子
　ウ　満25歳以上の男女

(1)	
(2)	①
	②
	③
	④
	⑤
	⑥
(3)	

書きトレ！ 立憲制国家の成立の流れを，「内閣制度」「大日本帝国憲法」という言葉を使って，簡単に書きなさい。

(　　　　　　　　　　　　　　　　　　　　　　　　　　)

ヒント ❶ (1) この人物は初代の内閣総理大臣(首相)に就任しました。
　　(3) 有権者は総人口の1.1%でした。

解答▶▶ p.20　99

4節　日清・日露戦争と近代産業①

できごと

一九一一　関税自主権を回復する
一九〇〇　立憲政友会結成
一八九五　三国干渉
　　　　　下関条約
一八九四　日清戦争(〜九五)
　　　　　甲午農民戦争
一八八九　大日本帝国憲法発布
　　　　　領事裁判権の撤廃に成功
一八八六　ノルマントン号事件
一八八三　鹿鳴館完成

（　）にあてはまる語句を答えよう。

ノートを活用して，くり返し書いて覚えよう。

1 欧米列強の侵略と条約改正　教科書 p.186 ～ 187

◉列強と帝国主義

・欧米の列強…資本主義の発展とともに台頭したイギリス，フランス，ドイツ，アメリカ，ロシアなど。

・（ ① ）…列強が資源や市場を求めてアジアやアフリカに進出し，軍事力によって植民地化を進める動き。

◉条約改正の実現／東アジアの情勢

・条約改正実現のため，日本は欧米的な法制度の整備など近代化政策を推進。

・井上馨の欧化政策…（ ② ）での舞踏会など。→失敗。

・1894年，（ ③ ）外相が日英通商航海条約を結び，（ ④ ）撤廃。

・1911年，（ ⑤ ）外相がアメリカとの条約に調印して関税自主権を回復。

・東アジアの情勢…朝鮮半島をめぐり，日本と清が対立。

①
②
③
④
⑤

2 日清戦争　教科書 p.188 ～ 189

◉日清戦争

・（ ⑥ ）…1894年，朝鮮で東学を信仰する農民が蜂起して（ ⑦ ）が起こると，鎮圧のため朝鮮に出兵した清と日本が衝突して戦争に発展。日本は戦いを優勢に進める。

・（ ⑧ ）…1895年に締結した（ ⑥ ）の講和条約。→清は朝鮮の独立を認め，（ ⑨ ）・台湾・澎湖諸島を日本へ割譲。賠償金2億両を日本に支払う。

・日本は台湾総督府を置いて植民地支配を進める。

◉三国干渉と加速する中国侵略／日清戦争後の日本

・三国干渉…1895年，ロシア・ドイツ・フランスが（ ⑨ ）の清への返還を勧告。→日本はこれを受け入れる。

⑥
⑦
⑧
⑨
⑩

・アジアの国際関係…朝鮮は1897年に大韓帝国(韓国)と改称。列強は清から港湾の租借権などの利権を獲得し，中国分割を進める。→ロシアは満州(中国東北部)への進出をねらい，（ ⑨ ）の旅順と大連を租借。

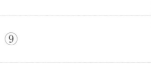
租借とは，期限付きで借りるという意味だよ。

・（ ⑥ ）後の日本…ロシアへの対抗心が高まり，清からの賠償金で軍備を拡張。政府は政党の協力が必要となり，伊藤博文は1900年に（ ⑩ ）を結成。

解答▶▶ p.21

① 下の文を読んで，次の問いに答えなさい。

教科書 p.186〜187

> 　日本が欧米諸国と国際的に対等な地位を得るうえで，不平等条約の改正が重要な課題となったが，欧米諸国は当初応じなかった。日本が a 欧化政策を進めたことや，憲法の制定により近代的な国家の仕組みを整えたこと，b 列強のアジアでの植民地をめぐる争いなどから，次第に c 条約改正に応じるようになった。

(1)	
(2)	
(3)	

(1)　下線部 a について，鹿鳴館(ろくめいかん)で舞踏会を開いた外務卿(きょう)(大臣)はだれですか。

(2)　下線部 b について，このような列強の動きを何といいますか。

(3)　下線部 c について，1894年に領事裁判権の撤廃に成功した外相はだれですか。

② 右の年表を見て，次の問いに答えなさい。

教科書 p.188〜189

(1)　下線部 a の条約で日本が獲得した地域を，ア〜ウから選びなさい。
　　ア　香港(ホンコン)
　　イ　台湾
　　ウ　樺太(からふと)

年	できごと
1894	朝鮮で甲午(こうご)農民戦争が始まる
	日清(にっしん)戦争が始まる
1895	a 下関(しものせき)条約
	b 三国干渉

(1)	
(2)	

(2)　下線部 b について，この三国にあてはまらない国を，ア〜エから選びなさい。
　　ア　フランス　　イ　ドイツ　　ウ　ロシア　　エ　イギリス

書きトレ！ 左の絵は，フランス人ビゴーが日清戦争前の東アジアの情勢を風刺(ふうし)してえがいたものです。この絵が表していることについて，簡単に書きなさい。

ヒント　① (3)イギリスと日英通商航海条約を結びました。
　　　　　② (1)日本は総督府を設置して植民地支配を進めました。

4節　日清・日露戦争と近代産業②

（　　）にあてはまる語句を答えよう。

ノートを活用して、くり返し書いて覚えよう。

3 日露戦争　　　　　　　　　　　　　　　　教科書 p.190〜191

◉ **義和団事件**

・（ ① ）**事件**…1899年，「扶清滅洋」を唱える（ ① ）が蜂起。
1900年，北京の各国公使館を包囲したが，各国の連合軍が鎮
圧。→ロシアは満州に出兵し，軍隊を駐留。

・（ ② ）…1902年，イギリスと日本が結び，ロシアに対抗。

・国内では，社会主義者の（ ③ ）やキリスト教徒の内村鑑三な
どが開戦に反対したが，1904年に**日露戦争**開戦。

◉ **日露戦争／日露戦争後の日本と国際社会**

・日露戦争…日本は苦戦し，ロシアは国内で革命運動が起こり，
戦争継続が困難に。1905年，日本海海戦で日本が勝利。

・（ ④ ）…アメリカの仲介により結ばれた講和条約。ロシアは
韓国における日本の優越権を認め，旅順・大連の租借権，長春
以南の鉄道利権，北緯50度以南の樺太(サハリン)を日本にゆず
る。→賠償金は得られず，国民は暴動を起こす((　⑤　)事件)。

・日露戦争後，日本の国際的地位は向上し，アジアの民族運動が活発化。

①
②
③
④
⑤

東郷平八郎が日本海海戦を指揮したよ。

4 韓国と中国　　　　　　　　　　　　　　　教科書 p.192〜193

◉ **韓国の植民地化**

・韓国の保護国化…1905年，韓国の外交権をうばい保護国化。
（ ⑥ ）を設置。初代統監は伊藤博文。→韓国の皇帝退位(1907)，
軍隊解散などで義兵運動が広がるが，日本軍が鎮圧。

・**韓国併合**…1910年。韓国を「朝鮮」，首都漢城(ソウル)を
「京城」と改称。（ ⑦ ）を設置して植民地支配を進める。

◉ **満鉄の設立／中華民国の成立**

・（ ⑧ ）**株式会社**(満鉄)…（ ④ ）で得た鉄道利権を基に設立。
→日本は満州での利権を独占し，次第にアメリカと対立。

・中国の革命運動…**三民主義**を唱えた（ ⑨ ）が中心となる。

・**辛亥革命**…1911年，武昌(武漢)の軍隊の反乱から始まり，多
くの省が清から独立。→1912年，（ ⑨ ）が臨時大総統になり，アジア初の共和国（ ⑩ ）の建
国を宣言。清の実力者袁世凱は皇帝を退位させ，清は滅亡。臨時大総統の地位をゆずり受け
た袁世凱は，首都を北京に移し，独裁的政治を行う。袁世凱の死後，各地に軍閥が割拠。

⑥
⑦
⑧
⑨
⑩

解答▶▶ p.21

❶ 右の図を見て，次の問いに答えなさい。

教科書 p.190 〜 191

(1) 図中のA〜Cに
あてはまる国を，
ア〜ウから選び
なさい。

ア　イギリス

イ　ドイツ

ウ　アメリカ

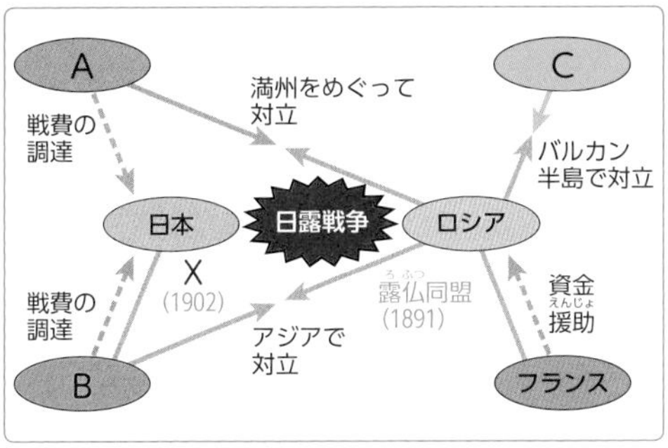

満州をめぐって対立

戦費の調達

日本　日露戦争　ロシア

X (1902)

戦費の調達

バルカン半島で対立

露仏同盟 (1891)

資金援助

アジアで対立

A　B　C　フランス

(2) 日本とB国が結んだXの同盟を何といいますか。

(3) 日露戦争に出兵した弟を思って「君死にたまふことなかれ」を発表した歌人はだれですか。

(4) 日露戦争の講和を仲介した国を，図中のA〜Cから選びなさい。

(1)	A	
	B	
	C	
(2)		
(3)		
(4)		

❷ 下の文を読んで，次の問いに答えなさい。

教科書 p.192 〜 193

A　（ ① ）革命が始まって，a孫文（スンウェン）が臨時大総統となり，中華民国（かみんこく）が成立した。

B　日本は韓国を併合し，首都の漢城(ソウル)を「（ ② ）」と改称した。

C　初代統監の伊藤博文が（ ③ ）に暗殺された。

(1) 文中の①〜③にあてはまる語句を書きなさい。

(2) 下線部aが唱えた革命の指導理論を何といいますか。

(3) A〜Cを年代の古い順に並べ替えなさい。

(1)	①	
	②	
	③	
(2)		
(3)		

書きトレ！ 韓国併合までの過程を，「外交権」「植民地」という言葉を使って，簡単に書きなさい。

できごと
一八八九　東海道線全線開通
一八九〇　北里柴三郎、破傷風の血清療法を発見
一九〇一　八幡製鉄所操業開始
一九〇七　義務教育が六年制になる
一九一〇　大逆事件
一九一一　工場法
一九一八　野口英世、エクアドルで黄熱病を研究

（　）にあてはまる語句を答えよう。

ノートを活用して，くり返し書いて覚えよう。

5 産業革命の進展
教科書 p.194 〜 195

◎ 産業と資本主義の発展

・産業革命…1880年代後半，紡績・製糸など（　①　）から始まる。

・重化学工業…日清戦争後に官営の（　②　）を建設。

・交通…1889年，官営の東海道線が全線開通。民営鉄道も発展。
　→1906年に主要な民営鉄道を国有化。

・（　③　）の成長…三井・三菱・住友・安田などの資本家がさま
　ざまな業種に進出し，日本の経済を支配。

◎ 社会問題の発生／地主と小作人

・労働者の状況…女子(工女)は紡績業・製糸業，男子は鉱山や
　運輸業で働く。日清戦争後，（　④　）が結成され始め，労働争
　議が増加。→1911年，工場法制定。

・公害問題の発生…（　⑤　）の鉱毒事件など。

・地主と小作人…農民や小作人は苦しい生活。地主は農地を買い集めて経済力をつける。

①
②
③
④
⑤

6 近代文化の形成
教科書 p.196 〜 197

◎ 日本の美と欧米の美／新しい文章／学校教育の普及

美術	日本美術の復興…アメリカの（　⑥　）と岡倉天心。 日本画…横山大観「無我」。 彫刻…高村光雲。荻原守衛はロダンに師事。 洋画…（　⑦　）が印象派の画風を紹介。
音楽	滝廉太郎が「荒城の月」「花」などを作曲。
文学	話し言葉(口語)で表現する言文一致の文体。 　→二葉亭四迷が小説で使用したのがきっかけ。 ロマン主義…短歌の与謝野晶子，小説の（　⑧　）など女性文学者が活躍。 夏目漱石や（　⑨　）は欧米の文化に向き合う。

・教育の普及…小学校就学率は1891年に50%をこえ，1907年に
　97%に。義務教育が3，4年から6年に。

・自然科学…細菌学の北里柴三郎や黄熱病を研究した（　⑩　），
　物理学の長岡半太郎など。

⑥
⑦
⑧
⑨
⑩

横山大観「無我」▶

① 下の文を読んで，次の問いに答えなさい。
教科書 p.194〜195

　1880年代後半から a産業革命が進展し，動力源の石炭は福岡県の（　①　）地域や北海道などで採掘された。重化学工業では，（　②　）の講和条約である下関条約で獲得した賠償金を基に，北九州に官営の（　③　）製鉄所が建設された。

(1) 文中の①〜③にあてはまる語句を書きなさい。

(2) 下線部aについて，さまざまな業種に進出し，日本の経済を支配した三井・三菱・住友・安田などの資本家を何といいますか。

(1)	①	
	②	
	③	
(2)		

② 次の問いに答えなさい。
教科書 p.196〜197

(1) 次の①〜⑤に関係の深い人物を，下の**ア〜カ**から選びなさい。

① エクアドルで黄熱病を研究した。

② フェノロサとともに日本美術の復興に努めた。

③ 「読書」を発表し，印象派の明るい画風を紹介した。

④ 「荒城の月」などを作曲し，洋楽の道を開いた。

⑤ 欧米の文化に向き合う知識人の観点から，「舞姫」などの作品を発表した。

ア　岡倉天心　　イ　野口英世　　ウ　森鷗外
エ　黒田清輝　　オ　滝廉太郎　　カ　樋口一葉

(1)	①
	②
	③
	④
	⑤

書きトレ! 左のグラフからわかる綿糸の生産と貿易の変化を，「日清戦争」という言葉を使って，簡単に書きなさい。

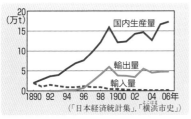

▲綿糸の生産と貿易の変化

ヒント　**①** (1)③1901年に操業を開始しました。
　　　　② (1)①ノーベル賞の候補にも挙がりました。

| 時間 30分 | /100点 | 合格 70点 |

1 右の年表を見て，次の問いに答えなさい。

70点

(1) 年表中の①〜③にあてはまる語句を書きなさい。

 よく出る

(2) 下線部aを政府に提出した人物を，ア〜エから選びなさい。

ア 西郷隆盛（さいごうたかもり）　イ 板垣退助（いたがきたいすけ）
ウ 大隈重信（おおくましげのぶ）　エ 伊藤博文（いとうひろぶみ）

(3) 下線部bの中心人物を，(2)のア〜エから選びなさい。

(4) 下線部cについて，初代の内閣総理大臣(首相)を，(2)の
ア〜エから選びなさい。

(5) 下線部dについて，どの国の憲法を参考にして制定され
ましたか。

(6) 下線部eの講和条約により日本が獲得したものの，三国
干渉（かんしょう）の勧告（かんこく）を受けて返還（へんかん）した地域を，地図中のア〜オか
ら選びなさい。技

(7) 記述 下線部fについて，この同盟を結んだ目的を，簡単
に書きなさい。思

(8) 下線部gについて，次の問いに答えなさい。

① この戦争に際し，**資料Ⅰ**の詩を発表した人物はだれ
ですか。

② この戦争をめぐる関係をえがいた**資料Ⅱ**中のA〜C
にあてはまる国を，ア〜エから選びなさい。思

ア 日本
イ イギリス
ウ アメリカ
エ ロシア

(9) 下線部hによってたおれた中国の王朝名を書きなさい。

(10) 次のできごとがあてはまる時
期を，年表中のA〜Dから選
びなさい。思

① 徴兵令（ちょうへい）が出される。

② 朝鮮（ちょうせん）で甲午農民戦争（こうご）が起
こる。

年	できごと
1868	（ ① ）の御誓文（ごせいもん）
1869	（ ② ）奉還（ほうかん）が行われる
	↕A
1874	a 民撰議院設立（みんせん）の建白書
1877	b 西南戦争
1885	c 内閣制度ができる
1889	d 大日本帝国憲法発布（ていこく）
	↕B
1895	e 下関条約（しものせき）を結ぶ
	↕C
1902	f 日英同盟を結ぶ
1904	g 日露戦争（にちろ）が始まる
	↕D
1910	（ ③ ）を併合（へいごう）する
1911	h 辛亥革命（しんがい）が始まる

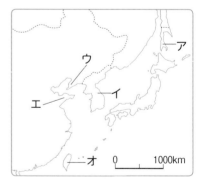

資料Ⅰ

あゝをとうとよ君を泣く
君死にたまふ（う）ことなかれ
末に生まれし君なれば
親のなさけはまさりしも
親は刃（やいば）をにぎらせて
人を殺せとをしへしや（お）（え）
人を殺して死ねよとて
二十四までをそだてしや

資料Ⅱ

❷ 下の文を読んで，次の問いに答えなさい。

30点

> 　新政府は，欧米諸国に対抗するため「富国強兵」を目指した。（　①　）政策を進めて経済の資本主義化を図り，<u>ａ官営模範工場</u>を建設して外国の新しい技術を各地に広めた。<u>ｂ欧米の思想</u>も紹介されて青年に大きな影響をあたえ，やがて自由民権運動へと発展した。
>
> 　19世紀の終わりごろになると，<u>ｃ文化や教育面において新しい動きが起こり，世界的に活躍する人</u>も現れた。日清戦争後には労働組合が結成され始め，労働争議が増加する中で政府は労働者保護のため（　②　）を制定した。労働運動の活発化にともない，日本でも<u>ｄ社会主義</u>が成長し，足尾銅山の鉱毒事件のような公害問題も発生するようになった。

(1) 文中の①・②にあてはまる語句を書きなさい。

(2) 下線部ａについて，群馬県に造られた官営模範工場名を書きなさい。

(3) 下線部ｂについて，欧米の思想を紹介した人物にあてはまらないものを，ア〜ウから選びなさい。技

　ア　本居宣長

　イ　福沢諭吉

　ウ　中江兆民

(4) 下線部ｃについて，次の①〜⑤にあてはまる人物名を書きなさい。

　①　フェノロサとともに日本美術の復興に努めた。

　②　「坊っちゃん」などの作品を発表した。

　③　言文一致の文体で「浮雲」を発表した。

　④　破傷風の血清療法を発見した。

　⑤　右の写真の彫刻「老猿」を制作した。

(5) 下線部ｄについて，社会主義者の幸徳秋水らが逮捕・処刑された事件を何といいますか。

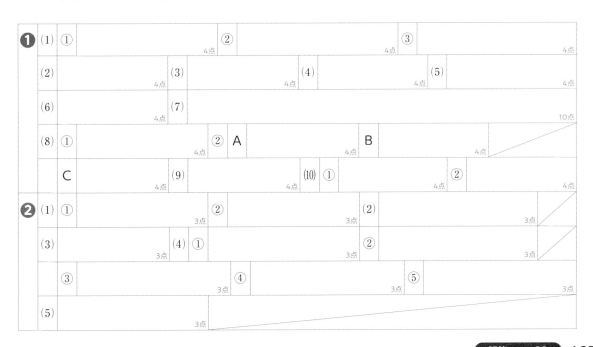

(　　)にあてはまる語句を答えよう。

ノートを活用して，くり返し書いて覚えよう。

1　第一次世界大戦　　　　　　　　教科書 p.208 ～ 209

◆ヨーロッパ諸国の対立

・ヨーロッパの国際関係…**三国協商** (イギリス，フランス，ロシア)と(①)(ドイツ，オーストリア・イタリア)が対立。

・バルカン半島…「ヨーロッパの(②)」。オスマン帝国の衰退にともない，スラブ民族の独立運動が盛んに。

◆第一次世界大戦

・**第一次世界大戦**…1914年，(③)でオーストリア皇位継承者夫妻がセルビア人に暗殺されると，オーストリアはセルビアに宣戦布告。→各国も参戦し，同盟国と連合国に分かれて争う。イタリアは連合国側で参戦。

・ざんごう戦で大砲や機関銃を使用。戦車・飛行機・毒ガス・潜水艦などの新兵器の使用。→多くの死傷者が出る。

・各国は，国民・経済・資源・科学技術を総動員し(④)となる。

・日本は(⑤)により参戦。アメリカは1917年に連合国側で参戦。→1918年，同盟国側が降伏。

①
②
③
④
⑤

2　ロシア革命　　　　　　　　　　教科書 p.210 ～ 211

◆ロシア革命／シベリア出兵とソ連の成立

・**ロシア革命**…1917年，労働者のストライキや兵士の反乱が続き，代表会議(ソビエト)が各地にできる。→皇帝が退位し，臨時政府が成立。→臨時政府とソビエトが並立し，政治は不安定。→社会主義者(⑥)の指導で初の社会主義政府が成立。

・革命政府…社会主義政策を進め，重要産業を国有化。民族自決を唱えてドイツと単独講和し，第一次世界大戦から離脱。

・欧米列強や日本…干渉戦争を起こし，(⑦)を行う。→革命政府は干渉戦争に勝利。1922年，(⑧)(**ソ連**)が成立。

◆独裁と計画経済

・ロシア革命を指導した政党は**共産主義**の実現をかかげ，政党名を(⑨)に改称。

・(⑩)の独裁…(⑥)の後に指導者となり，ソ連一国の共産主義化を進める。1928年から「**五か年計画**」を始め，重工業化と農業の集団化を強行。批判的な人々を追放・処刑する。

⑥
⑦
⑧
⑨
⑩

解答 ▶▶ p.23

1節　第一次世界大戦と日本①

1 **右の地図を見て，次の問いに答えなさい。**

教科書 p.208 ～ 209

(1) 連合国側にあては
　　 まるものを，地図
　　 中のA・Bから選
　　 びなさい。

(2) サラエボ事件によ
　　 りセルビアに宣戦
　　 布告した国を，地
　　 図中のア～キから
　　 選びなさい。

(3) 日本と同盟を結ん
　　 でいた国を，地図中のア～キから選びなさい。

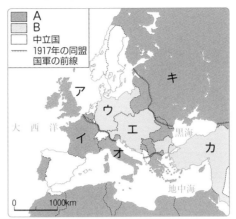

地図凡例：
A
B
中立国
1917年の同盟国軍の前線

ア　キ　ウ　エ　オ　カ　イ
大西洋　黒海　地中海
0　1000km

▲第一次世界大戦中のヨーロッパ戦線

(1)	
(2)	
(3)	

2 **下の文を読んで，次の問いに答えなさい。**

教科書 p.210 ～ 211

　第一次世界大戦中のロシアでは，民衆の生活が苦しくなり，皇帝の専制に対する不満が高まった。（ ① ）年，a労働者のストライキや兵士の反乱が続いて皇帝が退位し，レーニンの指導により史上初の社会主義政府が成立した。

　レーニンの後をついで指導者となったスターリンは，1928年から「（ ② ）」を始め，重工業の増強と農業の集団化を強行した。

(1) 文中の①・②にあてはまる数字や語句を書きなさい。

(2) 下線部aについて，かれらの代表会議を何といいますか。

(1)	①	
	②	
(2)		

書きトレ！ ロシア革命が起こると，欧米諸国や日本はどのような行動をとりましたか，簡単に書きなさい。

（　　　　　　　　　　　　　　　　　　　　　　　　　　　　　　　）

ヒント **1** (1)連合国は協商国とも呼ばれました。
　　　　 2 (2)ロシア語で「会議」という意味です。

1節　第一次世界大戦と日本②

(　　)にあてはまる語句を答えよう。

ノートを活用して，くり返し書いて覚えよう。

3 国際協調の高まり

教科書 p.212 〜 213

�◆ベルサイユ条約と国際連盟

・(①)講和会議…1919年，ドイツと(②)を結ぶ。

　→ドイツは領土を縮小し，植民地を失う。巨額の賠償金，軍
　備縮小を課される。

・(③)…アメリカのウィルソン大統領が提唱。東ヨーロッパ
　で独立国誕生。→アジア・アフリカで民族運動が高まる。

・**国際連盟**…ウィルソンの提案により1920年に発足。本部はス
　イスの(④)。アメリカは不参加。日本は常任理事国に。

◆国際協調の時代／民主主義の拡大

・(⑤)**会議**…1921〜22年，アメリカの呼びかけで開催。海軍
　の軍備制限((⑤)海軍軍縮条約)，太平洋地域の現状維持，
　中国の独立と領土保全を確認。日英同盟を解消。

・戦後の欧米諸国…普通選挙による議会政治が普及，女性も多くの国で選挙権を得る。労働者
　の権利拡大を求める運動が高まる。

・1919年，ドイツで**ワイマール憲法**成立。1924年，イギリスで初の労働党内閣が成立。

①
②
③
④
⑤

4 アジアの民族運動

教科書 p.214 〜 215

◆第一次世界大戦と日本／中国の反帝国主義運動

・大戦中の日本…山東省のドイツ租借地や南洋諸島を占領。
　1915年，中国に対して(⑥)を示す。→中国は反発。

・大戦後の中国…山東省の権益返還要求を(①)講和会議で拒
　絶され，国民の不満が爆発。→1919年 5 月 4 日，北京で(⑦)
　が起こる。孫文は(⑧)(国民党)を結成し，中国共産党と協
　力して国内統一を目指す。

◆朝鮮の独立運動／インドの民族運動

・朝鮮…1919年 3 月 1 日，朝鮮の京城(ソウル)で日本からの独
　立を求め「独立万歳」を叫ぶ(⑨)が起こる。→朝鮮総督府
　は武力で鎮圧。統治方針を転換して同化政策を進める。

・インド…第一次世界大戦中，イギリスはインドに自治を約束したが，大戦後，約束を守らず
　民族運動を弾圧。→(⑩)が非暴力・不服従の抵抗運動を指導。

⑥
⑦
⑧
⑨
⑩

1 右の年表を見て，次の問いに答えなさい。

教科書 p.212～213

(1) 年表中の①・②にあてはまる数字や語句を書きなさい。

(2) 下線部aについて，民族自決の原則を唱えたアメリカ大統領はだれですか。

(3) 下線部bについて，常任理事国にあてはまらない国を，ア～ウから選びなさい。

　ア　イギリス　　イ　フランス　　ウ　アメリカ

(4) 下線部cについて，この会議で結ばれた，海軍の軍備を制限する条約を書きなさい。

年	できごと
（ ① ）	a パリ講和会議
1920	b 国際連盟発足
1921	c ワシントン会議（～22年）
1924	（ ② ）で初の労働党内閣成立

(1) ①　②
(2)
(3)
(4)

2 下の文を読んで，次の問いに答えなさい。

教科書 p.214～215

A　この国は，第一次世界大戦中に（ ① ）のドイツ権益などを要求する二十一か条の要求を日本から示された。

B　この国では，1919年3月1日に京城(ソウル)で日本からの独立を求める（ ② ）が起こった。

C　この国では，イギリスの支配には従わないという非暴力・不服従の抵抗運動が高まった。

(1) 文中の①・②にあてはまる語句を書きなさい。
(2) A～Cの当時の国名を書きなさい。

(1) ①　②
(2) A　B　C

書きトレ! 左の資料は，1919年に制定されたドイツのワイマール憲法の部分要約です。この条文を参考に，ワイマール憲法の特徴について，簡単に書きなさい。

第151条　経済生活の秩序は，全ての人に人間に値する生存を保障することを目指す，正義の諸原則にかなうものでなければならない。

ヒント　1(2)国際連盟の設立を提唱したアメリカ大統領です。
2(2)A1919年に五・四運動が起こりました。

解答▶▶ p.24　111

2節　大正デモクラシーの時代①

（　）にあてはまる語句を答えよう。

ノートを活用して，くり返し書いて覚えよう。

1 大正デモクラシーと政党内閣の成立

教科書 p.216〜217

◉第一次護憲運動

・日露戦争前後…藩閥・官僚勢力と（ ① ）とが交互に政権を担当。

・第一次（ ② ）…憲法に基づく政治を守ることをスローガンとする運動。→1912年，（ ① ）の内閣がたおされ，藩閥の（ ③ ）が首相になると，藩閥内閣に反対する運動が起こり，（ ③ ）内閣は退陣。

◉大戦景気と米騒動

・**大戦景気**…第一次世界大戦により日本経済は好況に。連合国とその植民地，アメリカへの工業製品の輸出が大幅に増える一方で，欧米からの輸入が止まる。→重化学工業が成長。

・（ ④ ）…1918年，（ ⑤ ）出兵を見こした米の買いしめにより，米価が急騰。米の安売りを求める運動が全国に広がる。→（ ⑥ ）内閣は軍隊により鎮圧を図る。

> **詳しく解説!　米騒動**
> 富山県の魚津町(現在の魚津市)から始まり，新聞の報道を通じて全国的に広がった。およそ50日間にわたって42道府県で約70万人が参加したが，武力で鎮圧され，寺内正毅内閣は総辞職した。

◉本格的な政党内閣の成立

・（ ⑦ ）が本格的な**政党内閣**を組織。→陸軍・海軍・外務の3大臣以外は全て衆議院第一党の（ ① ）の党員で組織。

・1919年に選挙法を改正し，選挙資格の納税額を10円以上から3円以上に引き下げ。

◉大正デモクラシーの思想

・**大正デモクラシー**…大正時代に高まった（ ⑧ ）(デモクラシー)の風潮。

・吉野作造…政策決定における民衆の意向を重視する（ ⑨ ）を主張。男子普通選挙や政党内閣制の実現を説く。

・（ ⑩ ）…天皇機関説を主張。政党内閣制の理論的根拠となる。

▲（ ⑦ ）

①

②

③

④

⑤

⑥

⑦

⑧

⑨

⑩

> （ ⑦ ）は「平民宰相」と呼ばれて親しまれたよ。

解答▶▶ p.24

2節　大正デモクラシーの時代①

① 下の文を読んで，次の問いに答えなさい。

教科書 p.216〜217

　1912年，新聞や知識人は，_a藩閥政治を打ち破り，憲法に基づく政治を守ることをスローガンとする運動を起こし，桂太郎（かつら）（たろう）内閣を退陣させた。

　一方，第一次世界大戦によって，日本経済は（　①　）をむかえた。（　①　）は物価の上昇（じょうしょう）を招き，1918年には米の値段が大幅に上がったため，米の安売りを求めて_b米騒動が全国に広がった。米騒動によって寺内正毅内閣が退陣すると，_c初の本格的な政党内閣が成立した。政党内閣が発展した（　②　）時代，特に第一次世界大戦後には，_d民主主義や自由主義を求める動きが高まった。

(1)	①
	②
(2)	
(3)	
(4)	
(5)	
(6)	

第6章

教科書216〜217ページ

(1)　文中の①・②にあてはまる語句を書きなさい。

(2)　下線部aについて，この運動を何といいますか。

(3)　下線部bについて，米騒動と関係の深いできごとを，ア〜エから選びなさい。

　　ア　自由民権運動　　イ　シベリア出兵　　ウ　大逆（たいぎゃく）事件　　エ　五・四（ご）（し）運動

(4)　下線部cについて，この内閣を組織したのはだれですか。

(5)　下線部dの運動の理論的な支えになった民本主義（みんぽん）を主張した人物を，ア〜エから選びなさい。

　　ア　新渡戸稲造（に）（と）（べ）（いなぞう）　　イ　美濃部達吉（み）（の）（べ）（たつきち）
　　ウ　吉野作造　　エ　福沢諭吉（ふくざわ）（ゆ）（きち）

(6)　右の絵と関係の深いできごとを，下線部a〜dから選びなさい。

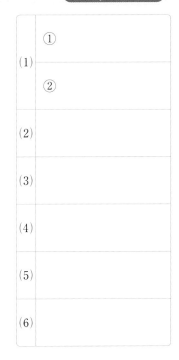

書きトレ! 原敬（はらたかし）の内閣がそれまでの内閣とちがう点を，「平民」「党員」という言葉を使って，簡単に書きなさい。

（　　　　　　　　　　　　　　　　　　　　　　　　　　　　　　）

ヒント ① (4) 立憲政友会の総裁です。
　　　　　 (6) この絵は名古屋市（なごや）(愛知県)での騒動の様子です。

2節　大正デモクラシーの時代②

できごと

一九二五　治安維持法・普通選挙法
　　　　　公布
一九二四　第二次護憲運動
一九二三　関東大震災
一九二二　全国水平社の結成
一九二一　日本労働総同盟の結成
一九二〇　新婦人協会設立
一九一八　原敬の政党内閣
一九一二　第一次護憲運動
一九一八　米騒動

（　　　）にあてはまる語句を答えよう。

ノートを活用して，くり返し書いて覚えよう。

---

② 広がる社会運動と男子普通選挙の実現

教科書 p.218〜219

◉ **社会運動の広がり／差別からの解放を求めて**

・労働運動…労働者の急増で（　①　）が多発。1920年，日本最初
のメーデーの開催。1921年，日本労働総同盟を結成。

・農民の運動…**小作争議**が多発。1922年，（　②　）を結成。

・社会主義運動…1920年，日本社会主義同盟を結成。1922年，
日本共産党が非合法に結成。

・部落解放運動…被差別部落の人々が差別からの解放を目指す。
1922年，京都で（　③　）を結成。

◉ **女性による運動／男子普通選挙の実現**

・女性運動…女性差別からの解放を目指す。青鞜社を結成した
（　④　）が1920年に新婦人協会を設立。

・第二次護憲運動…1924年に起こる。加藤高明が連立内閣を組織。→1925年，満25歳以上の男
子に選挙権をあたえる**普通選挙法**成立。同時に（　⑤　）を制定して共産主義者を取りしまる。

①
②
③
④
⑤

---

③ 新しい文化と生活

教科書 p.220〜221

◉ **教育の広がり／メディアの発達と文化の大衆化**

・教育の広がり…中等・高等教育が広がり，大学や専門学校が
増加。自由教育の運動が広がる。

・大衆文化の発展…新聞・雑誌の普及。（　⑥　）放送開始。大衆
小説，映画，歌謡曲，スポーツなどの娯楽が定着。

◉ **新しい思想や文化／都市の生活**

学問	哲学者の西田幾多郎，民芸運動の（　⑦　）など。
文学	白樺派の志賀直哉，谷崎潤一郎，「羅生門」を書いた（　⑧　），プロレタリア文学の（　⑨　）。
美術・音楽	洋画…岸田劉生や竹久夢二。 音楽…童謡の野口雨情，洋楽の（　⑩　），邦楽(箏曲)の宮城道雄など。

⑥
⑦
⑧
⑨
⑩

・都市の生活…ガス・水道・電気が普及し，欧米風の生活様式
が広がる。働く女性が増加。

関東大震災後に東京や横浜は近代的な都市に生まれ変わったよ。

第6章　二度の世界大戦と日本

2節　大正デモクラシーの時代②

① **下の文を読んで，次の問いに答えなさい。** 教科書 p.218〜219

> 第一次世界大戦後の日本では，a労働運動や農民運動，b部落差別からの解放を目指す運動，c女性差別からの解放を目指す運動などが活発になり，社会主義運動も活発化した。

(1)	
(2)	
(3)	

(1)　下線部 a について，1921年に結成された労働組合の全国組織を何といいますか。

(2)　下線部 b について，1922年に結成された組織を何といいますか。

(3)　下線部 c について，「新しい女」を目指して1911年に平塚らいてうらが結成した組織を何といいますか。

② **次の問いに答えなさい。** 教科書 p.220〜221

(1)　次の①〜⑤の人物を，下のア〜オから選びなさい。

①　東洋と西洋の哲学を統一しようとした哲学者。

②　日本で最初の職業オーケストラを組織した洋楽家。

③　「羅生門」「蜘蛛の糸」などの短編小説を著した文学者。

④　「麗子微笑」などの油絵をえがいた洋画家。

⑤　多くの童謡を作った詩人。

ア　野口雨情　　イ　西田幾多郎　　ウ　岸田劉生
エ　山田耕筰　　オ　芥川龍之介

(1)	①	
	②	
	③	
	④	
	⑤	

書きトレ！ 左のグラフで，1928年に実施された選挙で有権者数が増加した理由を，「納税額」「選挙権」という言葉を使って，簡単に書きなさい。

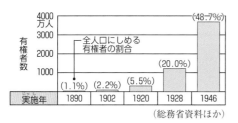

（総務省資料ほか）

ヒント ① (2)「人の世に熱あれ，人間に光あれ」という宣言を発表しました。
② (1)③このほか，「地獄変」「杜子春」などの小説を書きました。

3節　世界恐慌と日本の中国侵略①

できごと

一九三六	イタリアがエチオピアを併合
一九三三	アメリカのニューディール
	ドイツにナチス政権成立
一九三二	ブロック経済を形成（イギリス）
一九二九	世界恐慌が起こる
一九二八	第一次「五か年計画」（ソ連）
一九二二	イタリアにファシスト政権成立

(　　)にあてはまる語句を答えよう。
ノートを活用して，くり返し書いて覚えよう。

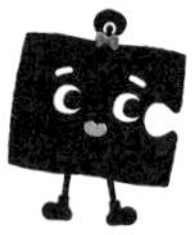

1 世界恐慌とブロック経済

教科書 p.222～223

世界恐慌の始まり

・(①)…1929年，アメリカの(②)の株式市場で株価が大暴落。世界中に恐慌が広がり，深刻な不況をもたらす。

ニューディール／ブロック経済

・(③)(新規まき直し)…1933年からアメリカのローズベルト大統領の下で始められた政策。農業や工業の生産を調整，公共事業をおこして失業者を救済，労働組合を保護。

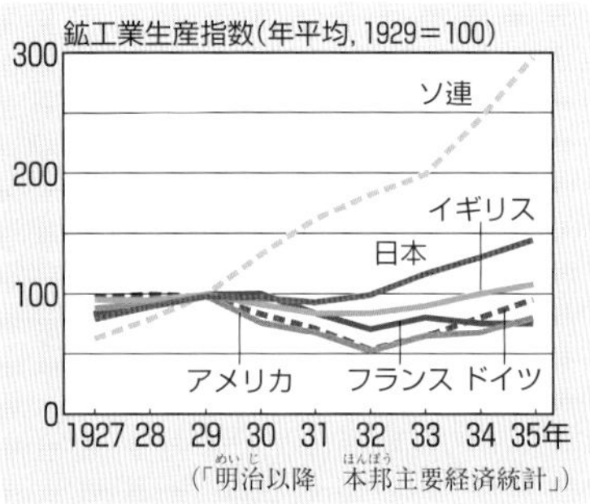

▲主な国の鉱工業生産

・世界最大の貿易国アメリカは自国の産業を優先し，(④)により輸出入が大幅に減少。
→アメリカへの輸出国に打撃。

・(⑤)…本国と植民地の関係を強め，それ以外の国の商品には関税を高くする仕組み。イギリスやフランスが行った。
→植民地の少ないイタリア・ドイツ・日本は新たな領土獲得を図る。

・ソ連…「(⑥)」により，(①)の影響を受けなかった。

①
②
③
④
⑤
⑥

ソ連はアメリカに次ぐ工業国になったよ。

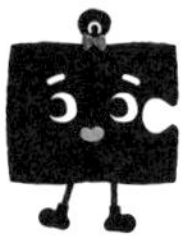

2 欧米の情勢とファシズム

教科書 p.224～225

ファシズム

・**ファシズム**…民主主義を否定した(⑦)の政治運動。他民族への攻撃や他国への侵略を正当化。→イタリアやドイツ，スペインで勢力をのばす。

イタリアのファシズム／ドイツのファシズム

・イタリア…(⑧)が率いるファシスト党による独裁。エチオピアを侵略し，1936年に併合。

・ドイツ…(⑨)が率いる**ナチス**(国民社会主義ドイツ労働者党)が1932年に議会で第一党になり，ワイマール憲法を停止して独裁を確立。(⑩)を迫害し，共産主義者を攻撃。国際連盟から脱退し，軍備を増強。

⑦
⑧
⑨
⑩

1 右のグラフを見て，次の問いに答えなさい。 教科書 p.222～223

(1) 1929年に始まった，世界的な不況を何といいますか。

(2) (1)に対応するため，ニューディールという政策を始めたアメリカ大統領はだれですか。

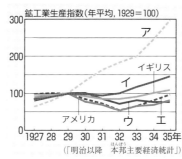

鉱工業生産指数(年平均, 1929＝100)

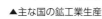

▲主な国の鉱工業生産

(3) (1)に対応するため，イギリスやフランスがとった政策を，ア～ウから選びなさい。

ア 殖産興業政策　イ ブロック経済　ウ 「五か年計画」

(4) ソ連にあてはまるものを，グラフ中のア～エから選びなさい。

(1)	
(2)	
(3)	
(4)	

2 下の文を読んで，次の問いに答えなさい。 教科書 p.224～225

A ムッソリーニが率いる（ ① ）が独裁を行い，1936年にエチオピアを併合した。

B ヒトラーが率いる（ ② ）(国民社会主義ドイツ労働者党)が1932年に議会で第一党になった。その後，ほかの政党を解散させ，a憲法を停止して独裁を確立した。

(1) 文中の①・②にあてはまる語句を書きなさい。

(2) 文中のA・Bにあてはまる国名を書きなさい。

(3) 下線部aについて，この憲法名を書きなさい。

(1)	①	
	②	
(2)	A	
	B	
(3)		

書きトレ！ ファシズムと呼ばれる政治運動を，「国家」「個人」という言葉を使って，簡単に書きなさい。

ヒント 1 (4) ソ連は恐慌の影響を受けることなく成長を続けました。
2 (3) 社会権を定めた世界初の憲法です。

第6章
教科書222～225ページ

ぴたトレ 1 要点チェック

第6章　二度の世界大戦と日本

3節　世界恐慌と日本の中国侵略②

できごと
一九二三　関東大震災
一九二七　金融恐慌が起こる
一九二九　世界恐慌が起こる
一九三〇　昭和恐慌が起こる
一九三一　満州事変
一九三二　満州国建国宣言／五・一五事件
一九三三　日本、国際連盟脱退
一九三六　二・二六事件
一九二七　中国で国民政府成立

（　）にあてはまる語句を答えよう。
ノートを活用して，くり返し書いて覚えよう。

3 昭和恐慌と政党内閣の危機　教科書 p.226〜227

◉**政党政治の進展と行きづまり**

・「（ ① ）」…憲政会と立憲政友会が交互に政権を担当する慣例。

◉**昭和恐慌**

・第一次世界大戦後の日本経済…不況になやむ。1923年の（ ② ）で大打撃。1927年の（ ③ ）で多くの銀行が休業。

・世界恐慌の影響…1930年に（ ④ ）が発生。→企業の倒産，失業者の増大。労働争議や小作争議が激化。

◉**難航する外交**

・中国…1927年，蔣介石の率いる国民党が中国共産党を弾圧し，南京に国民政府を樹立。国民政府は列強が持つ権益回収を唱え，北京に進軍。→日本軍(関東軍)は満州の直接支配を目指し，1928年に（ ⑤ ）を爆殺。→国民政府の支配が満州におよぶ。

・日本…立憲民政党の浜口雄幸内閣は国民政府との関係改善を図る。1930年にロンドン海軍軍縮条約を結ぶが，一部の軍人や国家主義者が批判。→浜口首相は狙撃され，辞任する。

①
②
③
④
⑤

4 満州事変と軍部の台頭　教科書 p.228〜229

◉**満州事変と日本の国際的な孤立／軍部の発言力の高まり**

・（ ⑥ ）…1931年，関東軍が奉天郊外の柳条湖で南満州鉄道の線路を爆破。軍事行動を開始し，満州を占領。

・（ ⑦ ）…1932年，清の最後の皇帝溥儀を元首として建国。→中国は国際連盟に日本の軍事行動を訴える。

・1933年，リットン調査団の報告に基づく勧告に反発して，日本は国際連盟を脱退。→日本は国際的な孤立を深め，ドイツと（ ⑧ ）を結びファシズム諸国に接近。

・軍部の発言力の高まり…1932年5月15日，（ ⑨ ）で犬養毅首相が暗殺される。1936年2月26日の（ ⑩ ）で陸軍の青年将校が大臣などを殺傷。→軍部の政治的発言力が強まる。

⑥
⑦
⑧
⑨
⑩

◉**経済の回復と重化学工業化**

・日本は不況から立ち直り，綿製品などの輸出増加。イギリスなどとの間で貿易摩擦が深刻に。

・軍需品生産と政府の保護で重化学工業が発展。新しい財閥が急成長し，朝鮮や満州に進出。

❶ **右の年表を見て，次の問いに答えなさい。**

教科書 p.226 ～ 227

(1) 年表中の①にあてはまる語句を書きなさい。

(2) 下線部 a を樹立した人物はだれですか。

(3) 下線部 b を結んだ首相はだれですか。

(4) 世界恐慌が起こった時期を，年表中の A ～ C から選びなさい。

年	できごと
	↕A
1923	（ ① ）が起こる
	↕B
1927	金融恐慌
	a 中国で国民政府が成立
	↕C
1930	b ロンドン海軍軍縮条約を結ぶ

(1)

(2)

(3)

(4)

❷ **右の年表を見て，次の問いに答えなさい。**

教科書 p.228 ～ 229

(1) 年表中の①・②にあてはまる語句を書きなさい。

(2) 下線部 a のきっかけとなった事件を何といいますか。

(3) 下線部 b について，この国の元首となった，清の最後の皇帝はだれですか。

年	できごと
1931	a 満州事変が起こる
1932	（ ① ）首相が暗殺される
	b 満州国建国宣言
1936	（ ② ）事件で東京中心部が占拠される

(1) ①

　　②

(2)

(3)

第
6
章

教科書
226
～
229
ページ

書きトレ! 左の写真は，日本の国際連盟脱退を報じる新聞記事です。日本が国際連盟から脱退した理由について，簡単に書きなさい。

ヒント ❶ (2) 孫文の死後，国民党の指導者となりました。
　　　 ❷ (2) 奉天郊外で起こりました。

（　）にあてはまる語句を答えよう。

ノートを活用して，くり返し書いて覚えよう。

5 日中戦争と戦時体制

教科書 p.230 〜 231

� 日中戦争の開始と長期化

・日本…満州を支配下に置き，中国北部に侵
入。

・中国…（　①　）の率いる国民政府(国民党)と，
（　②　）が率いる共産党の内戦が続く。抗日
運動が盛り上がり，1936年に内戦停止。

▲（　①　）

・**日中戦争**…1937年7月，北京郊外の（　③　）
付近で日中両軍が武力衝突し，開戦。
→戦火は上海に拡大し，全面戦争へ。国民
党と共産党は（　④　）戦線を結成。

・（　⑤　）…1937年，首都の南京の占領過程で，
日本軍が一般の人々や捕虜をふくむ多数の
中国人を殺害。

▲（　②　）

・国民政府…拠点を漢口，重慶に移し，アメリカやイギリスの
支援を受けて抗戦を続ける。

� 強まる戦時体制

・戦時体制…1938年，近衛文麿内閣が（　⑥　）を制定。政府は議
会の承認なしに労働力や物資を動員できるようになった。

・強力な政治体制を作る運動…1940年，政党は解散して（　⑦　）
に合流。労働組合なども解散。

・国民生活への統制…軍需品の生産を優先し，生活必需品は配
給制や（　⑧　）制に。住民相互の監視のため，町内会に（　⑨　）が作られる。戦争に批判的な言
論・思想への取りしまりの強化。1941年，小学校を国民学校に改め，軍国主義的な教育を行
う。

①
②
③
④
⑤
⑥
⑦
⑧
⑨
⑩

> 詳しく解説！ **斎藤隆夫の「反軍演説」**
>
> 衆議院議員の斎藤隆夫は，1940年2月の衆議院本会議で政府と軍部
> の日中戦争の対処方針を批判する演説を行ったが，軍部の圧力を受
> けた衆議院によって除名された。

（　⑨　）は江戸時代の五
人組みたいだね。

� 皇民化政策

・朝鮮や台湾…（　⑩　）**政策**の下，創氏改名を推し進める。志願兵制度を実施し，戦争に動員。

解答 ▶▶ p.26

3 節　世界恐慌と日本の中国侵略③

1 右の年表を見て，次の問いに答えなさい。

教科書 p.230 ～ 231

(1) 年表中の①・②にあてはまる語句を書きなさい。

年	できごと
1936	a 中国で内戦が停止する
1937	b 日中戦争が始まる
1938	c 国家総動員法が制定される
1940	（ ① ）が結成される
1941	小学校が（ ② ）に改称される

(2) 下線部 a について，当時の中国共産党の指導者を，ア～ウから選びなさい。

ア　毛沢東
　　もうたくとう
　　マオツォトン

イ　蔣介石
　　しょうかいせき
　　チャンチェシー

ウ　孫文
　　そんぶん
　　スンウェン

(3) 下線部 b について述べた文として正しいものを，ア～ウから選びなさい。

ア　関東軍が，奉天郊外の柳条湖で南満州鉄道の線路を爆破したことから始まった。
　　ほうてん　　　りゅうじょうこ　みなみまんしゅう　　　　　ばく
　　　　　　　　　リウティアオフー
　　は

イ　関東軍が，満州の軍閥であった張作霖を爆殺したことから始まった。
　　　　　　　　　ぐんばつ　　　ちょうさくりん　ばくさつ
　　　　　　　　　　　　　　　チャンツォリン

ウ　北京郊外の盧溝橋付近で，日中両国軍が武力衝突したことから始まった。
　　　　　　ろこうきょう
　　　　　　ルーコウチアオ

(4) 下線部 c について，次の問いに答えなさい。

① この法を制定したときの首相はだれですか。
　　　　　　　　　　　　　しゅしょう

② このころの日本の様子として間違っているものを，ア～ウから選びなさい。

　ア　生活必需品の供給が減り，米・砂糖・衣料品などは配給制や切符制となった。
　　　　　　　　　　　　　　　　　　　　　　　　　　　　　きっぷ

　イ　大戦景気で鉄鋼業や造船業などが急成長した。

　ウ　住民を相互に監視させる目的で，町内会などに隣組が作られた。
　　　　　　　　　　　　　　　　　　　　　となりぐみ

(1)	①
	②
(2)	
(3)	
(4)	①
	②

第
6
章

教科書
230
～
231
ページ

書きトレ！ 朝鮮や台湾の人々に対して行われた皇民化政策について，「日本語」「姓名」という
　　　　　　　　　　　　　　　　　　　　　　　　　　　　　　せいめい
言葉を使って，簡単に書きなさい。

ヒント 1 (2) 1935年に党の実権をにぎりました。
　　　　　　(3) アは柳条湖事件，イは張作霖爆殺事件，ウは盧溝橋事件です。

解答▶▶ p.26

4節　第二次世界大戦と日本①

（　）にあてはまる語句を答えよう。

ノートを活用して，くり返し書いて覚えよう。

1 第二次世界大戦の始まり

教科書 p.232〜233

◉**大戦の開始／戦争の拡大／ドイツの占領政策**

・ドイツの東方侵略…オーストリア，チェコスロバキア西部を併合。1939年，ソ連と（ ① ）を結び，ポーランドに侵攻。

→**第二次世界大戦**が始まる。

・ドイツの優勢…1940年，（ ② ）を占領し，フランス降伏。

・イタリアはドイツ側に立って参戦。

→1940年，ドイツ・日本・イタリアは（ ③ ）を結ぶ。

・ソ連…ポーランド東部，バルト三国を併合。

・1941年，ドイツは（ ① ）を破ってソ連に侵攻。

・アメリカ…参戦していなかったが，イギリス・ソ連を援助。1941年8月，アメリカ・イギリス首脳は（ ④ ）を発表。

・ヨーロッパでは，ファシズムの**枢軸国**と反ファシズムの**連合国**の戦いに。

・ドイツの占領政策…ユダヤ人を徹底的に差別。アウシュビッツなどの強制収容所に送り，殺害。→ヨーロッパ各地で武力などによる抵抗運動((　⑤　))が起こる。

①
②
③
④
⑤

2 太平洋戦争の開始

教科書 p.234〜235

◉**日本の南進／日米交渉の決裂**

・日本の南進…1940年9月，（ ⑥ ）北部，1941年7月に南部に進軍。1941年，ソ連と（ ⑦ ）を結び，北方の安全を確保。

・「**大東亜共栄圏**」…日本の指導下で，欧米の植民地支配を打破し，アジアの民族だけで栄えようという主張。

・日米交渉…1941年4月から開始。（ ⑥ ）南部に侵攻した日本に対し，アメリカは石油輸出を禁止。イギリス・オランダも同調し，「（ ⑧ ）」を形成。→早期開戦論が高まり，（ ⑨ ）内閣と軍部はアメリカとの戦争を最終的に決定。

◉**太平洋戦争の始まり**

・1941年12月8日，日本軍はハワイの（ ⑩ ）を奇襲攻撃し，イギリス領マレー半島に上陸して**太平洋戦争**が始まる。

→ドイツ・イタリアもアメリカに宣戦布告し，世界規模の戦争に拡大。

・日本軍は短期間で広大な地域を占領。1942年6月のミッドウェー海戦で敗北し，長期戦に。

⑥
⑦
⑧
⑨
⑩

❶ 右の地図を見て，次の問いに答えなさい。

教科書 p.232 〜 233

(1) オーストリア，チェコスロバキア西部を併合した国を，地図中の**ア〜キ**から選びなさい。

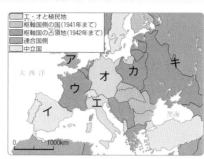

凡例：
- エ・オと植民地
- 枢軸国側の国（1941年まで）
- 枢軸国側の占領地（1942年まで）
- 連合国側
- 中立国

大西洋　　ア　　オ　カ　　キ
イ　　ウ　　エ　　　黒海
0　　　1000km

(2) 1939年，ドイツと不可侵条約を結んだ国を，地図中の**ア〜キ**から選びなさい。

(3) 1940年，首都パリを占領されてドイツに降伏した国を，地図中の**ア〜キ**から選びなさい。

(4) 地図中の**カ**の国にある，ユダヤ人の強制収容所を何といいますか。

(1)	
(2)	
(3)	
(4)	

❷ 右の年表を見て，次の問いに答えなさい。

教科書 p.234 〜 235

(1) 年表中の①〜④にあてはまる語句を書きなさい。

(2) 下線部**a**について，当時の日本の首相（しゅしょう）はだれですか。

年	月	できごと
1940	9	（ ① ）領インドシナ北部に進軍
1941	4	日ソ中立条約
	7	（ ① ）領インドシナ南部に進軍
1941	12	（ ② ）の真珠湾（しんじゅわん）奇襲攻撃・（ ③ ）領マレー半島上陸→ₐ太平洋戦争が始まる
1942	6	（ ④ ）海戦

(1)	①
	②
	③
	④
(2)	

書きトレ! 日本がソ連と中立条約を結んだ理由を，「南進」という言葉を使って，簡単に書きなさい。

（　　　　　　　　　　　　　　　　　　　　　　　　　　　）

ヒント　❶ (4)カの国はドイツやソ連に併合されました。
　　　　　❷ (1)④日本はこの海戦に敗北し，日本軍の攻勢（こうせい）が止まりました。

解答▶▶ p.27　123

4節　第二次世界大戦と日本②

（　　）にあてはまる語句を答えよう。

ノートを活用して，くり返し書いて覚えよう。

3 戦時下の人々

教科書 p.236〜237

◆ 国民の動員／植民地と占領地／総力戦と犠牲者

・総力戦…全ての国力を投入。戦争の長期化とともに強化。

・（ ① ）…徴兵猶予されていた文科系大学生などを軍隊に召集。

・（ ② ）…中学生，女学生，未婚の女性が軍需工場で働く。

・疎開…都市の小学生は（ ③ ）をさけて農村に集団で避難。

・生活への影響…軍需品の生産が優先され，鍋・釜・寺の鐘なども金属として供出。生活必需品の生産がとどこおる。

・朝鮮人・中国人…日本に強制連行。鉱山や工場で過酷な労働。
　→戦争末期，朝鮮や台湾で（ ④ ）導入。

・東南アジア…労働の強制，物資の取り上げ，（ ⑤ ）教育のおし付け。→各地で抵抗運動が発生。

・都市への（ ③ ），敵国の経済力に打撃をあたえる戦術。犠牲者や物的な被害が甚大に。

①
②
③
④
⑤

4 戦争の終結

教科書 p.238〜239

◆ イタリアとドイツの降伏

・初めは枢軸国が有利，1942年から連合国が反撃を開始。

・1943年2月，ソ連軍が（ ⑥ ）でドイツ軍を破る。

・1943年9月，アメリカ・イギリス軍により（ ⑦ ）が降伏。

・1944年8月，パリ解放。1945年5月，ドイツが降伏。

◆ 空襲と沖縄戦／日本の降伏

・戦線の後退…1943年2月，ガダルカナル島で敗北。1944年7月，サイパン島陥落。→東条内閣退陣。

・本土への（ ③ ）激化…1945年3月，**東京大**（ ③ ）。焼夷弾による都市への無差別爆撃が本格化。

・沖縄戦…1945年3月，アメリカ軍が沖縄に上陸。民間人を巻きこむ激しい戦闘に。

・日本の降伏…1945年7月，連合国が（ ⑧ ）を発表，無条件降伏を要求。→日本は受け入れず。

・アメリカは8月6日に広島，9日に長崎に（ ⑨ ）(**原爆**)投下。ソ連は（ ⑩ ）の秘密協定に基づき日本に宣戦布告し，8月8日に侵攻。→日本は（ ⑧ ）受諾を決定，15日に昭和天皇のラジオ放送(玉音放送)で降伏を国民に伝える。

⑥
⑦
⑧
⑨
⑩

解答▶▶ p.27

① **下の文を読んで，次の問いに答えなさい。**　教科書 p.236〜237

> A　それまで徴兵を猶予されていた文科系の（ ① ）などが軍隊に召集された。
> B　労働力が不足したため，中学生や女学生，未婚の女性も，（ ② ）の対象となった。
> C　都市の小学生は，空襲(くうしゅう)が激しくなると農村に集団で（ ③ ）した。

(1)　文中の①〜③にあてはまる語句を書きなさい。

(2)　右の写真に関係の深いできごとを，A〜Cから選びなさい。

(1)	①	
	②	
	③	
(2)		

第6章
教科書236〜239ページ

② **右の年表を見て，次の問いに答えなさい。**　教科書 p.238〜239

(1)　年表中の①〜③にあてはまる語句を書きなさい。

(2)　下線部aの秘密協定に基づき，日本に宣戦布告した国名を書きなさい。

年	月	できごと
1943	9	（ ① ）が降伏
1945	2	a ヤルタ会談
	3	沖縄戦が始まる
	5	（ ② ）が降伏
	7	（ ③ ）宣言発表
	8	日本の降伏

(1)	①	
	②	
	③	
(2)		

書きトレ！　左の写真は，8月9日に日本に落とされた爆弾(ばくだん)が爆発した様子です。この爆弾を投下した国と爆弾が落とされた都市について，簡単に書きなさい。

(　　　　　　　　　　　　　　　　　　　　　　　　　　　　)

ヒント　① (2)写真は壮行会(そうこうかい)の様子です。
　　　　② (2)満州(まんしゅう)・朝鮮・千島(ちしま)列島などに侵攻しました。

時間30分	合格70点
	／100点

❶ 右の年表と地図を見て，次の問いに答えなさい。
60点

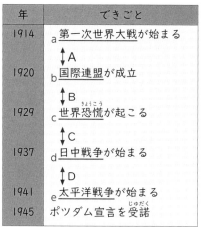

年	できごと
1914	a 第一次世界大戦が始まる
	↕A
1920	b 国際連盟が成立
	↕B
1929	c 世界恐慌が起こる
	↕C
1937	d 日中戦争が始まる
	↕D
1941	e 太平洋戦争が始まる
1945	ポツダム宣言を受諾

(1) 下線部 a について，次の問いに答えなさい。

① 当時，日本が同盟を結んでいた国を，地図中のA〜Eから選びなさい。技

② 第一次世界大戦中のできごとア〜ウを古い順に並べ替えなさい。思

　　ア　ロシア革命が起こった。

　　イ　日本が二十一か条の要求を出した。

　　ウ　シベリア出兵が起こった。

(2) 下線部 b について，次の問いに答えなさい。

① 国際連盟の設立を提案した人物はだれですか。

② 日本は，国際連盟でどのような地位につきましたか。

(3) 下線部 c について，次の問いに答えなさい。

① 世界恐慌は，アメリカのどの都市から始まりましたか。

② 世界恐慌に対し，地図中のAやBの国が採用した政策を，ア〜ウから選びなさい。技

　　ア　大規模な公共事業をおこし，景気の回復を図った。

　　イ　国際連盟から脱退し，軍備を増強した。

　　ウ　植民地との結び付きを強め，それ以外の国の商品には高い関税を課した。

(4) 下線部 d について，次の問いに答えなさい。

① この戦争のきっかけとなった，日中両国軍の武力衝突が起こった場所はどこですか。

② このときの中国国民党の指導者はだれですか。

③ 国民党と共産党が日本との戦争のために協力し合って結成した組織を何といいますか。

(5) 下線部 e について，次の問いに答えなさい。

① 1942年，日本軍が大きな打撃を受け，戦局が転換するきっかけとなった海戦を何といいますか。

② 当時，日本が同盟を結んでいた国を，地図中のA〜Eから2国選びなさい。技

③ 1945年8月，アメリカが原子爆弾を投下した都市を1つ書きなさい。

(6) 次のできごとがあてはまる時期を，年表中のA〜Dから選びなさい。思

① 関東大震災が起こった。

② 満州事変が起こった。

❷ 右の年表を見て，次の問いに答えなさい。

(1) 年表中のXにあてはまる語句を書きなさい。

(2) 下線部aについて，次の問いに答えなさい。

　　① 共産主義者を取りしまるため，普通選挙法と同時に制定された法律を何といいますか。

　　② 記述 この法による選挙資格を，簡単に書きなさい。 思

(3) 民衆の動きと文化について，次の①〜⑥にあてはまる語句を書きなさい。

　　A　政治学者の吉野作造（よしのさくぞう）は，（ ① ）を提唱した。

　　B　（ ② ）放送が始まり，新聞と並ぶ情報源となった。

　　C　部落差別からの解放を目指して（ ③ ）が結成された。

　　D　（ ④ ）が「羅生門（らしょうもん）」を発表した。

　　E　平塚（ひらつか）らいてうは青鞜社（せいとうしゃ）を結成し，さらに1920年に（ ⑤ ）を設立して女性解放運動を進めた。

　　F　シベリア出兵を見こした米の買いしめから，（ ⑥ ）が全国に広がった。

(4) 資料Ⅰと関係が深いものを，(3)のA〜Fから選びなさい。

(5) 天皇は国家の最高機関であるとした，美濃部達吉（みのべたつきち）の憲法学説を何といいますか。

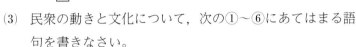

年	できごと
1912	第一次　 X 　が起こる
1918	本格的な政党内閣の成立
1924	第二次　 X 　が起こる
1925	a普通（ふつう）選挙法制定

資料Ⅰ

元始（げんし），女性は実に太陽であった。真正の人であった。今，女性は月である。

（部分要約）

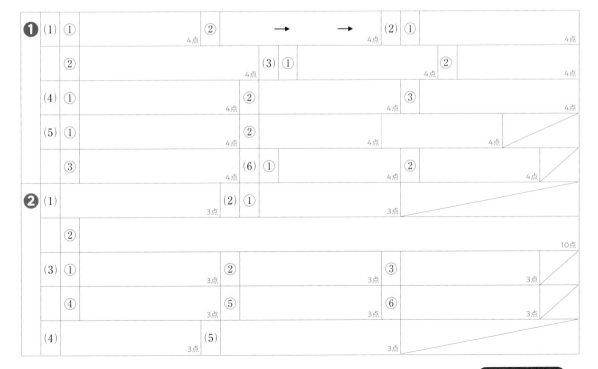

1節　戦後日本の出発①

できごと

一九四五　ポツダム宣言受諾
　　　　　連合国軍による占領（〜五二）
　　　　　財閥解体
一九四六　女性参政権の実現
　　　　　昭和天皇の「人間宣言」
　　　　　農地改革
　　　　　日本国憲法の公布（四七施行）

（　）にあてはまる語句を答えよう。
ノートを活用して，くり返し書いて覚えよう。

1 占領下の日本

教科書 p.252〜253

◎ 敗戦後の日本

・日本の領土…（ ① ），本州，四国，九州と周辺の島々に限定。朝鮮・台湾などの植民地を全て失う。
　→（ ② ）と奄美群島，小笠原諸島はアメリカ軍の直接統治下に置かれる。（ ③ ）はソ連が不法占拠。
・軍人の復員と民間人の引きあげ…（ ④ ）抑留や中国残留日本人孤児などの問題が発生。
・多くの朝鮮人や中国人が日本から帰国。日本にとどまった朝鮮の人々もいた。

◎ 国民の苦難

・戦争の打撃…（ ⑤ ）により多くの人々が住宅を失い，工場も破壊される。鉱工業生産が日中戦争直前の3分の1以下まで落ちこみ，物価が急騰。人口が増加し，失業者が増大。
・深刻な食料不足…米などの配給がとどこおり，栄養失調が広がる。農村への買い出しや非合法の（ ⑥ ）に出かけて飢えをしのぐ。

◎ 占領の始まりと非軍事化

・**戦後改革**…日本はアメリカ軍を主力とする連合国軍によって占領される。
　→（ ⑦ ）を最高司令官とする（ ⑧ ）(**GHQ**)の指令に従い，日本政府が政策を実施する間接統治が行われる。
・非軍事化の徹底…軍隊を解散し，戦争犯罪人(戦犯)を（ ⑨ ）(東京裁判)にかけて戦争中重要な地位にあった人々を公職から追放。
・1946年，昭和天皇は「（ ⑩ ）」を発表し，天皇が神であるという考え方を否定。

①
②
③
④
⑤
⑥
⑦
⑧
⑨
⑩

日本の領土はポツダム宣言に基づいて定められたよ。

詳しく解説！ 極東国際軍事裁判(東京裁判)

ポツダム宣言に基づき，1946〜48年にかけて連合国が開いた裁判。東条英機元首相など28名が「平和に対する罪」を犯したA級戦犯として起訴され，戦争を指導した軍人や政治家25名が有罪判決を受けた。

1 下の文を読んで，次の問いに答えなさい。

教科書 p.252〜253

　敗戦後の日本は，（　①　）に基づき，領土が北海道・本州・（　②　）・九州とその周辺の島々に限られた。また，日清戦争以後に獲得した朝鮮や（　③　）などの植民地を全て失った。また，植民地や占領地にいた軍人と民間人が日本にもどってきたが，a さまざまな問題が発生した。

　日本は（　④　）軍を主力とする連合国軍によって占領され b 連合国軍最高司令官総司令部の指令に従って日本政府が政策を実施し，戦後改革が進められた。連合国軍最高司令官総司令部の意向に従い，（　⑤　）は1946年に「人間宣言」を発表した。

(1) 文中の①〜⑤にあてはまる語句を書きなさい。

(2) 下線部 a について述べた次の文中の下線部が正しければ○を，間違っていれば正しい語句を書きなさい。
　① 満州でソ連軍に捕らえられた人々は，数年間アウシュビッツで強制労働をさせられた。
　② ソ連軍の侵攻にともなう混乱によって，満州にいた多くの子どもたちが孤児になった。

(3) 下線部 b について，次の問いに答えなさい。
　① 略称をアルファベット 3 文字で書きなさい。
　② 連合国軍最高司令官総司令部の最高司令官はだれですか。

(1)	①	
	②	
	③	
	④	
	⑤	
(2)	①	
	②	
(3)	①	
	②	

書きトレ！ 左の写真は，極東国際軍事裁判(東京裁判)の様子です。どのような人々が起訴されたのかを，簡単に書きなさい。

ヒント　① (1)①1945年7月に連合国が発表した宣言です。
　　　　　(3)①General Headquartersの略称です。

できごと

一九四五　ポツダム宣言受諾

一九四六　昭和天皇の「人間宣言」
　　　　　財閥解体
　　　　　女性参政権の実現
　　　　　連合国軍による占領
　　　　　（〜五二）

日本国憲法の公布
（四七施行）
農地改革

（　　）にあてはまる語句を答えよう。

ノートを活用して，くり返し書いて覚えよう。

2 民主化と日本国憲法　　　　　　　　　　　　　教科書 p.254〜255

●民主化

・政治の民主化…（ ① ）を廃止（はいし）して政治活動の自由を保障。選挙法改正により満（ ② ）歳（さい）以上の男女が選挙権獲得。

・経済の民主化…（ ③ ）**解体**。労働者の団結権を認める（ ④ ），労働条件の最低基準を定める労働基準法を制定。

・**農地改革**…地主の持つ小作地（こさくち）を政府が買い上げ，小作人に安く売りわたす。→多くの（ ⑤ ）が生まれる。

●日本国憲法の制定

・憲法改正…GHQの指示を受けた日本政府が大日本帝国（ていこく）憲法を手直しして改正案を作成。→GHQが草案を作成。→草案を受け入れた日本政府が改正案作成。→帝国議会で審議（しんぎ）・修正。

・**日本国憲法**…1946年11月3日公布，1947年5月3日施行（しこう）。

・三つの基本原理…**国民主権**，（ ⑥ ）**の尊重**，（ ⑦ ）。

・天皇の地位…統治権を失い，国と国民統合の象徴（しょうちょう）に。

・（ ⑧ ）が国権の最高機関に，内閣が（ ⑧ ）に責任を負う議院内閣制導入。地方自治も明記。

・法の整備…民法の改正，（ ⑨ ）制定により教育勅語（ちょくご）失効。

大日本帝国憲法		日本国憲法
天皇が定める欽定（きんてい）憲法	形式	国民が定める民定憲法
天皇主権	主権	国民主権
神聖不可侵（ふかしん）で統治権を持つ元首	天皇	日本国・国民統合の象徴
各大臣が天皇を補佐する	内閣	（ ⑧ ）に連帯して責任を負う
天皇の協賛(同意) 機関	（ ⑧ ）	国権の最高機関
法律の範囲（はんいない）内で認められる	人権	（ ⑥ ）の尊重
天皇が統帥権（とうすい）を持つ	軍隊	（ ⑦ ）
規定なし	地方自治	規定あり

◀大日本帝国憲法と日本国憲法の比較（ひかく）

●政党政治と社会運動の復活

・（ ⑩ ）(社会党)や日本自由党の結成。日本共産党の再建。→新憲法下で政治の中心を担（にな）う。

・社会運動…労働組合が数多く組織。部落解放運動の再建や北海道アイヌ協会の再結成など。

①
②
③
④
⑤
⑥
⑦
⑧
⑨
⑩

女性にも参政権が認められたよ。

解答▶▶ p.29

1 下の文を読んで，次の問いに答えなさい。

教科書 p.254～255

　敗戦後の日本では，GHQの指令に基づき a民主化を目指す改革が進められた。憲法の改正も進められ，（ ① ）年11月3日に b日本国憲法が公布され，翌年施行された。日本国憲法の制定にともない c民法も改正され，教育基本法が作られて義務教育の期間が（ ② ）年と定められた。

(1)　文中の①・②にあてはまる数字を書きなさい。

(2)　下線部 a について述べた次の文中の下線部が正しければ○を，間違っていれば正しい語句を書きなさい。
　①　日本の経済を支配してきた財閥が解体された。
　②　満20歳以上の男女に選挙権があたえられた。
　③　地租改正が行われ，農村の民主化が進んだ。

(3)　下線部 b について述べた次の文中の下線部が正しければ○を，間違っていれば正しい語句を書きなさい。
　①　主権を天皇が持つことが定められた。
　②　内閣が国会に対して責任を負う議院内閣制が導入された。
　③　国会は衆議院と貴族院からなる二院制であった。

(4)　下線部 c について，新民法にあてはまるものを，ア～ウから選びなさい。
　ア　男女平等の家族制度が定められた。
　イ　長男が戸主の地位で，単独で相続した。
　ウ　結婚には戸主の同意が必要とされた。

	①	
(1)	②	
(2)	①	
	②	
	③	
(3)	①	
	②	
	③	
(4)		

書きトレ！ 左のグラフは，農地改革による変化を表しています。このように変化したのはなぜですか。「地主」「自作農」という言葉を使って，簡単に書きなさい。

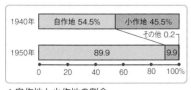
▲自作地と小作地の割合

1940年　自作地 54.5%　小作地 45.5%　その他 0.2
1950年　89.9　9.9

ヒント ① (3)国民主権，基本的人権の尊重，平和主義の三つが基本原理とされました。
(4)旧民法では，「家」が重視されました。

				できごと
一九四五　国際連合発足	一九四八　大韓民国(韓国)成立	一九四九　朝鮮民主主義人民共和国(北朝鮮)成立	一九四九　中華人民共和国成立　北大西洋条約機構(NATO)成立	一九五〇　朝鮮戦争(〜五三)　一九五五　ワルシャワ条約機構設立

( )にあてはまる語句を答えよう。
ノートを活用して，くり返し書いて覚えよう。

1 冷戦の開始と植民地の解放　　　　　　　教科書 p.256〜257

◈ 国際連合と冷戦の始まり

・(①)(**国連**)…1945年10月，二度の世界大戦への反省から設立。アメリカ，イギリス，フランス，ソ連，中国が安全保障理事会の(②)となる。

・「(③)(**冷戦**)」…世界は，アメリカを中心とする西側の資本主義陣営と，ソ連を中心とする東側の共産主義陣営に分裂して対立。

・1949年，(④)は東西に分かれて独立。

・東西の軍事同盟…西側は1949年に(⑤)**条約機構**(**NATO**)を，東側は1955年に(⑥)**条約機構**を設立。

・米ソ両国は，核兵器をふくむ軍拡競争を繰り広げ，世界は核戦争の危機にさらされた。

> **詳しく解説！**「ベルリンの壁」
> 1961年，東ドイツは，西ドイツの飛び地であった西ベルリンと東ベルリンの境界に壁を築き，人々が自由に行き来できないようにした。

◈ 新中国の成立と朝鮮戦争

・中国…国民党と共産党の内戦が再発し，共産党が勝利。
→1949年，毛沢東を主席とする(⑦)(**中国**)が成立。蔣介石が率いる国民党は台湾へのがれた。

・朝鮮…北緯(⑧)度線を境に，南をアメリカ，北をソ連が占領。1948年，南に**大韓民国**(**韓国**)，北に(⑨)(**北朝鮮**)が成立。

・**朝鮮戦争**…1950年，北朝鮮が韓国に侵攻して開戦。アメリカ中心の国連軍が韓国を，中国の義勇軍が北朝鮮を支援。1953年に休戦。

◈ 植民地支配の終わり

・アジア・アフリカ…多くの植民地が独立。アジアでは，1949年までにインドネシア・フィリピン・インドなどが独立。アフリカでは1960年に17か国が独立し，「(⑩)」と呼ばれる。
→紛争や飢餓に苦しむ国が多く，**南北問題**も残された。

①
②
③
④
⑤
⑥
⑦
⑧
⑨
⑩

> 南北問題とは，南半球に多い発展途上国と，北半球に多い先進工業国との経済格差などの問題だよ。

解答▶▶ p.30

1 右の年表を見て，次の問いに答えなさい。

教科書 p.256〜257

(1) 年表中の①にあてはまる国名を書きなさい。

(2) 下線部 a について述べた次の文が正しければ○を，間違っていれば×を書きなさい。

① アメリカのニューヨークに本部が置かれた。

② 安全保障理事会の常任理事国は，イギリス・フランス・日本・イタリアの4国であった。

年	できごと
	↕A
1945	a 国際連合発足
	↕B
1948	（ ① ）(韓国)成立 朝鮮民主主義人民共和国(北朝鮮)成立
1949	b 北大西洋条約機構成立 c 中華人民共和国(中国)成立
1950	d 朝鮮戦争が始まる
1955	ワルシャワ条約機構設立
	↕C

(3) 下線部 b の略称をアルファベット4文字で書きなさい。

(4) 下線部 c について，成立時の主席を，ア〜ウから選びなさい。

ア　孫文（スンウェン）　　イ　蔣介石　　ウ　毛沢東

(5) 下線部 d の説明として正しいものを，ア〜ウから選びなさい。

ア　北朝鮮が韓国に侵攻して始まった。

イ　アメリカ中心の国連軍は，北朝鮮を支援した。

ウ　中国の義勇軍は，韓国を支援した。

(6) 「アフリカの年」と呼ばれた年代があてはまる時期を，年表中のA〜Cから選びなさい。

右側解答欄:

(1)	
(2)	①
	②
(3)	
(4)	
(5)	
(6)	

右側余白: 第7章　教科書256〜257ページ

書きトレ！ 「冷たい戦争(冷戦)」と呼ばれる理由を，当時の世界情勢に着目し，「戦争」という言葉を使って，簡単に書きなさい。

ヒント　1　(3) North Atlantic Treaty Organizationの略称です。
(4) 共産党の指導者です。

（　）にあてはまる語句を答えよう。

ノートを活用して，くり返し書いて覚えよう。

2　独立の回復と55年体制　　教科書 p.258〜259

◎占領政策の転換／平和条約と安保条約

・冷戦が激化すると，アメリカは日本を西側陣営に編入しようとして，経済復興を重視する占領政策に転換。

・朝鮮戦争…日本は軍需物資を生産し，好況に((　①　))。

　→GHQの指令で(　②　)創設。1954年，**自衛隊**に。

・講和…1951年，**吉田茂**内閣は48か国と(　③　)締結。同時にアメリカと(　④　)(**日米安保条約**)締結。

・1952年4月28日，(　③　)が発効し，日本は独立回復。沖縄や小笠原諸島はアメリカの統治が続く。

◎自民党長期政権と安保条約改定

・1954年，第五福竜丸が被ばくし，原水爆禁止運動が広がる。

・(　⑤　)**体制**…保守勢力の自由民主党(自民党)と，革新勢力の野党第一党の社会党の対立が続いた政治体制。

・**安保闘争**…1960年，岸信介内閣は(　④　)を改定し，新しい日米安保条約を結んだが，激しい反対運動が起こる。

①

②

③

④

⑤

占領終了後もアメリカ軍基地が日本国内に残ったよ。

3　緊張緩和と日本外交　　教科書 p.260〜261

◎緊張緩和の進展

・(　⑥　)…1955年，インドネシアで開催。平和共存を訴える。

・キューバ危機…1962年。解決後に緊張緩和が本格化。

・ヨーロッパ共同体(EC)…1967年，西ヨーロッパで設立。

・(　⑦　)…北ベトナムと南ベトナムとの戦争に，1965年からアメリカが本格的に介入。→1973年にアメリカが撤兵。

◎広がる日本の外交関係／沖縄の日本復帰

・(　⑧　)…1956年，鳩山一郎内閣が調印。ソ連との国交回復。

　→ソ連の支持を得て国連に加盟し，国際社会に復帰。

・**日韓基本条約**…1965年，韓国と締結。韓国政府を朝鮮半島唯一の政府として承認。

・中国との国交正常化…1972年，田中角栄内閣が**日中共同声明**発表。1978年，(　⑨　)を締結。

・沖縄復帰…佐藤栄作内閣が交渉し，1972年に実現。→多くのアメリカ軍基地が残る。

・(　⑩　)…核兵器を「持たず，作らず，持ちこませず」という国の方針。

⑥

⑦

⑧

⑨

⑩

第7章　現代の日本と私たち

2節　冷戦と日本の発展②

1 右の年表を見て，次の問いに答えなさい。

(1) 年表中の①・②にあてはまる語句を書きなさい。

(2) 下線部aについて，このとき，GHQの指令で日本に作られた組織を何といいますか。

(3) 下線部bの説明として正しいものを，ア〜ウから選びなさい。

　　ア　朝鮮戦争の講和条約である。
　　イ　吉田茂首相が署名した。
　　ウ　日本は全ての連合国と調印した。

年	できごと
1950	a 朝鮮戦争が始まる
1951	b サンフランシスコ平和条約締結
1954	（ ① ）が被ばく
1960	（ ② ）闘争

(1) ①
　　②
(2)
(3)

2 右の年表を見て，次の問いに答えなさい。

(1) 年表中の①〜③にあてはまる語句を書きなさい。

(2) 下線部aについて，これに先立ちソ連と国交を回復した宣言を何といいますか。

(3) 下線部bについて，当時の日本の首相名を書きなさい。

年	できごと
1955	アジア・アフリカ会議
1956	a 日本が国際連合に加盟
1960	ベトナム戦争(〜75年)
1962	（ ① ）危機
1965	（ ② ）条約締結
1972	（ ③ ）が日本に復帰
	b 日中共同声明

(1) ①
　　②
　　③
(2)
(3)

書きトレ! 55年体制について，「社会党」「政権」という言葉を使って，簡単に書きなさい。

（　　）にあてはまる語句を答えよう。

ノートを活用して，くり返し書いて覚えよう。

4 日本の高度経済成長

教科書 p.262～263

◉高度経済成長／国民生活の変化と公害

・（　①　）…1955～73年，年平均10％程度の経済成長。池田勇人
　　内閣は「（　②　）」をかかげる。→技術革新が進み，重化学工
　　業が産業の中心に。エネルギー源は石炭から石油へかわる。
　　1968年，日本の（　③　）(GNP)は資本主義国第２位となる。

・国民の暮らし…家庭電化製品(テレビ，洗濯機，冷蔵庫の「三
　　種の神器」)，自動車が普及。新幹線，高速道路が開通。

・1964年，（　④　）・パラリンピック開催。

・社会問題…農村の過疎化と都市の過密など。都市では交通渋
　　滞，住宅不足，ごみ問題。

・公害問題…四大公害裁判で原告が勝訴。1967年，（　⑤　）制定。
　　1971年，環境庁(現在の環境省)設置。

◉経済大国日本

・（　⑥　）(オイル・ショック)…1973年，第四次中東戦争をきっかけに石油価格が上昇し，日本
　　でも（　①　）が終わる。→経営の合理化や省エネルギー化で不況を克服。自動車などの輸出が
　　伸び，貿易黒字が増加した結果，アメリカとの貿易摩擦が深刻化。

| ① |
| ② |
| ③ |
| ④ |
| ⑤ |
| ⑥ |

5 マスメディアと現代の文化

教科書 p.264～265

◉戦後の文化とマスメディア／テレビと高度経済成長期の文化

・大衆の娯楽…（　⑦　）監督などの映画。ラジオは1951年に民間
　　放送が始まる。

・テレビ放送…1953年開始。一般家庭に普及し，家族の団らん
　　の中心に。→国民の考え方の均質化をもたらす。

・生活水準の向上…高校・大学への進学率が上昇。多くの国民
　　が「（　⑧　）」を持つようになる。

◉漫画・アニメと文学の発展

漫画・アニメ	漫画…（　⑨　）の物語性の高い作品。
	アニメ…（　⑨　）原作の「鉄腕アトム」。
文学	松本清張の推理小説。司馬遼太郎の歴史小説。 （　⑩　）や大江健三郎はノーベル賞を受賞。

| ⑦ |
| ⑧ |
| ⑨ |
| ⑩ |

スポーツや芸能などをテレビ
で楽しむ傾向が強まり，国民
的なヒーローも生まれたよ。

解答▶▶ p.31

❶ 下の文を読んで，次の問いに答えなさい。

教科書 p.262 ～ 263

　　日本の経済は，1950年代半ばまでに戦前の水準をほぼ回復し，1955年から a 高度経済成長が始まった。1968年の日本の国民総生産(GNP)は，資本主義国の中で（　①　）に次ぐ第2位となった。国民の暮らしは便利になったものの， b さまざまな社会問題が生まれた。1973年に（　②　）が起こると石油危機(オイル・ショック)となり，高度経済成長は終わった。

(1) 文中の①・②にあてはまる語句を書きなさい。

(2) 下線部 a の期間について述べた次の文が正しければ○を，間違っていれば×を書きなさい。

①　吉田茂内閣が「所得倍増」をかかげた。

②　東京オリンピック・パラリンピックが開かれた。

(3) 下線部 b について述べた次の文が正しければ○を，間違っていれば×を書きなさい。

①　農村では過密化，都市では過疎による交通渋滞やごみ問題が起こった。

②　公害問題が深刻化し，公害対策基本法が制定された。

(1)	①	
	②	
(2)	①	
	②	
(3)	①	
	②	

❷ 次の問いに答えなさい。

教科書 p.264 ～ 265

(1) 戦後の文化について述べた次の文中の下線部が正しければ○を，間違っていれば正しい語句を書きなさい。

①　大衆の娯楽として，映画が人気を集めた。

②　人々は「中流意識」を持つようになった。

③　司馬遼太郎の漫画を原作とする「鉄腕アトム」が日本初の本格的なテレビアニメとして放送された。

(1)	①	
	②	
	③	

書きトレ！ 石油危機後，日本はどのようにして不況を乗りきりましたか。「合理化」という言葉を使って，簡単に書きなさい。

ヒント　❶ (1)②イスラエルとアラブ諸国との間に起こった戦争です。
　　　　　❷ (1)③「火の鳥」など，物語性の強い作品を生み出しました。

	できごと
二〇〇三	イラク戦争
二〇〇一	アメリカ同時多発テロ
一九九三	ヨーロッパ連合(EU)発足
一九九一	湾岸戦争 ソ連の解体
一九九〇	東西ドイツの統一
一九八九	冷戦の終結を宣言 ベルリンの壁崩壊
一九七九	ソ連のアフガニスタン侵攻

( )にあてはまる語句を答えよう。

ノートを活用して，くり返し書いて覚えよう。

1 冷戦後の国際社会

教科書 p.266 ～ 267

◎冷戦の終結

・1979年，ソ連が(①)に侵攻。→東西両陣営の対立が再び激化。軍事費の負担によりソ連の国力低下。

・(②)政権…1985年成立。西側陣営との関係改善。計画経済の見直し。

・1989年，東ヨーロッパ諸国で民主化運動が高まり，共産党政権が崩壊。(③)の壁崩壊。→米ソ首脳は**冷戦の終結**を宣言。

・1990年，東西ドイツの統一。

・1991年，ソ連の解体。→アメリカが唯一の超大国となる。

> **詳しく解説!** **マルタ会談**
> 1989年12月，アメリカのブッシュ大統領とソ連のゴルバチョフ書記長は地中海のマルタ島で会談し，冷戦の終結を宣言した。

◎国際協調への動き

・(④)(**サミット**)…1975年から開催。2008年からサミット参加国に新興国の中国・インド・ブラジルなどを加えたG20サミットも開催。

・地域統合の進展…ECは1993年に(⑤)(**EU**)に発展，やがて東ヨーロッパに拡大。アジア・太平洋地域では1989年に(⑥)(**APEC**)が発足。

◎相次ぐ地域紛争

・**地域紛争**…民族，宗教，文化のちがい，国家間の対立が原因。ユーゴスラビア紛争など，各地で紛争が起こる。→核兵器など大量破壊兵器の拡散，一般市民を巻きこむテロリズムが発生。

・1990年，イラクのクウェート侵攻。→1991年，(⑦)が起こり，アメリカを中心とする多国籍軍が派遣される。

・2001年，アメリカで**同時多発テロ**発生。→アメリカは(①)を攻撃。

・(⑧)…2003年，大量破壊兵器を保有していると見なされたイラクをアメリカなどが攻撃。

・国連の役割…地域紛争を解決するために，国連の(⑨)(**PKO**)や民間の(⑩)(**NGO**)が活躍。

①
②
③
④
⑤
⑥
⑦
⑧
⑨
⑩

イギリスは2020年1月末にEUを離脱したよ。

① **右の年表を見て，次の問いに答えなさい。** 教科書 p.266〜267

(1) 年表中の①・②にあてはまる語句を書きなさい。

(2) 下線部 a について，冷戦の終結を宣言したアメリカ大統領とソ連の共産党書記長の名前の組み合わせとして正しいものを，ア〜エから選びなさい。

ア　ローズベルトとゴルバチョフ

イ　ローズベルトとプーチン

ウ　ブッシュとゴルバチョフ

エ　ブッシュとプーチン

年	できごと
1975	第一回（　①　）開催
1979	（　②　）がアフガニスタンに侵攻
1989	a 冷戦の終結を宣言
1990	東西ドイツの統一
	b イラクがクウェートに侵攻
1991	（　②　）が解体する
1993	c ヨーロッパ連合(EU)発足
2001	d アメリカ同時多発テロ
2003	イラク戦争

(1)	①
	②
(2)	
(3)	
(4)	①
	②
(5)	

(3) 下線部 b をきっかけに起こった戦争を，ア〜ウから選びなさい。

ア　第四次中東戦争　　イ　湾岸戦争　　ウ　ベトナム戦争

(4) 下線部 c について，次の問いに答えなさい。

① EUは，1967年に発足したある組織を発展させたものです。ある組織を何といいますか。

② EUの共通通貨を何といいますか。

(5) 下線部 d を理由に，アメリカが攻撃した国はどこですか。

書きトレ! 冷戦後の国際社会の動きを，「国際協調」「紛争」という言葉を使って，簡単に書きなさい。

（　　　　　　　　　　　　　　　　　　　　　　　　　　　　）

ヒント ① (2)米ソ首脳は，マルタ会談で冷戦の終結を宣言しました。

(3)中東で起こった戦争です。

（　）にあてはまる語句を答えよう。

ノートを活用して，くり返し書いて覚えよう。

2 冷戦後の日本

教科書 p.268 〜 269

◉冷戦後の日本外交

・1992年，国連の平和維持活動(PKO)に初めて（ ① ）を派遣。

・近隣諸国との関係…領土問題や（ ② ）の拉致問題。

・アメリカとの同盟…アメリカの軍事行動への協力や日本国内のアメリカ軍基地をめぐる問題。

◉55年体制の終わり／バブル経済崩壊後の経済

・55年体制の終わり…1993年，（ ③ ）首相の非自民連立内閣が成立。→その後，自民党は連立政権を作って政権に復帰。2009年，民主党などへの政権交代。→2012年，再び自民党の政権に。

・日本の経済…1980年代後半，株式と土地の価格が高騰し，好況となる（ ④ ）経済。→1991年崩壊，長期の平成不況に。→2008年，（ ⑤ ）が深刻化。

・政府の対策…規制緩和や構造改革を進める。財政赤字や格差の拡大が課題。

①
②
③
④
⑤

3 持続可能な社会に向けて

教科書 p.270 〜 271

◉進展するグローバル化

・（ ⑥ ）…国境をこえた経済活動が盛んとなる。インターネットなどを通じて情報は瞬時に伝わる。

・（ ⑦ ）…海面上昇や農作物の不作などの問題を引き起こす。原因となる温室効果ガス排出削減のため，1997年に京都議定書を採択。2015年，パリ協定に合意。

・唯一の被爆国日本は，核兵器廃絶に向けた軍縮に取り組む。

◉日本社会が直面する課題

・阪神・淡路大震災…1995年発生。防災教育やボランティア活動の重要性が明らかになる。→1998年，特定非営利活動促進法(NPO法)制定。多くの（ ⑧ ）(NPO)が活動。

・（ ⑨ ）…2011年発生。福島第一原子力発電所の事故を引き起こす。

・さまざまな課題…貧富の格差，**少子高齢化**，人権問題など。

◉持続可能な社会

・**持続可能な社会**…2015年，国連サミットで（ ⑩ ）(SDGs)採択。

⑥
⑦
⑧
⑨
⑩

将来の世代の幸福を考えて行動しよう。

解答 ▶▶ p.32

① 下の文を読んで，次の問いに答えなさい。

教科書 p.268〜269

> a1993年，細川護熙（ほそかわもりひろ）を首相とする非自民連立内閣が成立した。経済の面では，1980年代後半に発生したバブル経済が1991年に崩壊し，その後長期の（ ① ）におちいった。政府は規制緩和や国営事業の民営化などを進め，景気はいったん回復したが，2008年の（ ② ）によって再び深刻な不況となった。

(1) 文中の①・②にあてはまる語句を書きなさい。

(2) 下線部aの結果くずれた，自民党を与党（よとう），社会党を野党第一党とする政治体制を何といいますか。

(1)	①
	②
(2)	

② 右の年表を見て，次の問いに答えなさい。

教科書 p.270〜271

(1) 年表中の①・②にあてはまる語句を書きなさい。

(2) 下線部aについて，この会議で採択された，二酸化炭素などの温室効果ガスの排出削減目標を定めた議定書を何といいますか。

(3) 下線部bについて，非営利組織の略称をアルファベット3文字で書きなさい。

年	できごと
1995	（ ① ）大震災
1997	a地球温暖化防止京都会議
1998	b特定非営利活動促進法
2011	（ ② ）大震災

(1)	①
	②
(2)	
(3)	

書きトレ！ 左のグラフを見て，バブル経済について，「株式」「土地の価格」という言葉を使って，簡単に書きなさい。

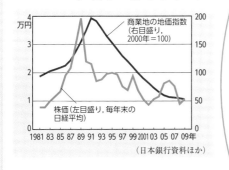

商業地の地価指数（右目盛り，2000年＝100）

株価（左目盛り，毎年末の日経平均）

（日本銀行資料ほか）

ヒント ① (2)1955年に成立した政治体制です。
② (3)Non-Profit Organizationの略称です。

時間30分　／100点　合格70点

1 右の年表を見て，次の問いに答えなさい。 75点

(1) 下線部 a について，次の問いに答えなさい。

① 資料Ⅰの改革を何といいますか。技

② 資料Ⅰで増加している農家を書きなさい。技

③ 記述資料Ⅱについて，1946年に有権者数が急増した理由を，簡単に書きなさい。思

(2) 下線部 b の三つの基本原理を，全て書きなさい。

(3) 下線部 c のときにGHQの指令で作られた組織を何といいますか。

(4) 下線部 d について，次の問いに答えなさい。

① この条約に調印しなかった国を，ア〜エから2国選びなさい。

　ア　イギリス　　イ　インド
　ウ　ソ連　　　　エ　フランス

② この条約と同時に日米間で結んだ条約名を書きなさい。

(5) 下線部 e について，次の問いに答えなさい。

① ソ連と国交が回復したことで，日本の加盟が認められた国際組織を何といいますか。

② 現在，ソ連を継承したロシアに不法に占拠されている領土を，ア〜ウから選びなさい。

　ア　竹島　　イ　尖閣諸島　　ウ　北方領土

(6) 下線部 f によって終わった，1950年代後半から続いた日本の経済成長を何といいますか。

(7) 下線部 g について，次の問いに答えなさい。

① この年にドイツで取りこわされた冷戦の象徴を書きなさい。

② この会談で宣言されたことを書きなさい。

(8) 資料Ⅲと最も関係が深いできごとを，下線部 a〜g から選びなさい。技

(9) 年表中のXの期間に起こった次のできごとア〜ウを古い順に並べ替えなさい。思

　ア　アメリカで同時多発テロが起こる。
　イ　EUが発足する。　　ウ　湾岸戦争が起こる。

年	できごと
1945	a 民主化政策が始まる
1946	b 日本国憲法公布
1950	c 朝鮮戦争が始まる
1951	d サンフランシスコ平和条約を結ぶ
1956	e 日ソ共同宣言調印
1973	f 石油危機が起こる
1989	g マルタ会談
↕X	
2003	イラク戦争

資料Ⅰ
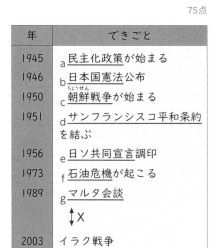
▲自作・小作の農家の割合

資料Ⅱ
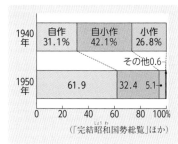

資料Ⅲ
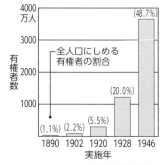

❷ 下の文を読んで，次の問いに答えなさい。　　　　25点

　冷戦後の世界は，国連などの国際組織の枠組みを通じて a 地域紛争を解決する動きが強まり，日本は経済援助だけでなく，世界平和の面でも国際貢献を求められるようになった。国内では，人権問題や b 少子高齢化にともなう問題などさまざまな問題がある。現在， c 世界の一体化が急速に進み，平和， d 環境，食料，感染症などの課題は，一国だけでは解決できなくなってきている。私たちには， e 現代の世代だけでなく，将来の世代の幸福を見すえた社会を実現することが求められている。

(1) 下線部 a について，紛争を解決するための国連の活動を何といいますか。

(2) 下線部 b について，右のグラフで，2015年の総人口は約1億2700万人，65歳以上の高齢者人口は約3400万人です。2015年に高齢者が全人口にしめる割合は，およそ何％ですか。整数で書きなさい。[技]

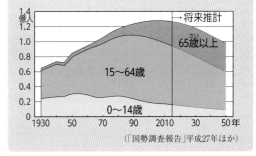

「国勢調査報告」平成27年ほか

▲日本の人口の移り変わり

(3) 下線部 c について，このことを何といいますか。

(4) 下線部 d について，次の問いに答えなさい。

① 日本で，環境や公害問題を解決するため，1971年に設置された官庁を何といいますか。

② 温室効果ガスの排出量削減の数値目標などを定めた会議が，1997年に日本のある都市で開かれました。この日本の都市とはどこですか。

(5) 下線部 e について，このような社会を何といいますか。

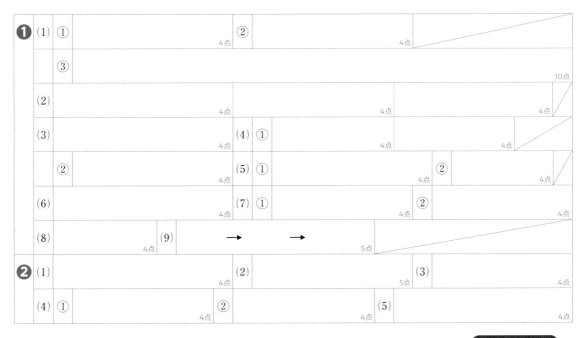

間違えやすい語句を覚えよう！

歴史の学習の最後に取り組もう！

❶ 次の文章を読んで，正しい語句の記号に丸をつけよう。

(1) 太陽暦がつくられた文明は，（A メソポタミア文明　　B エジプト文明）。

(2) 弥生時代の遺跡は，（A 三内丸山遺跡　　B 吉野ヶ里遺跡）。

(3) 古墳時代，副葬品として古墳の表面に置かれたのは，（A 埴輪　　B 土偶）。

(4) 飛鳥時代，小野妹子は，（A 遣隋使　　B 遣唐使）として現在の中国に渡った。

(5) 中大兄皇子は，（A 天武天皇　　B 天智天皇）として即位した。

(6) 奈良時代につくられた歴史書は，（A 古事記　　B 万葉集）。

(7) 空海は，（A 真言宗　　B 天台宗）を伝え，（C 高野山　　D 比叡山）に金剛峯寺を建てた。

(8) 国風文化の文学作品の「枕草子」は，（A 紫式部　　B 清少納言）が書いた。

(9) 源頼朝が荘園や公領ごとに設置した機関は，（A 守護　　B 地頭）。

(10) 鎌倉時代，浄土真宗を開いたのは，（A 親鸞　　B 法然）。

(11) 建武の新政を行ったのは，（A 後鳥羽上皇　　B 後醍醐天皇）。

(12) 室町幕府の将軍の補佐役は，（A 執権　　B 管領）。

(13) 室町時代，農村ごとにつくられた自治組織は，（A 座　　B 惣）。

語句の暗記ではなく，できごとの背景までしっかりおさえよう！

(14) 16世紀，初めて世界一周を成し遂げたのは，（A マゼラン　　B コロンブス）の船隊。

(15) 戦国時代，日本に鉄砲を伝えたのは，（A スペイン人　　B ポルトガル人）。

(16) 17世紀後半に，松前藩との戦いを起こしたアイヌの首長は，

（A シャクシャイン　　B コシャマイン）。

(17) 江戸時代，京都や大阪など上方で栄えた町人を中心とする文化は，（A 化政　　B 元禄）文化。

(18) 天保の改革で，株仲間の（A 奨励　　B 解散）をしたのは，（C 水野忠邦　　D 田沼意次）。

(19) 「解体新書」を出版した（A 杉田玄白　　B 本居宣長）は，（C 国学　　D 蘭学）の基礎を

築いた。

(20) アメリカと結んだ条約で，日本にとって不利な内容を含んでいるのは，

（A 日米和親条約　　B 日米修好通商条約）。

(21) 日清戦争後に建設された官営の工場は，（A 八幡製鉄所　　B 富岡製糸場）。

(22) 日露戦争の講和条約は，（A ポーツマス条約　　B 下関条約）。

(23) 中国で起きた反帝国主義運動は，（A 五・四運動　　B 三・一独立運動）。

(24) 日本は満州国の建国を認められなかったため，これに反発し（A 国際連合　　B 国際連盟）を脱退した。

(25) 犬養毅が暗殺された事件は，（A 五・一五事件　　B 二・二六事件）。

【答え】(1) B　(2) B　(3) A　(4) A　(5) B　(6) A　(7) A，C　(8) B　(9) B　(10) A　(11) B　(12) B　(13) B　(14) A　(15) B　(16) A　(17) B　(18) B，C　(19) A，D　(20) B　(21) A　(22) A　(23) A　(24) B　(25) A

\\ 定期テスト //

予想問題

チェック!

テスト前に解いて,
わからない問題や
まちがえた問題は,
もう一度確認して
おこう!

- テスト本番を意識し, 時間を計って解きましょう。

- 取り組んだあとは, 必ず答え合わせを行い,
  まちがえたところを復習しましょう。

- 観点別評価を活用して, 自分の苦手なところを確認しましょう。

1 下の文を読んで，次の問いに答えなさい。 24点

> 原人が登場した後，人類の直接の祖先である（ ① ）が現れた。人々が狩りや採集を行い，打製石器を使用していたこのころの時代を（ ② ）時代といい，群馬県の（ ③ ）遺跡からも打製石器が発見されている。その後，農耕や牧畜が始まり，磨製石器を使う（ ④ ）時代になった。日本でも，人々はたて穴住居に住み，ₐ縄文土器を使用するようになった。さらに1～3世紀ごろの遺跡として，物見やぐらや周囲にほりをめぐらした（ ⑤ ）遺跡が佐賀県で発掘された。中国の「三国志」魏書の魏志倭人伝には，倭には女王（ ⑥ ）が治める♭邪馬台国があると書かれている。

(1) 文中の①～⑥にあてはまる語句を書きなさい。

(2) 下線部aの土器を，ア～ウから選びなさい。技

(3) 下線部bのころに使われていた道具を，ア～ウから選びなさい。技

ア　イ　ウ

2 右の地図を見て，次の問いに答えなさい。 31点

(1) Aで始まった古代文明を何といいますか。技

(2) Bの文明について，次の問いに答えなさい。
　① 何という川の流域で始まりましたか。
　② この文明で発明された文字を何といいますか。

(3) Cの文明について，次の問いに答えなさい。
　① うらないの結果を記すために使われた，漢字の基になった文字を何といいますか。
　② 紀元前6世紀ごろ，孔子が説いた教えを何といいますか。

(4) Dで7世紀におこった宗教を何といいますか。技

(5) 中国と西方を結んだEの交易路を何といいますか。技

(6) 四大文明に共通する特徴を，簡単に書きなさい。思

3 下のA～Dの文を読んで，次の問いに答えなさい。 17点

A 日本で最初の仏教文化が栄え，奈良の斑鳩に（ ① ）が建てられた。

B 最澄は比叡山に（ ② ）を，空海は高野山に金剛峯寺を建てた。

C （ ③ ）の正倉院には，聖武天皇が使った品々が収められた。

D （ ④ ）の周りや頂上に埴輪が並べられた。

(1) 文中の①～④にあてはまる語句を書きなさい。

(2) A～Dを年代の古い順に並べ替えなさい。思

成績評価の観点　技…資料活用の技能　思…社会的な思考・判断・表現

❹ 右の年表を見て，次の問いに答えなさい。

28点

(1) 年表中の①〜⑦にあてはまる語句を書きなさい。

(2) 4世紀に朝鮮半島北部にあった国を何といいますか。技

(3) 班田収授法により，6歳以上の男女にあたえられた農地を何といいますか。

(4) 次の表は，律令国家における人々の負担です。①〜③にあてはまる語句の正しい組み合わせを，ア〜エから選びなさい。

(①)	収穫量の約3％の稲
(②)	絹，糸，真綿，布または特産物
(③)	布(労役10日のかわり)

ア ①租 ②庸 ③調　イ ①租 ②調 ③庸
ウ ①調 ②租 ③庸　エ ①調 ②庸 ③租

(5) 右の写真について，次の問いに答えなさい。

① 何度も遭難しながら来日した，右の写真の僧の名前を書きなさい。技

② この僧が活躍した時期を，年表のA〜Dから選びなさい。思

(6) 平安時代に「枕草子」という随筆を著した人物はだれですか。

年	できごと
4世紀	(①)の統一が進む
593	聖徳太子が政務に参加する
607	中国に(②)を送る
(③)	大化の改新
701	(④)を定める
710	平城京に都を移す
743	(⑤)を定める
794	平安京に都を移す
894	(⑥)派遣の延期が提案される
1016	(⑦)が摂政となる

A: 607〜大化の改新
B: 大化の改新〜710
C: 710〜794
D: 794〜1016

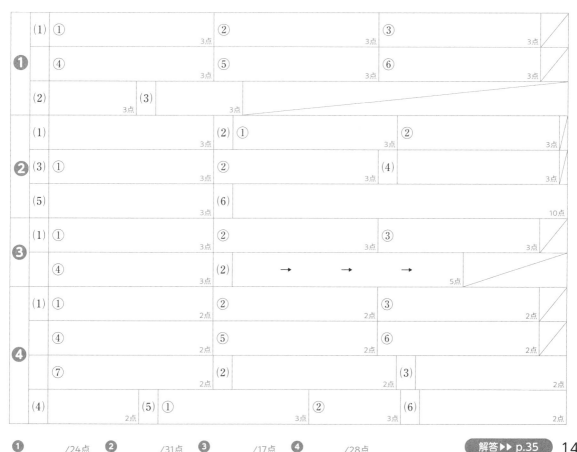

	(1) ① 3点	② 3点	③ 3点
❶	④ 3点	⑤ 3点	⑥ 3点
	(2) 3点	(3) 3点	

	(1) 3点	(2) ① 3点	② 3点
❷	(3) ① 3点	② 3点	(4) 3点
	(5) 3点	(6) 10点	

	(1) ① 3点	② 3点	③ 3点
❸	④ 3点	(2) → → → 5点	

	(1) ① 2点	② 2点	③ 2点
	④ 2点	⑤ 2点	⑥ 2点
❹	⑦ 2点	(2) 2点	(3) 2点
	(4) 2点	(5) ① 3点	② 3点	(6) 2点

❶ /24点　❷ /31点　❸ /17点　❹ /28点

解答▶▶ p.35

時間30分	合格70点
	／100点

① **右の年表を見て，次の問いに答えなさい。**　　　　　61点

(1) 年表中の①にあてはまる語句を書きなさい。

(2) 下線部aが起こった場所を，地図中のア〜オから
選びなさい。[技]

(3) 下線部bについて，次の問いに答えなさい。

　① 源頼朝が整えた政治制度について，御家人が
将軍に忠誠をちかい，命をかけて軍役を果た
すことを何といいますか。

　② 源頼朝が幕府を開いた場所を，地図中のア〜
オから選びなさい。[技]

(4) 下線部cについて，次の問いに答えなさい。

　① 元が二度攻めてきたことを何といいますか。

　② 元が攻めてきた場所を，地図中のア〜オから
選びなさい。[技]

(5) 下線部dが幕府を開いた場所を，地図中のア〜オ
から選びなさい。[技]

(6) 右下の図について，次の問いに答えなさい。

　① この証明書を何といいますか。

　② ①を使って明と貿易を始めた将軍はだれですか。

　③ ①を使って明と貿易を始めた時期を，年表のA〜Fから
選びなさい。[思]

　④ ①が使用された目的を，簡単に書きなさい。[思]

(7) 次の①〜④のできごとがあてはまる時期を，年表のA〜Fから
選びなさい。[思]

　① 承久の乱　　　　　② 山城国一揆

　③ 建武の新政の開始　④ 南北朝の統一

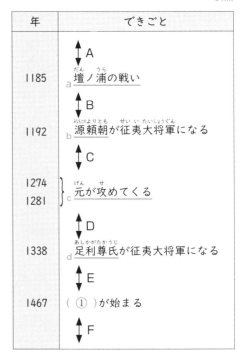

年	できごと
	↕ A
1185	a 壇ノ浦の戦い
	↕ B
1192	b 源頼朝が征夷大将軍になる
	↕ C
1274 1281	} c 元が攻めてくる
	↕ D
1338	d 足利尊氏が征夷大将軍になる
	↕ E
1467	（ ① ）が始まる
	↕ F

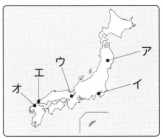

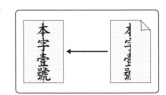

② **右の室町幕府の仕組みの図を見て，次の問いに答えなさい。**　　12点

(1) Aにあてはまる役職名を書きなさい。[技]

(2) 鎌倉幕府において，Aと同じような役割を持っていた役職を，
ア〜エから選びなさい。

　ア 太政官　　イ 六波羅探題　　ウ 執権　　エ 評定衆

(3) Bの守護は，自分の領地を拡大して何と呼ばれるようになり
ましたか。

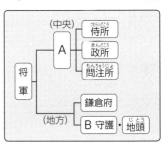

　成績評価の観点　[技]…資料活用の技能　　[思]…社会的な思考・判断・表現

❸ 右の写真Ⅰ～Ⅳを見て，次の問いに答えなさい。 27点

(1) Ⅰについて，次の問いに答えなさい。
　① 東大寺南大門にあるこの像を何といいます
　　か。[技]
　② この像の制作者を，下の語群から選びなさ
　　い。

(2) Ⅱについて，次の問いに答えなさい。
　① この建物を何といいますか。[技]
　② この建物と同じ敷地にある東求堂の内部の
　　建築様式を何といいますか。
　③ ②の内部には水墨画などがかざられました。
　　日本の水墨画を完成させた人物を，下の語
　　群から選びなさい。

(3) Ⅲについて，次の問いに答えなさい。
　① これは，一向一揆のときに使用された旗です。浄土真宗(一向宗)を開いた人物を，下
　　の語群から選びなさい。
　② 一向宗に関係が深いものを，ア～エから選びなさい。
　　ア 念仏　　イ 座禅　　ウ 題目　　エ 踊念仏

(4) Ⅳについて，次の問いに答えなさい。
　① 写真は現代のものですが，この芸能を何といいますか。[技]
　② ①を芸能にまで発展させた人物を，下の語群から選びなさい。

┌───┐
│ 【語群】 一遍　運慶　親鸞　千利休　雪舟　世阿弥　道元　日蓮 │
└───┘

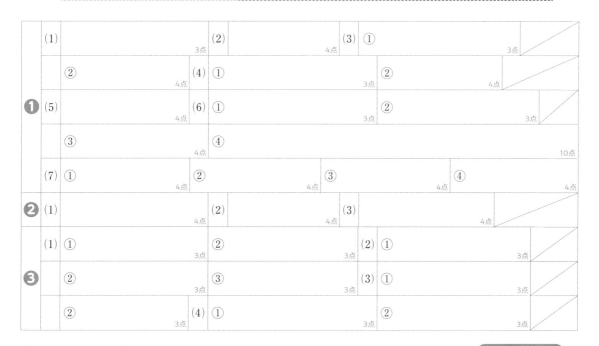

時間30分　　合格70点
／100点　　／点

❶ 右の年表を見て，次の問いに答えなさい。　　76点

(1) 年表中の①～⑤にあてはまる語句を書きなさい。

(2) 下線部 a のように，ヨーロッパ人が日本に来航するようになった理由を，ア～ウから選びなさい。 技

　ア　十字軍の遠征が始まったから。

　イ　大航海時代が始まったから。

　ウ　アレクサンドロス大王の遠征が始まったから。

(3) 下線部 b の政策を，ア～エから選びなさい。

　ア　参勤交代を制度として定めた。

　イ　株仲間を奨励し，大商人と結び付いた。

　ウ　検地・刀狩を行って兵農分離を進めた。

　エ　旗本や御家人の生活を救うため，札差に借金の帳消しを命じた。

年	できごと	
1549	a ザビエルがキリスト教を伝える	A
1573	（ ① ）が室町幕府をほろぼす	
1590	b 豊臣秀吉が全国を統一する	B
1603	（ ② ）が征夷大将軍になる	
1623	徳川家光が第3代将軍になる	
1641	鎖国体制が固まる	C
1716	c 享保の改革（～45）	
1772	（ ③ ）が老中になる	
1787	（ ④ ）の寛政の改革（～93）	D
1841	（ ⑤ ）の天保の改革（～43）	

(4) 下線部 c では，大名の参勤交代をゆるめるかわりに幕府に米を納めさせました。どのように参勤交代をゆるめたのか，簡単に書きなさい。 思

(5) 右の写真Ⅰ・Ⅱについて，次の問いに答えなさい。

　① Ⅰ・Ⅱの作者の名前を書きなさい。 技

　② Ⅰ・Ⅱの絵がえがかれた時期を，年表のA～Dから選びなさい。 思

　③ Ⅰ・Ⅱの時代の文化を何といいますか。 技

Ⅰ　　Ⅱ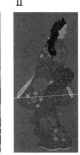

(6) 年表のDの時期の学問について，次の問いに答えなさい。

　① 日本古来の精神を評価する「古事記伝」を著した人物はだれですか。

　② ①の人物が大成した学問を何といいますか。

　③ ヨーロッパの解剖書を翻訳して，「解体新書」を出版した人物を一人書きなさい。

　④ オランダ語でヨーロッパの文化を学ぶ学問を何といいますか。

　⑤ 尊王攘夷運動に影響をあたえた学問は，②・④のどちらですか。

(7) 次の①～④のできごとがあてはまる時期を，年表のA～Dから選びなさい。 思

　① 島原・天草一揆　　② 関ヶ原の戦い　　③ 大塩の乱　　④ 正徳の治

成績評価の観点　技…資料活用の技能　思…社会的な思考・判断・表現

❷ 右の地図を見て，次の問いに答えなさい。

24点

(1) 次の①～⑨のことがらと関係の深い場所を，地図中の**ア～コ**から選びなさい。

① 奥州道中の終点。技
② 干鰯に加工されるいわしの産地。技
③ 江戸・大阪とともに三都と呼ばれた都市。技
④ 大塩の乱が起こった。技
⑤ 朝鮮との交渉の窓口を務めた藩。技
⑥ 琉球王国を征服した藩。技
⑦ 鉄砲が伝えられた。技
⑧ 間宮林蔵が幕府の命で調査した。技
⑨ ラクスマンが漂流民を送り届け，通商を要求した。技

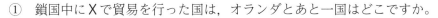

(2) 地図中の**X**について，次の問いに答えなさい。

① 鎖国中に**X**で貿易を行った国は，オランダとあと一国はどこですか。
② **X**に造られた扇形の人工の島を何といいますか。
③ 1639年に来航が禁止された国はどこですか。

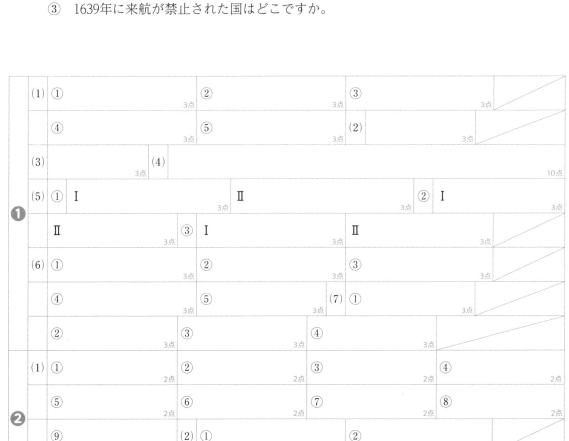

(1)	①		②		③		
		3点		3点		3点	
	④		⑤		(2)		
		3点		3点		3点	
(3)		3点	(4)				10点
(5)	①	I		II		②	I
			3点		3点		3点
	II		③	I		II	
		3点			3点		3点
(6)	①		②		③		
		3点		3点		3点	
	④		⑤		(7)	①	
		3点		3点			3点
	②		③		④		
		3点		3点		3点	

❶

(1)	①		②		③		④	
		2点		2点		2点		2点
	⑤		⑥		⑦		⑧	
		2点		2点		2点		2点
	⑨		(2)	①		②		
		2点			2点		2点	
	③							
		2点						

❷

定期テスト
予想問題
4

第5章
開国と近代日本の歩み①

時間
30分 ／100点

合格
70点

1 下の文を読んで，次の問いに答えなさい。 　　　　　　　　　　　　　　26点

> A　イギリスでは，（　①　）革命によって国王が処刑され，共和政が始まった。その後，王
> 政にもどったが，国王が専制を行ったため，名誉革命が起こり，_a「権利章典」が定めら
> れた。
> B　アメリカでは，（　②　）に反対する北部と，（　②　）に賛成する南部が対立し，_b南北戦争
> が始まった。
> C　フランスでは，フランス革命が始まると，人間としての自由などを唱える（　③　）が発
> 表された。

(1)　文中の①～③にあてはまる語句を書きなさい。

(2)　下線部aについて，「権利章典」を，ア～ウから選びなさい。 技

ア
> 第１条　人は生まれながら
> に，自由で平等な権利を
> 持つ。社会的な区別は，
> ただ公共の利益に関係の
> ある場合にしか設けられ
> てはならない。
> （部分要約）

イ
> 第１条　議会の同意なしに，
> 国王の権限によって法律
> とその効力を停止するこ
> とは違法である。
> （部分要約）

ウ
> 我々は以下のことを自明の真理であ
> ると信じる。人間はみな平等に創られ，
> ゆずりわたすことのできない権利を神
> によってあたえられていること，その
> 中には，生命・自由・幸福の追求がふ
> くまれていること，である。
> （部分要約）

(3)　下線部bの戦争が始まった年に起こったできごとを，ア～ウから選びなさい。 技
　　ア　太平天国の乱が始まった。
　　イ　ドイツ帝国が成立した。
　　ウ　イタリア王国が成立した。

(4)　A～Cを年代の古い順に並べ替えなさい。 思

2 右の図を見て，次の問いに答えなさい。 　　　　　　　　　　　　　　24点

(1)　図中のAにあてはまる王朝名を書きなさい。

(2)　図中のX～Zにあてはまる貿易品を，ア～ウから選び
　　なさい。 技
　　ア　アヘン　イ　茶　ウ　綿織物

(3)　イギリスが1840年に(1)との間で起こした戦争を何とい
　　いますか。

(4)　インドで1857～59年に起こったできごとを何といいま
　　すか。

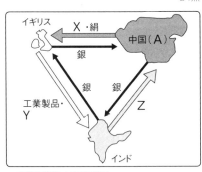
▲19世紀前半の三角貿易

成績評価の観点　技…資料活用の技能　思…社会的な思考・判断・表現

❸ 右の年表を見て，次の問いに答えなさい。

(1) 年表中の①～④にあてはまる語句を書きなさい。

(2) 下線部 a について，このとき暗殺された大老はだれですか。

(3) 下線部 b について，この同盟を仲介した土佐藩出身の人物を，ア～ウから選びなさい。

    ア　坂本龍馬

    イ　西郷隆盛

    ウ　高杉晋作

(4) 下線部 c について，このできごとを簡単に説明しなさい。[思]

(5) 下線部 d について，右の写真は，北海道函館市にある城郭で，旧幕府軍が立てこもって戦いました。この城郭を何といいますか。[技]

(6) 次の①～③のできごとがあてはまる時期を，年表の A～D から選びなさい。[思]

    ①　江戸城の明けわたし

    ②　安政の大獄

    ③　クリミア戦争の開始

年	できごと	
1853	ペリーが（ ① ）に来航	A
1854	アメリカと（ ② ）を結ぶ	
1858	アメリカと（ ③ ）を結ぶ	B
1860	桜田門外の変 a	
1863	長州藩が関門海峡の外国船を砲撃	C
1866	薩長同盟 b	
1867	大政奉還 c	
	（ ④ ）の大号令	D
1868	戊辰戦争が始まる d	

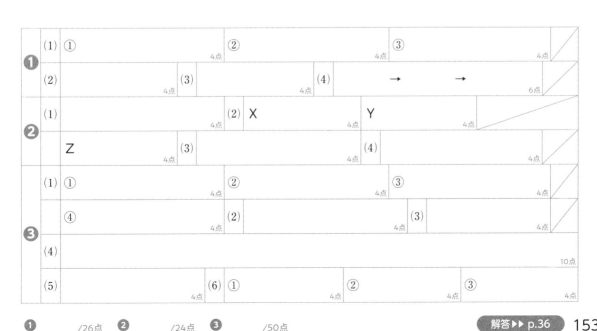

❶	(1)	①		②		③		
			4点		4点		4点	
	(2)		(3)		(4)	→	→	
			4点		4点			6点
❷	(1)			(2) X		Y		
			4点		4点		4点	
	Z		(3)		(4)			
			4点		4点			4点
❸	(1)	①		②		③		
			4点		4点		4点	
	④		(2)		(3)			
			4点		4点			4点
	(4)							
								10点
	(5)		(6) ①		②		③	
		4点		4点		4点		4点

❶ 右の年表を見て，次の問いに答えなさい。

49点

(1) 年表中の①～④にあてはまる語句を書きなさい。

(2) 下線部aについて，次の問いに答えなさい。

① この建白書を政府に提出した人物を，ア～ウから選びなさい。技

年	できごと	
1868	（ ① ）を発表する	↑A↓
1871	（ ② ）使節団派遣	
1872	（ ③ ）を公布する	
1874	a民撰議院設立の建白書の提出	↑B↓
1881	国会開設の勅諭	
1885	内閣制度ができる	↑C↓
1889	b大日本帝国憲法の発布	
1894	c日清戦争が始まる	
1904	（ ④ ）が始まる	↑D↓
1911	d小村寿太郎外相がアメリカと交渉	

ア　　　イ　　　ウ

② これにより始まった運動を何といいますか。

③ ①の人物が結成した政党を何といいますか。

(3) 下線部bで主権者とされたのはだれですか。

(4) 下線部cについて，次の問いに答えなさい。

① この戦争の講和条約が結ばれた場所を，右の地図中のア～エから選びなさい。技

② この戦争後に三国干渉を行った国のうち，ビスマルクの指導の下で強国になった国はどこですか。

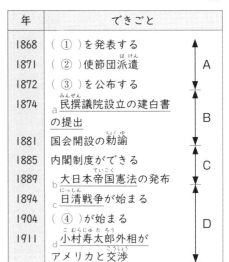

(5) 下線部dにより実現したことを，簡単に書きなさい。思

(6) 次の①～③のできごとがあてはまる時期を，年表のA～Dから選びなさい。思

① 西南戦争　　② ノルマントン号事件　　③ 日英同盟

❷ 右の地図を見て，次の問いに答えなさい。

20点

(1) 地図中のAを日本が獲得した条約を何といいますか。技

(2) 地図中のBに関係の深い次のできごとを年代の古い順に並べ替えたとき，2番目になるのはどれですか。思

ア 江華島事件　　イ 甲午農民戦争
ウ 日朝修好条規　　エ 韓国併合

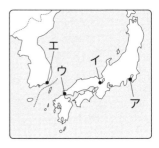
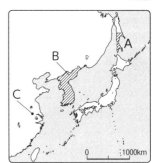

(3) 地図中のCについて，次の問いに答えなさい。

① Cを首都にして，1912年に成立した国を何といいますか。

② ①の国の初代臨時大総統になった人物はだれですか。

③ ②の人物が唱えた革命の指導理論を何といいますか。

　成績評価の観点　技…資料活用の技能　思…社会的な思考・判断・表現

❸ 次の問いに答えなさい。 31点

(1) 明治維新の諸改革A～Cについて，次の問いに答えなさい。

　A　土地の所有者に，地価の3％を地租として納めさせた。

　B　中央から府知事・県令を派遣して，地方を治めさせた。

　C　藩主に土地と人民を政府に返させた。

① A～Cの改革をそれぞれ何といいますか。

② 右の地券では，地価は26円85銭2厘と書かれています。税率を地価の3％とすると，地租はいくらになりますか。思

③ A～Cを年代の古い順に並べ替えなさい。思

▲地券

(2) 明治時代の文化や学問について，次の問いに答えなさい。

① 右のⅠ・Ⅱの人物に関係の深いものを，ア～エから選びなさい。技

　ア　黄熱病（おうねつびょう）　イ　破傷風（はしょうふう）

　ウ　「読書」　エ　「舞姫」（まいひめ）

② 右のⅢ・Ⅳの資料(部分)に関係の深い人物を，ア～エから選びなさい。技

　ア　樋口一葉（ひぐちいちよう）　イ　与謝野晶子（よさのあきこ）

　ウ　幸徳秋水（こうとくしゅうすい）　エ　石川啄木（いしかわたくぼく）

Ⅰ　　　　Ⅱ

Ⅲ
> 地図の上朝鮮国（ちょうせん）に黒々と
> 墨（すみ）をぬりつつ秋風を聴く（き）

Ⅳ
> あゝをとうとよ君を泣く（あ）（お）
> 君死にたまふことなかれ（う）

定期テスト予想問題

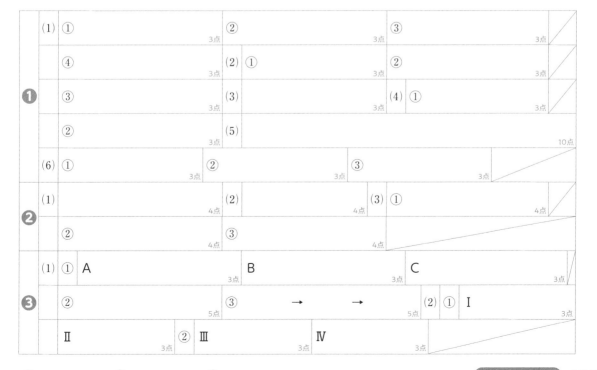

	(1)	①		②		③		
❶			3点		3点		3点	
		④		(2) ①		②		
			3点		3点		3点	
		③		(3)		(4) ①		
			3点		3点		3点	
		②		(5)				
			3点				10点	
	(6)	①		②		③		
			3点		3点		3点	
❷	(1)			(2)		(3) ①		
					4点		4点	4点
		②		③				
			4点		4点			
❸	(1)	① A		B		C		
			3点		3点		3点	
		②		③　　→　　→		(2) ① Ⅰ		
			5点		5点			3点
		Ⅱ		② Ⅲ		Ⅳ		
			3点		3点		3点	

❶ 右の年表を見て，次の問いに答えなさい。　52点

(1) 年表中の①・②にあてはまる語句を書きなさい。

(2) 下線部 a について，次の問いに答えなさい。

   ① 日本が参戦したのは，イギリスとの間で何が結ばれていたからですか。

   ② 第一次世界大戦前は三国同盟の一員であったが，1915年に連合国側で参戦した国はどこですか。

(3) 下線部 b について，ロシア皇帝退位後に亡命先から帰国し，革命を指導したのはだれですか。

(4) 下線部 c について，次の問いに答えなさい。

   ① それまでの選挙資格とのちがいを，簡単に書きなさい。思

   ② この法律と同時に出された法律を何といいますか。

(5) 下線部 d について，次の問いに答えなさい。

   ① 当時，「五か年計画」により重工業の増強と農業の集団化を進めた国はどこですか。

   ② ニューディールを進め，公共事業をおこして経済の回復を図った国はどこですか。

   ③ 経済の行きづまりを打開するため，エチオピアを侵略した国はどこですか。

(6) 次の①～⑤のできごとがあてはまる時期を，年表のA～Cから選びなさい。思

   ① 二・二六事件　　② 二十一か条の要求　　③ 三・一独立運動

   ④ 関東大震災　　⑤ 国家総動員法の制定

年	できごと	
1914	a 第一次世界大戦に参戦	A
1917	b ロシア革命	
1920	（ ① ）が発足する	
1921	ワシントン会議が始まる	B
1925	c 普通選挙法が制定される	
1929	d 世界恐慌が起こる	
1933	ドイツで（ ② ）が首相となる	C
1939	第二次世界大戦が始まる	

❷ 次の問いに答えなさい。　18点

(1) 大正デモクラシーの時代に活躍した次の①～③にあてはまる人物の名前を書きなさい。

   ① 民本主義を唱え，普通選挙と政党政治の必要性を説いた。

   ② 新婦人協会を設立し，女性の政治活動の自由などを求めた。

   ③ 「羅生門」などの短編小説を発表した。

(2) 右の新聞記事を見て，次の問いに答えなさい。

   ① 1932年に起こったこの事件を何といいますか。

   ② この記事中の「首相」とはだれですか。

   ③ この事件でどのような政治体制が終わりましたか。

成績評価の観点　技…資料活用の技能　思…社会的な思考・判断・表現

❸ 右の年表を見て，次の問いに答えなさい。

(1) 年表中の①〜⑥にあてはまる語句を書きなさい。

(2) 下線部aについて，この戦争のきっかけとなったできごとを，ア〜エから選びなさい。技

　ア　義和団事件　　イ　盧溝橋事件
　ウ　柳条湖事件　　エ　辛亥革命

(3) 下線部bについて，昭和天皇が降伏を国民に知らせたラジオ放送を何といいますか。

(4) 戦時下の人々について述べた次の文中の下線部が正しければ〇を，間違っていれば正しい語句を書きなさい。思

　① 文科系の大学生などが軍隊に召集される勤労動員が行われた。

　② 戦争末期には，朝鮮や台湾で徴兵制が導入された。

年	月	できごと
1937	7	a日中戦争が始まる
1941	4	（ ① ）条約
		日米交渉を開始
	7	フランス領インドシナ南部に進軍
	12	ハワイの（ ② ）奇襲攻撃・イギリス領（ ③ ）に上陸 →太平洋戦争が始まる
1942	6	ミッドウェー海戦
1945	3	東京大空襲
		（ ④ ）戦が始まる
	8	広島・長崎に（ ⑤ ）投下 ソ連の対日参戦 （ ⑥ ）宣言受諾，b降伏

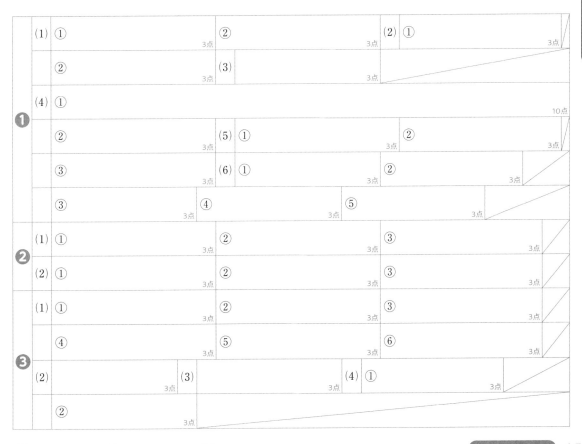

❶	(1)	① [3点]		② [3点]		(2)	① [3点]
		② [3点]		(3) [3点]			
	(4)	① [10点]					
		② [3点]		(5)	① [3点]	② [3点]	
		③ [3点]		(6)	① [3点]	② [3点]	
		③ [3点]	④ [3点]		⑤ [3点]		

| ❷ | (1) | ① [3点] | | ② [3点] | | ③ [3点] |
| | (2) | ① [3点] | | ② [3点] | | ③ [3点] |

❸	(1)	① [3点]		② [3点]		③ [3点]
		④ [3点]		⑤ [3点]		⑥ [3点]
	(2) [3点]		(3) [3点]		(4)	① [3点]
		② [3点]				

❶　/52点　❷　/18点　❸　/30点

解答▶▶ p.37　157

1 下の文を読んで，次の問いに答えなさい。

50点

> 戦後，日本は（ ① ）を最高司令官とする連合国軍最高司令官総司令部(GHQ)に占領されることになった。a民主化が進められ，軍国主義を支えてきた（ ② ）が解体され，b日本国憲法が制定された。世界ではc二つの陣営が対立して「冷たい戦争(冷戦)」と呼ばれる緊張が高まり，d朝鮮は南北に，（ ③ ）は東西に国家が分断された。中国では，（ ④ ）を主席とする中華人民共和国が成立し，国民党は台湾にのがれた。国際情勢の変化の中，日本は1951年にeサンフランシスコ平和条約を結んで独立を回復したが，同時に（ ⑤ ）を結んだことで，引き続きアメリカ軍が日本国内に駐留することになった。

(1) 文中の①〜⑤にあてはまる語句を書きなさい。

(2) 下線部 a について，次の問いに答えなさい。

　① 右のグラフは，GHQの戦後改革の１つに関するものです。何といいますか。技

　② この改革により，日本の農村はどのように変わりましたか。グラフを参考にして，簡単に書きなさい。思

(3) 下線部 b が公布された年月日を書きなさい。

(4) 下線部 c について，1955年に作られた東側陣営の軍事同盟を書きなさい。

(5) 下線部 d について，1948年に朝鮮半島南部に成立した国を書きなさい。

(6) 下線部 e について，右の写真で，条約に署名している首相はだれですか。技

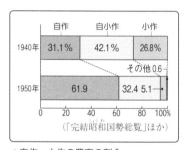

	自作	自小作	小作
1940年	31.1%	42.1%	26.8%
1950年	61.9	32.4	5.1→

その他0.6

0　20　40　60　80　100%
（「完結昭和国勢総覧」ほか）

▲自作・小作の農家の割合

2 右の年表を見て，次の問いに答えなさい。

36点

(1) 年表中の①〜③にあてはまる語句を書きなさい。

(2) 下線部 a をきっかけに世界経済は大打撃を受けました。このできごとを何といいますか。

(3) 下線部 b が起こった国はどこですか。

(4) 次の①〜④のできごとがあてはまる時期を，年表のA〜Cから選びなさい。思

　① 沖縄が日本に復帰　　② 阪神・淡路大震災

　③ 環境庁設置　　　　　④ アジア・アフリカ会議

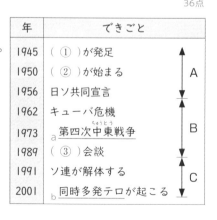

年	できごと
1945	（ ① ）が発足
1950	（ ② ）が始まる
1956	日ソ共同宣言
1962	キューバ危機
1973	a第四次中東戦争
1989	（ ③ ）会談
1991	ソ連が解体する
2001	b同時多発テロが起こる

A
B
C

成績評価の観点　　技…資料活用の技能　　思…社会的な思考・判断・表現

③ **次の問いに答えなさい。** 14点

(1) 戦後の日本について述べた次の文中の下線部が正しければ○を，間違っていれば正しい語句を書きなさい。囲思
  ① ソ連によって<u>尖閣諸島</u>（せんかく）が不法に<u>占拠</u>（せんきょ）された。
  ② ベトナム戦争が始まると，<u>特需</u>（とくじゅ）景気となり，復興が早まった。

(2) 日本の高度経済成長について述べた次の文中の下線部が正しければ○を，間違っていれば正しい語句を書きなさい。囲思
  ① <u>田中角栄</u>（たなかかくえい）内閣は，「所得倍増」をかかげた。
  ② 1968年，日本の国民総生産(GNP)は，資本主義国の中で<u>アメリカ</u>に次ぐ第2位となった。
  ③ 「三種の神器」と呼ばれた<u>電子レンジ</u>・洗濯機（せんたくき）・冷蔵庫などの家庭電化製品が普及（ふきゅう）した。

(3) 冷戦後の日本について述べた次の文中の下線部が正しければ○を，間違っていれば×を書きなさい。
  ① <u>細川護熙</u>（ほそかわもりひろ）を首相とする<u>55年体制</u>が成立した。
  ② 1980年代後半に，株式と地価が異常に高くなる<u>バブル経済</u>が発生した。

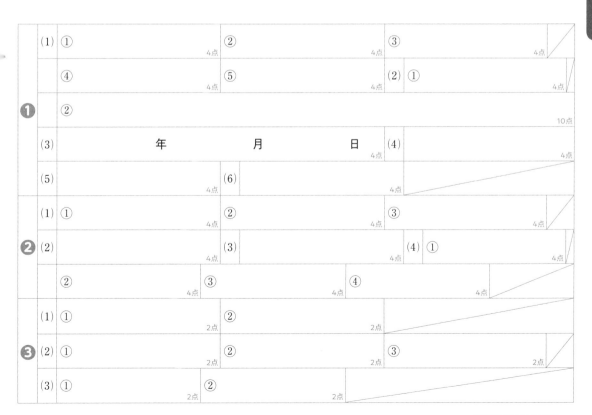

教科書ぴったりトレーニング 解答集
〈 東京書籍版・中学社会歴史 〉
この解答集は取り外してお使いください。

第1章 歴史へのとびら

p.6 ぴたトレ1
1 ①西暦 ②キリスト ③100 ④元号
⑤大化
2 ⑥推移 ⑦比較 ⑧相互の関連

p.7 ぴたトレ1
1 ①図書館 ②インターネット ③学芸員
④聞き取り
2 ⑤年表 ⑥レポート ⑦歴史新聞

第2章 古代までの日本

p.8 ぴたトレ1
1 ①猿人 ②道具 ③旧石器 ④打製石器
⑤原人 ⑥言葉 ⑦新人 ⑧新石器
⑨土器 ⑩磨製石器

p.9 ぴたトレ2
◆ (1)①ウ ②イ ③エ ④カ ⑤オ ⑥ア
(2)aイ bア cウ
(3)d旧石器時代 e新石器時代

書きトレ！ (例)旧石器時代には移動しながら狩りや採集を行い，新石器時代には定住して農耕や牧畜を行うようになった。

考え方
◆(1)④農耕や牧畜が始まると，人々は食べ物を自分たちで作り出し，たくわえるようになったので，生活が安定してきた。
⑥石の表面を，砂や砥石を使ってみがいた。
(2)a 現在知られている最古の人類は，2001年にアフリカのチャドで発見されたサヘラントロプス・チャデンシスといわれている。
b 原人には，ジャワ島で発見されたジャワ原人や，中国の北京郊外で発見された北京原人などが確認されている。
c 新人には，4万2000年前に現れたクロマニョン人が確認されており，フランスのラ

スコーやスペインのアルタミラの洞窟に壁画を残している。
(3)旧石器時代は，今から約1万年前まで続き，打製石器を使用していた。新石器時代には，磨製石器や土器が使用されるようになったことをおさえておこう。

書きトレ！ 「旧石器時代に狩りや採集」，「新石器時代に農耕や牧畜」を行ったことが書けていればよい。

p.10 ぴたトレ1
2 ①青銅器 ②メソポタミア ③インダス
④象形 ⑤ユーフラテス ⑥くさび形
3 ⑦甲骨 ⑧儒学(儒教) ⑨始皇帝 ⑩漢
⑪シルクロード

p.11 ぴたトレ2
◆ (1)Aエジプト文明
Bメソポタミア文明
Cインダス文明
(2)①A ②B
(3)オリエント
② (1)万里の長城
(2)漢
(3)「シルクロード
(絹の道)」

⚠ミスに注意
象形文字とくさび形文字
◆文明とセットでおさえる
・象形文字…エジプト文明。物の形をまねて作られた文字。
・くさび形文字…メソポタミア文明。くさびに似た形をした文字。

書きトレ！ (例)大河のほとりで発展し，文字や暦などが発明された。

考え方
◆(1)Aナイル川流域では，川がはんらんした後に養分の多い土を残すため，農耕が発達し，エジプト文明が栄えた。
(2)①ナイル川のはんらんの時期を知るために天文学が発達し，太陽暦が作られた。
②くさび形文字はくさびに似た形の文字。粘土板に刻まれ，ハンムラビ法典に見られる。
(3)オリエントとは，ヨーロッパから見て東の「太陽がのぼる土地」という意味である。

② (1)戦国時代に各国が北方の遊牧民の侵入を防ぐために築いていたものを，秦の始皇帝がつないだ。

(2)始皇帝の死後，厳しい政治に対する反乱が広がり，秦は統一後15年でほろんだ。

(3)中国の絹や絹織物が中央アジアを通り，ヨーロッパへ運ばれたので，「シルクロード(絹の道)」という。

［書きトレ!］「大河のほとりで発展した」こと，「文字や暦の発明」が書けていればよい。エジプト文明はナイル川流域でおこり，象形文字や太陽暦を用いた。メソポタミア文明はチグリス川・ユーフラテス川流域でおこり，くさび形文字や太陰暦を用いた。

---

p.12　ぴたトレ1

4 ①ポリス　②民主政　③アレクサンドロス
④ヘレニズム　⑤共和政

5 ⑥シャカ(釈迦)　⑦イエス　⑧ムハンマド
⑨ユダヤ教　⑩コーラン

---

p.13　ぴたトレ2

① (1)①アテネ　②ペルシャ　③共和政
(2)ヘレニズム

② (1)Aキリスト教　Bイスラム教　C仏教
(2)① B　② A

［書きトレ!］(例)古代の文明が栄えた地域と同じような地域で宗教もおこった。

考え方
① (1)②ペルシャは紀元前5世紀にギリシャに攻めこみ，紀元前4世紀にはアレクサンドロス大王に征服された。
(2)ヘレニズムは「ギリシャ風」という意味。
② (1)キリスト教・イスラム教・仏教を「三大宗教」という。
(2)①「コーラン」は，教えや信仰生活のほか，日常生活の規範を示している。
②キリスト教はローマ帝国の国教となり，ヨーロッパで広く信仰されるようになった。

［書きトレ!］「古代の文明が栄えた地域で宗教がおこった」ことが書けていればよい。三大宗教は西アジアやインドで生まれた。これらの地域では，古代にメソポタミア文明やインダス文明が栄えたことをおさえよう。

---

p.14　ぴたトレ1

1 ①打製石器　②縄文土器　③貝塚
④たて穴住居　⑤土偶

2 ⑥稲作　⑦高床倉庫　⑧弥生土器
⑨倭　⑩卑弥呼

---

p.15　ぴたトレ2

① (1)ウ
(2)①弥生土器　②高床倉庫

② (1)邪馬台国
(2)A 漢(後漢)　B 魏

［書きトレ!］(例)くり・どんぐりなどの木の実，鹿・いのしし・鳥などのけもの，魚や貝などが豊富にとれたから。

考え方
① (1)ウの土偶は，縄文時代に祈りのために作られたと考えられている。アの銅鐸は，弥生時代に祭りのための宝物として使われたと考えられている。イの埴輪は，古墳時代に古墳の表面に並べられた。
(2)②高床倉庫は，ねずみや湿気を防ぐために床を高くした倉庫。
② (1)卑弥呼は邪馬台国の女王。
(2)A 1世紀ごろの日本の様子は「後漢書」に記されている。奴国の王は，後漢の光武帝から「漢委奴国王」と刻まれた金印を授けられたと記されている。
B魏志倭人伝は，魏の歴史を記した「三国志」魏書の中で倭人について記された部分である。

［書きトレ!］「狩りや採集によって食料を得ることができた」ことが書けていればよい。農耕や牧畜はあまり発達しなかった。

---

p.16　ぴたトレ1

3 ①古墳時代　②大王　③埴輪　④南北朝時代
⑤百済　⑥伽耶　⑦朝貢　⑧渡来人
⑨須恵器　⑩仏教

---

p.17　ぴたトレ2

① (1)A 高句麗　B 新羅　C 百済
(2)①大仙古墳(仁徳陵古墳)　②埴輪
(3)イ・ウ・エ・カ(順不同)

［書きトレ!］(例)大和政権の王は，九州から東北地方南部にいたる各地の豪族を従え，大王と呼ばれていたことが分かる。

考え方 ❶ (1)朝鮮半島では，高句麗，百済，新羅の三国が勢力を争っていた。

(2)① 5 世紀に造られた前方後円墳で，全長が486mある。

(3)アのたて穴住居は縄文時代以降の住居。オの磨製石器は新石器時代に作られた石器。

書きトレ!「九州から東北地方南部の豪族を従えた」，「大王と呼ばれるようになった」ことが書けていればよい。稲荷山古墳(埼玉県)出土の鉄剣や，江田船山古墳(熊本県)出土の鉄刀には，倭王武と思われる「ワカタケル大王」という文字が刻まれていた。

p.18 ぴたトレ1

1 ①隋 ②戸籍 ③蘇我馬子 ④冠位十二階 ⑤遣隋使 ⑥法隆寺

2 ⑦唐 ⑧大化の改新 ⑨中大兄皇子 ⑩公地・公民 ⑪壬申の乱 ⑫藤原京

p.19 ぴたトレ2

❶ (1)十七条の憲法

(2)聖徳太子(厩戸皇子)

(3)法隆寺

(4)飛鳥文化

❷ (1)①隋 ②唐

(2)ア

(3)天武天皇

書きトレ!(例)朝廷や地方の組織を改めるなど，天皇を中心とする支配の仕組みを作り，公地・公民の方針を示した。

考え方 ❶ (1)(2)十七条の憲法は，争いごとをやめ，仏教を信仰することなど，役人の心構えを示したもので，聖徳太子が定めた。

(3)法隆寺は現存する世界最古の木造建築で，飛鳥文化を代表する建築物。

(4)聖徳太子が政治を行った時代を中心に，飛鳥地方(奈良盆地南部)に栄えた日本で最初の仏教文化は飛鳥文化。

❷ (1)①の隋は7世紀にほろび，新たに②の唐が建国された。

(2)蘇我蝦夷・入鹿の親子がほろぼされた。

(3)天智天皇のあとつぎをめぐって起こった壬申の乱では，天智天皇の弟(後の天武天皇)と天智天皇の息子である大友皇子が争った。

書きトレ!「天皇を中心とする支配の仕組みを作る改革」，「公地・公民」が書けていればよい。

p.20 ぴたトレ1

3 ①大宝律令 ②刑罰 ③貴族 ④遣唐使 ⑤平城京 ⑥長安 ⑦奈良時代 ⑧和同開珎 ⑨国府 ⑩大宰府

p.21 ぴたトレ2

❶ (1)①カ ②ア ③エ ④イ ⑤オ ⑥ウ

(2)貴族

(3)イ

(4)平城京

(5)奈良時代

書きトレ!(例)律は刑罰の決まり，令は政治を行ううえでのさまざまな決まり。

考え方 ❶ (1)①唐の律令にならい，大宝律令が完成した。

(2)有力な豪族や皇族は貴族となった。

(3)アの式部省は文官の人事や学校など，ウの中務省は天皇の側近事務など，エの治部省は外交・仏事などを行った。

(4)(5)710年に平城京が造られてから，794年に平安京に都を移すまでを奈良時代という。

書きトレ!「律は刑罰の決まり」，「令は政治の決まり」が書けていればよい。律令に基づいて政治を行う国家を律令国家という。

p.22 ぴたトレ1

4 ①班田収授法 ②口分田 ③租 ④調 ⑤防人 ⑥三世一身法 ⑦墾田永年私財法

5 ⑧聖武天皇 ⑨正倉院 ⑩鑑真 ⑪古事記 ⑫万葉集

p.23 ぴたトレ2

❶ (1)①イ ②ア ③ウ

(2)ウ

❷ (1)鑑真

(2)イ

(3)万葉集

書きトレ!(例)口分田が不足してきたため，墾田永年私財法を出して開墾を進めたが，私有地が増える結果となり，公地・公民の原則がくずれ始めた。

考え方 ① (1)①租は収穫量の約3％の稲を納めた。
②③調・庸は布や特産物を納めた。
(2)防人は九州北部の防備にあたった。

② (1)8世紀半ば，唐の僧鑑真は危険な渡航にもかかわらず，失明してまでも来日し，仏教を広めた。
(2)アは隋のころ。ウは7世紀半ば。
(3)大伴家持がまとめたといわれる。

書きトレ！ 「口分田が不足した」，「墾田永年私財法を出した結果，私有地が増加した」ことが書けていればよい。口分田の不足を補うため，墾田永年私財法を出し，新たに開墾した土地の私有を認めた。貴族や大寺院・郡司などは盛んに私有地を広げていったため，公地・公民の原則がくずれ始めた。

---

p.24 ぴたトレ1

6 ①桓武天皇 ②平安京 ③戸籍
④班田収授法 ⑤征夷大将軍 ⑥遣唐使
⑦天台宗 ⑧真言宗 ⑨延暦寺
⑩金剛峯寺 ⑪菅原道真

---

p.25 ぴたトレ2

① (1)①長岡京 ②794 ③最澄 ④空海
(2)征夷大将軍

⚠ミスに注意
天台宗と真言宗
◆宗派と開祖をセットでおさえる
・天台宗…最澄が比叡山延暦寺を建てて広めた。
・真言宗…空海が高野山に金剛峯寺を建てて広めた。

(3)ウ
(4)ア
(5)菅原道真
(6)イ

書きトレ！ (例)律令の決まりでは，男性よりも女性の方が税の負担が軽かったため，戸籍をいつわった。

考え方 ① (1)①②桓武天皇は784年に都を長岡京に移し，794年には平安京に移した。
(2)(3)征夷大将軍となったのは坂上田村麻呂。アのアテルイは蝦夷の指導者。イの大伴家持は「万葉集」をまとめた。
(4)イの金剛峯寺は真言宗の総本山。ウの東大寺は仏教の宗派の一つである華厳宗の総本山。
(5)菅原道真は，唐のおとろえと往復の危険を主張して遣唐使派遣の延期を訴えた。
(6)アは663年，ウは10世紀初め。

書きトレ！ 「女性の方が税の負担が軽かった」ことが書けていればよい。律令のもとでは，6歳以上の男女は租を負担した。さらに一般の成人男性は，調・庸や労役・兵役などの義務を課された。そのため，重い負担からのがれようとして戸籍を女性といつわる人々が増加した。

---

p.26 ぴたトレ1

7 ①関白 ②摂関 ③藤原道長 ④国司
8 ⑤高麗 ⑥仮名文字 ⑦紀貫之
⑧紫式部 ⑨枕草子 ⑩浄土信仰
⑪平等院鳳凰堂

---

p.27 ぴたトレ2

① (1)①ア ②エ ③ウ
(2)イ
(3)イ

② (1)①「古今和歌集」 ②「源氏物語」
(2)仮名文字
(3)寝殿造

書きトレ！ (例)自分の娘を天皇のきさきにし，その子を次の天皇に立てた。天皇が幼いときは摂政，成人してからは関白となり，政治の実権をにぎった。

考え方 ① (1)①②摂政・関白となった藤原氏が行った政治を摂関政治という。
(2)アは摂政，ウは征夷大将軍。
(3)アは聖徳太子の政治，ウは天智天皇。

② (1)②清少納言の「枕草子」と混同しないようにしよう。
(2)仮名文字は，漢字を変形させて日本語の発音を表せるように工夫した文字。平仮名は漢字をくずしたもの，片仮名は漢字の一部を省略したもの。
(3)右図。

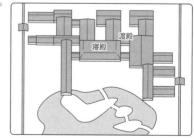

p.28～29　　　　　　ぴたトレ3

❶ (1)①ピラミッド　②くさび形文字
(2)イ→ア→ウ
(3)貝塚(かいづか)
(4)ア
(5)魏志倭人伝(ぎしわじんでん)(「三国志」(さんごくし)魏書(ぎしょ))
(6)大王(おおきみ)
(7)前方後円墳(ぜんぽうこうえんふん)
(8)渡来人(とらいじん)
(9)宋(そう)(南朝)

❷ (1)A ア　B ウ　C ウ　D イ
　　E ウ　F ア　G イ　H ウ
(2)① G　② E　③ C　④ F
(3)G

❸ (1)①大化(たいか)の改新　②桓武(かんむ)天皇　③摂関(せっかん)
(2)十七条の憲法
(3)百済(くだら)
(4)①口分田(くぶんでん)　②班田収授法(はんでんしゅうじゅのほう)　③租(そ)
(5)ウ→ア→イ
(6)(例)貴族や寺院、郡司(ぐんじ)などが盛んに私有地を広げていった。
(7)エ

考え方
❶ (1)①はエジプト文明、②はメソポタミア文明。
(2)ア秦の中国統一は紀元前221年、イ孔子は紀元前6世紀ごろ、ウ漢の中国統一は紀元前202年である。
(3)貝殻(かいがら)や魚の骨、土器などが出土し、当時の人々の生活を知るうえで重要な史料となっている。
(4)アは銅鐸(どうたく)、イは土偶(どぐう)、ウは埴輪(はにわ)、エは縄文土器である。
(5)卑弥呼が治めた邪馬台国(やまたいこく)の様子は、魏の歴史を記した「三国志」魏書の中の魏志倭人伝に書かれている。
(6)大和政権の王は、5世紀ごろには大王と呼ばれるようになった。
(7)前方後円墳は、有力な豪族がいたところに集中しており、5世紀に造られた大仙古墳(仁徳陵(にんとくりょう)古墳)もこの形をしている。
(8)渡来人は、須恵器(すえき)を作る技術や、漢字や儒学、仏教などを日本に伝えた。

(9)大和政権の大王は、国内での地位を確かなものとし、朝鮮半島の国々に対して有利な立場に立とうとして、しばしば宋(南朝)に使いを送った。

❷ (1)飛鳥文化は飛鳥地方を中心に栄えた日本最初の仏教文化、天平文化は聖武天皇の時代に最も栄えた、仏教と唐(とう)の文化の影響を強く受けた文化、国風文化は平安時代半ばごろに発達した、日本人の感情に合った文化である。
(2)②③二人の女性と文学作品は、セットでおさえよう。
(3)写真は東大寺の大仏。

❸ (1)②桓武天皇が794年に京都に移した都を平安京という。
(2)十七条の憲法は、仏教や儒学の考え方を取り入れ、和を尊重することや天皇の命令に従うべきことなどを内容とした。
(3)日本は百済を援助したが、唐と新羅(しらぎ)(しんら)の連合軍に大敗した。
(4)律令国家のもと、一般の人々にはさまざまな負担が課せられたが、負担の大部分は21歳から60歳までの成年男子に課せられていた。
(5)ア長岡京への遷都は784年、イ平安京への遷都は794年、ウ平城京への遷都は710年である。
(6)「貴族や寺院・郡司などが私有地を広げていった」ことが書けていればよい。この法では、墾田には口分田と同じように租がかかったが、私有が認められ、子孫に伝えたり売ったりすることができた。
(7)天台宗を開いたのは最澄(さいちょう)、真言宗を開いたのは空海。

単元のココがポイント！

日本と中国、朝鮮半島との関係を時系列で整理し、特に古代中国の王朝の変遷はおさえておこう！
殷(いん)→周(しゅう)→秦(しん)→漢(かん)→魏(ぎ)・呉(ご)・蜀(しょく)→南朝・北朝→隋(ずい)→唐→宋

第3章　中世の日本

ぴたトレ1

1 ①武士団　②平将門(たいらのまさかど)　③藤原純友(ふじわらのすみとも)
④源義家(みなもとのよしいえ)　⑤奥州藤原氏(おうしゅうふじわら)　⑥荘園(しょうえん)

2 ⑦上皇(じょうこう)　⑧平治の乱(へいじ)　⑨平清盛(たいらのきよもり)
⑩太政大臣(だいじょう)　⑪源頼朝(よりとも)　⑫壇ノ浦(だんのうら)

ぴたトレ2

● (1)ウ
(2)平泉(ひらいずみ)(岩手県)
(3)①イ　②ウ　③ア

● (1)①ア　②ウ
(2)源義経(よしつね)

書きトレ!/ (例)娘を天皇のきさきにし，その子を天皇に立てることで，権力を強めた。

考え方
● (1)ア・イ東北地方で起こった。エ瀬戸内地方で起こった。
(2)東北地方の平泉(岩手県)を拠点に成長し，中尊寺金色堂を建てた。
(3)地方の役人や僧，武士などの土地の開発者は，農民から年貢を集めて領主に納めた。
● (1)イ鳥羽上皇は白河上皇の次の上皇。エ源義朝は平治の乱で平清盛に敗れた。
(2)源頼朝の弟である源義経は，1185年の壇ノ浦の戦いで平氏をほろぼした。

書きトレ!/ 「娘を天皇のきさきにした」ことが書けていればよい。平安時代に藤原氏が娘を天皇のきさきにしたように，平清盛は娘の徳子を高倉天皇のきさきとし，権力を強めた。

ぴたトレ1

3 ①源頼朝(みなもとのよりとも)　②守護　③地頭　④御家人(ごけにん)
⑤奉公(ほうこう)　⑥執権(しっけん)　⑦承久の乱(じょうきゅう)　⑧隠岐(おき)
⑨六波羅探題(ろくはらたんだい)　⑩御成敗式目(貞永式目)(ごせいばいしきもく)(じょうえい)

ぴたトレ2

● (1)A御恩(ごおん)　B奉公
(2)地頭
● (1)①イ　②エ
(2)御成敗式目
(3)ア

書きトレ!/ (例)朝廷を監視し，西日本の武士を統率するため。

⚠ミスに注意
守護と地頭
◆役割でおさえる
・守護…国ごとに置かれ，軍事・警察，御家人の統率を行う仕事。
・地頭…荘園や公領に置かれ，荘園・公領の管理，年貢の取り立て，警察の仕事。

考え方
● (1)将軍と御恩・奉公の主従関係を結んだ武士を御家人という。
(2)守護と地頭を混同しないようにしよう。
● (1)①国ごとに軍事・警察を担当したのは守護。
(2)(3)北条泰時が定めた御成敗式目(貞永式目)は，以後，武士の法律の見本となった。

書きトレ!/ 「朝廷を監視する」ことが書けていればよい。承久の乱は，朝廷の勢力を回復しようとした後鳥羽上皇が起こした。以後，朝廷を監視するために六波羅探題を置いた。

ぴたトレ1

4 ①地頭　②下地中分(したじちゅうぶん)　③惣領(そうりょう)　④二毛作(にもうさく)
⑤定期市

5 ⑥運慶(うんけい)　⑦新古今和歌集(しんこきんわかしゅう)　⑧徒然草(つれづれぐさ)
⑨浄土真宗(じょうどしんしゅう)　⑩一遍(いっぺん)

ぴたトレ2

● (1)①ウ　②イ　③オ
(2)ア
● (1)金剛力士像(こんごう)
(2)「平家物語」(へいけ)
(3)①ウ　②ア

書きトレ!/ (例)宋の文化や武士の好みを反映した，写実的で力強い文化。

考え方
● (1)③鎌倉時代には，日本と宋は正式な国交を結んでいなかったものの，民間では貿易が行われた。
(2)二毛作は，同じ田畑で米と麦を交互に栽培する方法。
● (1)東大寺南大門に阿形(あぎょう)と吽形(うんぎょう)の金剛力士像が置かれている。
(2)「平家物語」は，平氏一門の盛衰(せいすい)をえがいたもの。盲目(もうもく)の琵琶法師が全国をめぐって語ったため，多くの人々の間に広まった。
(3)イの道元は，曹洞宗を開いた。

書きトレ!/ 「写実的で力強い文化」が書けていればよい。東大寺南大門の金剛力士像に見られるように，写実的で力強い文化が生まれた。

ぴたトレ1

1 ①チンギス・ハン　②フビライ・ハン
③高麗(こうらい)　④火薬

2 ⑤北条時宗(ほうじょうときむね)　⑥文永の役(ぶんえい)(えき)　⑦弘安の役(こうあん)
⑧徳政令(とくせいれい)　⑨悪党(あくとう)　⑩後醍醐(ごだいご)

p.37 **ぴたトレ2**

1 (1)ア

(2)マルコ・ポーロ

2 (1)北条時宗 (ほうじょうときむね)

(2)徳政令

(3)足利尊氏・新田義貞(順不同) (あしかがたかうじ・にった よしさだ)

書きトレ! (例)集団戦法をとり，火薬兵器を使用した。

考え方

1 (1)イは唐の都，ウは陶磁器が作られた都市。

(2)イタリア人マルコ・ポーロは，フビライ・ハンに仕え，「世界の記述」という書物で日本をヨーロッパに紹介した。

2 (1)元の襲来に対応した鎌倉幕府の執権は北条時宗。

(2)徳政令は，御家人の借金を取り消し，手放した土地を取り戻させるための法令。あまり効果は上がらなかった。

(3)新しく成長した武士である楠木正成や，有力御家人の足利尊氏や新田義貞などを味方につけた。

書きトレ! 「集団戦法」，「火薬を使った武器」が書けていればよい。絵の右側で一騎打ちをいどむ御家人に対し，絵の左側で弓を引いているのが元軍。数人が固まって攻撃していることがわかる。また，絵の中央で炸裂しているのが「てつはう」という火薬兵器である。(さくれつ)

---

p.38 **ぴたトレ1**

3 ①建武の新政 (けん む)　②南北朝　③吉野 (よし の)
④征夷大将軍 (せい い たいしょうぐん)　⑤室町時代 (むろまち じ だい)　⑥守護大名 (だいみょう)
⑦鎌倉府 (かまくら ふ)　⑧足利義満 (あしかがよしみつ)　⑨管領 (かんれい)　⑩土倉 (ど そう)

---

p.39 **ぴたトレ2**

1 (1)①ア　②ウ

(2)南朝

(3)C

(4)①細川氏 (ほそかわ し)　②鎌倉公方 (く ぼう)

書きトレ! (例)武士の政治を否定して貴族を重視する政治を行い，武士の不満が高まったから。

考え方

1 (1)イの足利義満は室町幕府第3代将軍。

(2)京都の朝廷を北朝，吉野の朝廷を南朝と呼ぶ。

(3)第3代将軍の足利義満の時代，京都の室町に足利将軍家の御所が建てられた。

(4)①将軍の補佐役である管領には，有力な守護大名が任命された。

書きトレ! 「貴族を重視する政治に対する不満が高まった」ことが書けていればよい。建武の新政では，貴族を重視する政治が行われた。政治の失敗も相次ぎ，人々の不満が高まった。

---

p.40 **ぴたトレ1**

4 ①明 (みん)　②倭寇 (わ こう)　③勘合 (かんごう)　④ハングル
⑤琉球王国 (りゅうきゅう)　⑥アイヌ

5 ⑦絹織物 (きぬおりもの)　⑧馬借 (ば しゃく)　⑨座　⑩土一揆 (つちいっ き)(ど)

---

p.41 **ぴたトレ2**

1 (1)倭寇

(2)アイヌ民族

(3)琉球王国

(4)足利義満

(5)李成桂 (り せいけい)(イ ソン ゲ)

2 (1)イ

(2)座

(3)惣 (そう)

書きトレ! (例)倭寇と正式な貿易船を区別するため。

考え方

1 (1)倭寇とは，大陸沿岸の船をおそった西日本の武士や商人，漁民などの集団。朝鮮や中国の人など，日本人以外の人々もいた。

(2)アイヌ民族は狩りや漁などを行い，14世紀には津軽(青森県)の安藤氏と交易を行った。

(3)15世紀初め，中山王となった尚氏は沖縄島を統一し，首里を都として琉球王国を建てた。(しゅり)

(4)足利義満は，明からの求めに応じて倭寇を禁止し，朝貢形式の日明貿易(勘合貿易)を始めた。

(5)14世紀末，高麗をほろぼした李成桂は朝鮮国を建てた。

2 (1)ア・ウは鎌倉時代。

(2)座は，武士や貴族，寺社の保護を受け，営業を独占する権利を認めてもらうかわりに，お金などで税を納めた。

(3)惣は，村ごとに作られ，用水路の建設や管理，森林の利用や管理などについて，村のおきてを定めた。

書きトレ! 「倭寇と正式な貿易船を区別する」ことが書けていればよい。正式な貿易船には明から

あたえられた勘合という証明書を持たせ，
倭寇と区別した。

p.42 **ぴたトレ1**

6 ①足利義政 ②一向一揆 ③下剋上
④戦国時代 ⑤城下町 ⑥分国法
7 ⑦金閣 ⑧世阿弥 ⑨書院造 ⑩水墨画
⑪狂言 ⑫御伽草子

p.43 **ぴたトレ2**

① (1)分国法
(2)戦国大名
(3)ウ
(4)イ
② (1)書院造
(2)銀閣
(3)イ

⚠ミスに注意
金閣と銀閣
◆建てた人物と文化でおさえる
・金閣…足利義満が北山に建てた(北山文化)。
・銀閣…足利義政が東山に建てた(東山文化)。

書きトレ！(例)応仁の乱後，将軍の力は弱まって下剋上の風潮が広がり，戦国大名が各地に登場してきた。

考え方
① (1)(2)戦国大名は，独自の分国法を定めて武士や民衆の行動を取りしまり，荘園領主の支配を認めず，領国を統一して支配した。
(3)「けんか両成敗」を定めた分国法は，武田氏の「甲州法度之次第」である。
(4)武田氏は甲斐(現在の山梨県)の大名なのでイ。なお，アは越後(新潟県)で上杉氏，ウは駿河(静岡県)で今川氏，エは越前(福井県)で朝倉氏の領地である。
② (1)書院造の部屋では床の間が設けられ，書画や花がかざられた。
(2)銀閣は，足利義政が京都の東山に建てた別荘。
(3)書院造，銀閣はイの東山文化。アの北山文化は，足利義満が京都の北山に建てた別荘である金閣が有名。

書きトレ！「下剋上の風潮が広がり，戦国大名が登場した」ことが書けていればよい。応仁の乱の後，将軍の力は弱まり，かわって守護大名が領国を支配する戦国大名へと成長した。また，下剋上の風潮が広がり，家来が主人の守護大名を追い出して実権をにぎり，戦国大名へと成長することもしばしば起こった。

p.44〜45 **ぴたトレ3**

① (1)イ
(2)後鳥羽上皇
(3)壇ノ浦の戦い
② (1)①元 ②明 ③応仁の乱
(2)ウ
(3)勘合
(4)親鸞
(5)① B ② A
③ (1)室町幕府
(2)A 管領 B 執権
(3)(例)朝廷が反乱を起こさないように監視するため。
④ (1)①地頭
②(例)農民は，荘園領主と地頭から年貢や労役を課せられ，二重の負担に苦しんでいた。
(2)a 二毛作 b○ c座 d惣 e○
(3)①ウ ②オ ③イ ④ア

考え方
① (1)東北地方は，鎌倉時代が始まるまで，奥州藤原氏によって独特の文化が築かれていた。
(2)朝廷の勢力を回復しようとした後鳥羽上皇は，幕府をたおそうと挙兵したが失敗し，隠岐(島根県)に流された。
(3)源頼朝の弟である源義経は，1185年に壇ノ浦(山口県)で平氏をほろぼした。
② (1)①元が2度攻めてきたことを元寇という。
(2)アの足利尊氏は，室町幕府の初代将軍。イの足利義政は，室町幕府の第8代将軍で，その後継者争いなどから応仁の乱が起こった。銀閣を建てたことでも知られる。
(3)勘合とは，日明貿易に際して正式な貿易船にあたえられた証明書である。
(4)一向宗とは浄土真宗のこと。浄土真宗を開いたのは親鸞である。
(5)①は1338年，②は1333年である。
③ (1)守護の下に地頭が置かれていること，また，鎌倉府が置かれていることから，図Ⅰは室町幕府だとわかる。
(2)Aは，室町幕府で将軍を助けて政治を行う最高の職，Bは，鎌倉幕府で将軍を助けて政治を行う最高の職である。
(3)承久の乱後，朝廷の監視や京都の監視のために置かれた役所は六波羅探題。

④ (1)②鎌倉時代の農民は，荘園や公領の領主と
地頭の両方から負担を課せられていた。
(2)a 二期作は，同じ耕地で1年に2度，同じ
作物を作る方法。c 市は，米や布などの商
品を売買する所で，寺社の門前や交通の便
利な所で開かれた。d 町衆は，京都の裕福
な商工業者が作った自治組織。
(3)エの鴨長明は，随筆の「方丈記」を書いた。

単元のココがポイント!

武士が建てた政権である鎌倉幕府と室町幕府について，
その仕組みや民衆の生活，文化などをそれぞれ比較し
て特徴を理解しよう！

第4章　近世の日本

p.46　　ぴたトレ1

1 ①ビザンツ帝国　②カトリック教会
③モンゴル帝国　④オスマン帝国
⑤エルサレム

2 ⑥ルネサンス　⑦ルター　⑧プロテスタント
⑨イエズス会　⑩大航海時代

p.47　　ぴたトレ2

◆ (1)A ア　B イ　C ウ
(2)エルサレム
◆ (1)イ
(2)ウ
(3)ルター

書きトレ！ (例)古代ギリシャやローマの文化を見直そ
うとする動きで，人のいきいきとした姿を
表現した。

考え方 ◆(1)A 西ヨーロッパではカトリックが，B ビザ
ンツ帝国では正教会が，C イスラム世界(セ
ルジューク朝)ではイスラム教が信仰され
た。
(2)第1回～第3回十字軍の進路に注目する。
パレスチナ地方にあるエルサレムは，ユダ
ヤ教・キリスト教・イスラム教の聖地であっ
た。
◆(1)ア カルバンはスイスで宗教改革を始めた。
ウ ザビエルはイエズス会の宣教師。エ ムハ
ンマドはイスラム教を始めた。

(2)ア 羅針盤は遠洋航海で利用された。イ 聖書
はルターが信仰の中心とした。
(3)ルターはドイツで宗教改革を開始し，ル
ターの教えを受け入れた人たちはプロテス
タントと呼ばれた。

書きトレ！ 「古代ギリシャ・ローマ文化を見直そうと
する動き」であることが書けていればよい。
人間そのものに価値を認めたことを特徴と
する。

p.48　　ぴたトレ1

3 ①香辛料　②バスコ・ダ・ガマ
③コロンブス　④植民地　⑤マゼラン
4 ⑥種子島　⑦ザビエル　⑧南蛮人
⑨キリシタン大名　⑩天正遣欧使節

p.49　　ぴたトレ2

◆ (1)A バスコ・ダ・ガマ　B コロンブス
C マゼラン
(2)スペイン
(3)東インド会社
◆ (1)ポルトガル
(2)イエズス会
(3)大友宗麟

書きトレ！ (例)伝染病や厳しい労働によりアメリカ大
陸の先住民の人口が激減し，労働力が足り
なくなったから。

考え方 ◆(1)A バスコ・ダ・ガマはインドに到達，B コ
ロンブスはカリブ海の島に到達，C マゼラ
ンの船隊は世界一周を達成した。
(2)スペイン人は，アメリカ大陸に栄えていた
アステカ王国やインカ帝国をほろぼした。
(3)オランダの東インド会社はバタビア(現在
のジャカルタ)を本拠地としてアジアで貿
易を行った。
◆(1)種子島に漂着したポルトガル人が伝えた。
(2)イエズス会は，アジアやアメリカ大陸への
布教を行った。
(3)大友宗麟は豊後(大分県)を本拠地としたキ
リシタン大名で，天正遣欧使節を派遣した。

「先住民の人口が激減し，労働力が足りなくなった」ことが書けていればよい。アメリカ大陸の植民地における労働力を確保するため，ヨーロッパ人は大西洋の三角貿易でアフリカの人々を奴隷としてアメリカ大陸に連れていった。

ぴたトレ**1**

5 ①桶狭間（おけはざま） ②足利義昭（あしかがよしあき） ③長篠（ながしの） ④鉄砲（てっぽう）
⑤安土城（あづち） ⑥楽市・楽座（らくいち・らくざ） ⑦明智光秀（あけちみつひで）
⑧関白（かんぱく） ⑨安土桃山（あづちももやま） ⑩バテレン追放令
⑪南蛮貿易（なんばん）

ぴたトレ**2**

❶ (1)イ
(2)エ
(3)ウ
(4)ア
(5)C

記号 ア
理由(例)鉄砲を使用しているから。

考え方
❶(1)イの今川義元は駿河(静岡県)の大名で，東海地方最大の実力者であった。ウの足利義昭は，室町幕府最後の将軍。
(2)エの武田勝頼は甲斐(山梨県)の大名で，武田氏の騎馬隊は当時最強といわれていた。
(3)ア・イは室町時代。エは鎌倉時代。楽市・楽座により市での税は免除され，座は廃止された。また，流通のさまたげになっていた関所は廃止された。
(4)アの明智光秀は信長の家臣であったが，京都の本能寺で信長をたおした。その後，豊臣秀吉に敗れた。
(5)バテレン追放令を出したのは豊臣秀吉の時代の1587年。A・Bは信長の時代で，キリスト教を優遇した。

左側のアは織田・徳川連合軍で，鉄砲隊を前面に出し，柵やほりを利用して戦いを有利に進めた。右側のイは武田軍で，騎馬隊が中心となっている。

ぴたトレ**1**

6 ①太閤検地（たいこう） ②刀狩（かたながり） ③兵農分離（へいのうぶんり）
④文禄の役（ぶんろく・えき） ⑤慶長の役（けいちょう・えき）
7 ⑥桃山文化（ももやま） ⑦狩野永徳（かのうえいとく） ⑧千利休（せんのりきゅう）
⑨かぶきおどり ⑩南蛮文化（なんばん）

ぴたトレ**2**

❶ (1)ア
(2)兵農分離
(3)明（みん）

❷ (1)①狩野永徳 ②千利休 ③阿国（おくに）
(2)イ

(例)検地により荘園領主（しょうえん）の権利を否定し，刀狩により一揆（いっき）を防いだ。これによって兵農分離が進み，武士が農民を支配する近世社会の基礎が築かれた。

考え方
❶(1)実際にその田畑を耕作しているア百姓が検地帳に登録された。イ公家やウ寺社などの荘園領主は，それまで持っていた土地の権利を失った。
(2)兵農分離により，近世の身分制度の基礎が固まった。
(3)秀吉は明を征服しようと計画し，朝鮮に協力を要請したが断られたため，朝鮮侵略を開始した。
❷(1)①は唐獅子図屏風の作者。②は堺の豪商出身の茶人。③は女性で，男装しておどるかぶきおどりを始めた。
(2)ア織田信長が滋賀県に築いた。ウ豊臣秀吉が朝鮮侵略の拠点として佐賀県に築いた。

太閤検地によって荘園制はくずれた。さらに刀狩で一揆を防ぐとともに，農民を耕作に専念させた。これにより兵農分離が進み，近世の社会の仕組みが固まった。

ぴたトレ**1**

1 ①徳川家康（とくがわいえやす） ②関ヶ原（せきがはら） ③豊臣氏（とよとみ）
④江戸時代（えど） ⑤幕領（ばくりょう） ⑥譜代（ふだい） ⑦外様（とざま）
⑧藩（はん） ⑨武家諸法度（ぶけしょはっと） ⑩参勤交代

ぴたトレ**2**

❶ (1)Aエ　Bカ　Cイ
(2)豊臣氏
(3)①武家諸法度 ②大名 ③徳川家光（とくがわいえみつ）
(4)禁中並公家中諸法度（きんちゅうならびにくげちゅうしょはっと）

書きトレ! Aの大名　外様大名

領地の配置　(例)江戸から遠い地域に配置
　　　　　　　されている。

考え方 ❶(1)アの評定衆，オの六波羅探題は鎌倉幕府が
置いた役職，ウの鎌倉府は室町幕府の下で
関東を支配した役所である。

(2)二度にわたる大阪の陣(1614年の冬の陣，
15年の夏の陣)により，豊臣氏はほろぼさ
れた。

(3)武家諸法度は大名を統制するために，1615
年に徳川秀忠(ひでただ)が定めたのが最初。1635年に
は第3代将軍家光が参勤交代の制度を加え
た。

(4)禁中とは宮中のこと。朝廷が政治的なこと
にかかわることを厳しく禁止した。

書きトレ! Aは，関ヶ原の戦い以後に徳川氏に従った
外様大名で，「江戸から遠い地域に配置さ
れている」ことが書けていればよい。なお，
徳川家の一族である親藩や，古くからの家
臣であった譜代大名は江戸に近い地域や交
通の要地に配置された。

---

p.56　　ぴたトレ1

2 ①武士　②名字　③営業税　④町役人(ちょうやくにん)
⑤本百姓(ほんびゃくしょう)　⑥年貢(ねんぐ)　⑦五人組　⑧えた

---

p.57　　ぴたトレ2

❶(1)Aイ　Bア　Cウ

(2)①○　②町役人　③水のみ百姓　④○
⑤○

書きトレ!(例)武士の生活は百姓の納める年貢で支え
られていたため，年貢を安定的に取り立て
ようとした。

考え方 ❶(1)A百姓は全人口の約85%をしめた。

(2)②町の自治を行ったのは名主などの町役人
である。村役人は村の自治を行った。庄屋
(名主)や組頭，百姓代などの村役人となっ
たのは有力な本百姓である。

③百姓のうち，土地を持たずに小作を行う
のは水のみ百姓である。家持は家屋や土地
を所有する町人である。

書きトレ!「支配身分である武士の生活は，百姓から
取り立てられた年貢によって支えられてい
た」ことが書けていればよい。幕府は安定
的に年貢を取り立てるため，百姓の生活の

細部まで統制した。

---

p.58　　ぴたトレ1

3 ①朱印状(しゅいん)　②日本町(にほんまち)　③オランダ　④禁教令
⑤徳川秀忠(とくがわひでただ)　⑥出島(でじま)　⑦島原・天草一揆(しまばら あまくさいっき)
⑧鎖国(さこく)　⑨絵踏(えふみ)　⑩宗門改(しゅうもんあらため)

---

p.59　　ぴたトレ2

❶(1)①ア　②ウ　③エ　④イ

(2)朱印状

(3)キリスト教

(4)出島

(5)イ・オ(順不同)

(6)C

(7)絵踏

⚠**ミスに注意**

絵踏と踏絵(ふみえ)
◆像か行為かでおさえる
・絵踏…イエスや聖母マリア
の像をふませる行為。
・踏絵…絵踏に使われる，イ
エスや聖母マリアが描かれ
た絵や像。

書きトレ!(例)キリスト教を布教する宣教師を国外に
追放するとともに，大名が貿易によって強
大になるのを防ぎ，幕府が貿易の利益を独
占するため。

考え方 ❶(1)①イギリスは貿易が不調だったため，1623
年に商館を閉じた。

②スペインはキリスト教の布教に積極的で
あったので，日本への来航を禁止された。

(2)朱印状は，幕府が海外渡航する船に対して
発行した渡航許可証。

(3)キリスト教信者への迫害や，重い年貢に苦
しんだ島原・天草地方の人々が起こした。

(4)出島は長崎に造られた人工の島。

(5)オランダと中国の二国と貿易を行ったのは，
両国がキリスト教を布教するおそれがな
かったからである。

(6)第3代徳川家光の時代の1635年に日本人の
海外渡航・帰国が禁止された。

(7)かくれているキリスト教信者を発見するた
めに行った。

書きトレ!「宣教師を追放した」こと，「幕府が貿易の
利益を独占した」ことが書けていればよい。
幕府は領主への忠義よりも神への信仰を重
視するキリスト教の教えを危険視するよう
になった。また，幕府は西国(せいごく)の大名が貿易
で経済力を強めることを警戒した。

p.60 　ぴたトレ1

4 ①対馬　②薩摩　③松前　④出島
　　⑤明　⑥朝鮮通信使

5 ⑦首里　⑧琉球使節　⑨蝦夷地
　　⑩シャクシャイン

p.61 　ぴたトレ2

1 (1)ウ
　(2)ア
　(3)イ
　(4)朝鮮通信使

2 (1)①薩摩　②アイヌ　③松前
　(2)① B　② A

書きトレ! (例)オランダ商館長にヨーロッパやアジアの情報を記したオランダ風説書の提出を義務付け、海外の情報を独占した。

考え方
1(1)ウの俵物は長崎から輸出された海産物のこと。アの香木は輸入品の一つ。イの朝鮮にんじんは対馬藩を窓口とする貿易で朝鮮から輸入された。
　(2)対馬藩の努力により、朝鮮との国交が回復した。イの元は14世紀にほろんだ。ウのスペインは1624年に来航を禁止された。
　(3)アは松前藩(北海道)、ウは薩摩藩(鹿児島県)、エは琉球王国である。
　(4)300人から500人におよぶ通信使一行の中には一流の学者や芸術家もおり、各地で日本の学者と交流した。
2(1)②③蝦夷地のアイヌ民族は独自の文化を持ち、松前藩と交易を行った。
　(2)①シャクシャインはアイヌ民族の指導者で、17世紀後半に松前藩に対する戦いを起こした。
　②琉球王国は、将軍や琉球国王の代がわりごとに琉球使節を江戸に派遣した。

書きトレ!「オランダ風説書の提出を義務付けた」ことが書けていればよい。鎖国体制は幕府による禁教・貿易統制・外交独占を政策とする体制である。幕府はオランダ商館長にオランダ風説書の提出を義務付けて海外情勢を報告させ、海外の情報を独占した。

p.62 　ぴたトレ1

1 ①新田開発　②備中ぐわ　③千歯こき
　　④九十九里浜　⑤寛永通宝

2 ⑥将軍　⑦天下の台所　⑧株仲間
　　⑨東海道　⑩西廻り航路

p.63 　ぴたトレ2

1 (1)新田
　(2)①備中ぐわ
　　②ア
　(3)イ

2 (1)ウ
　(2)① E　② B
　(3)X 東廻り航路
　　Y 西廻り航路

⚠ミスに注意
西廻り航路と東廻り航路
◆廻る海と行先でおさえる
・西廻り航路…日本海→関門海峡→瀬戸内海→大阪。
・東廻り航路…日本海→津軽海峡→太平洋→江戸。

書きトレ!(例)幕府や藩が大規模な新田開発を進めたため、18世紀初めには豊臣秀吉のころと比べて耕地面積が約2倍に増加した。

考え方
1(1)新田とは、江戸時代に新しく開墾された田畑のこと。幕府や藩は、年貢を増やすために用水路を造り、海や沼地を干拓して大きな新田を開発した。
　(2)②イは千歯こき、ウは唐箕の説明である。これらの農具によって、生産力が高まった。
　(3)アは銀貨、ウは金貨である。
2(1)アは奥州道中・日光道中、イは甲州道中、エは中山道で、ウの東海道と合わせて五街道という。
　(2)①は大阪、②は江戸である。なお、Aは日光、Cは新居、Dは京都を指している。
　(3)Xの東廻り航路は東北地方から太平洋沿岸を通って江戸に至る航路、Yの西廻り航路は東北地方から日本海沿岸を通り、下関(山口県)を経由して大阪に至る航路である。

書きトレ!「耕地面積が約2倍に増加した」ことが書けていればよい。グラフ中、豊臣秀吉のころとは「1600年ごろ」、18世紀初めとは「1720年ごろ」である。「1600年ごろ」は163.5町歩、「1720年ごろ」は297.0町歩で、297.0÷163.5＝1.816…となる。よって、18世紀初めは豊臣秀吉のころと比べて耕地面積が約2倍増加していることがわかる。これは、江戸時代に大規模な新田開発が進められたからである。

ぴたトレ1

3 ①徳川綱吉　②朱子学　③新井白石
　④上方　⑤井原西鶴　⑥松尾芭蕉
　⑦近松門左衛門　⑧歌舞伎　⑨浮世絵
　⑩大日本史

ぴたトレ2

1 (1)①イ　②エ　③ウ　④オ
　(2)①菱川師宣　②ア　③松尾芭蕉
　　④俳諧(俳句)
　(3)朱子学

書きトレ! (例)上方では，経済力を持つようになった町人が，武士にかわって文化の担い手となったから。

考え方

1 (1)②上方は，京都や大阪を中心とした地域を指す。都へ行くことを上るということから，江戸から見た京都は上る方角だったので，上方という。
　　④人形浄瑠璃とは，三味線を伴奏し，物語に節をつけて語る浄瑠璃に合わせて人形をあやつる芸能のこと。
　(2)①②浮世絵は庶民の風俗を題材とした絵画をいう。菱川師宣が祖とされる。イの水墨画は墨一色で自然を表現する絵画で，室町時代に雪舟が大成。ウの大和絵は日本の風景を主題にした絵画で，平安時代に発展。
　(3)武士の社会では，主従関係や上下関係を重視する朱子学が広まった。

書きトレ! 「経済力をつけた町人が文化の担い手になった」ことが書けていればよい。都市の繁栄を背景に，これまでの武士にかわって町人が文化の担い手となった。

ぴたトレ1

4 ①徳川吉宗　②倹約令　③上げ米
　④公事方御定書　⑤目安箱
　⑥問屋制家内工業　⑦工場制手工業
　⑧小作人　⑨百姓一揆　⑩打ちこわし

ぴたトレ2

1 (1)①上げ米の制　②目安箱
　(2)享保の改革
　(3)イ
　(4)ウ
　(5)①問屋制家内工業　②小作人

書きトレ! (例)一揆の中心人物がだれであるのか分からないようにするため。

考え方

1 (1)①上げ米の制などの改革によって，幕府の財政は一時的に立ち直った。
　(2)(3)享保の改革は，第8代将軍徳川吉宗によって1716(享保元)年から始められた。ア徳川綱吉は第5代将軍，ウ新井白石は正徳の治を行った。
　(4)アは1643年に出された百姓支配の方針，イは1615年に出された武家諸法度。
　(5)①工場制手工業(マニュファクチュア)は，工場を建設し，分業で生産することをいう。②地主は土地を買い集めた。

書きトレ! 「中心人物を分からなくするためである」ことが書けていればよい。一揆を起こす際，平等に一致団結していることを示すために一揆の参加者が署名し，だれが中心人物なのか分からなくするために円形に書いた。

ぴたトレ1

5 ①田沼意次　②株仲間　③印旛沼
　④天明　⑤松平定信　⑥商品作物
　⑦昌平坂学問所　⑧ラクスマン
　⑨レザノフ　⑩間宮林蔵

ぴたトレ2

1 (1)①ア　②エ　③ウ
　(2)①〇　②×　③〇
　(3)①×　②〇　③×
　(4)C

書きトレ! (例)田沼意次の政治は，商人の経済力を利用して幕府の財政を立て直そうとしたが，寛政の改革は，農村の立て直しと政治の引きしめを目指して行った。

考え方

1 (1)②ラクスマンは漂流民の大黒屋光太夫らを送り届け，通商を求めた。
　(2)②公事方御定書を定めたのは，享保の改革を行った第8代将軍徳川吉宗である。
　(3)①寛政の改革を行ったのは老中の松平定信である。
　　③後半部分は正しいが，前半部分が誤り。永仁の徳政令は鎌倉時代の1297年に出された。
　(4)ラクスマンやレザノフを派遣したロシアを警戒した幕府は，間宮林蔵らに蝦夷地(北

海道)や樺太(サハリン)の調査を命じた。

書きトレ! 田沼意次の政治が「商人の経済力を利用した」こと，寛政の改革が「農村の立て直しを目指した」ことが書けていればよい。田沼意次の政治では，株仲間の奨励や長崎貿易の拡大など経済の活性化をはかった。一方，寛政の改革は農民を帰村させ，商品作物の栽培を制限するなど，農村の立て直しをはかるものであった。

---

p.70　　　　ぴたトレ1

6　①本居宣長　②尊王攘夷　③オランダ
　④杉田玄白　⑤伊能忠敬
　⑥東海道中膝栗毛　⑦与謝蕪村
　⑧喜多川歌麿　⑨歌川広重　⑩寺子屋

---

p.71　　　　ぴたトレ2

①　(1)「解体新書」
　(2)蘭学
　(3)錦絵
　(4)葛飾北斎
　(5)①〇　②江戸　③南総里見八犬伝　④〇

書きトレ! (例)寺子屋では，読み・書き・そろばんなどの実用的な知識や技能を教えていた。

考え方 ①(1)前野良沢・杉田玄白らは，ヨーロッパの解剖書「ターヘル・アナトミア」を「解体新書」として翻訳・出版した。
　(2)オランダのことを「和蘭」「阿蘭陀」と書いたので，オランダ語で学ぶ学問を蘭学という。徳川吉宗がキリスト教に関係のないヨーロッパの書物の輸入を認めたことにより，蘭学が発展した。
　(3)江戸後期，鈴木春信によって始められた多色刷りの浮世絵を錦絵という。
　(4)写真Ⅱは，葛飾北斎がえがいた富嶽三十六景の「神奈川沖浪裏」である。
　(5)②化政文化は，上方ではなく江戸を中心に発展した。
　③曲亭(滝沢)馬琴は「南総里見八犬伝」を書いた。「東海道中膝栗毛」は十返舎一九が書いた小説である。

書きトレ! 「寺子屋で読み・書き・そろばんを教えていた」ことが書けていればよい。庶民の間でも教育への関心が高まり，寺子屋で実用的な知識や技術が教えられた。

---

p.72　　　　ぴたトレ1

7　①異国船打払令　②渡辺崋山
　③天保のききん　④大塩平八郎
　⑤水野忠邦　⑥株仲間　⑦幕領　⑧雄藩
　⑨薩摩　⑩長州

---

p.73　　　　ぴたトレ2

①　(1)異国船打払令
　(2)エ
　(3)ウ
　(4)イ
　(5)渡辺崋山・高野長英(順不同)
　(6)①〇　②倹約令　③〇

書きトレ! (例)アヘン戦争で清がイギリスに敗北したため，異国船打払令をやめ，穏便な方針に転換した。

考え方 ①(1)フェートン号事件をきっかけに，幕府は1825年に異国船打払令を出した。異国船打払令は，天保の改革で廃止された。
　(2)エは長崎。イギリス軍艦フェートン号が長崎港に侵入し，オランダ商館員を人質にまきと水，食料を要求した。
　(3)ウは大阪。大阪町奉行所の元役人だった大塩平八郎がききんで苦しむ人を救うため，大商人をおそった。
　(4)イは浦賀(神奈川県)と山川(鹿児島県)。異国船打払令に基づき，アメリカ商船モリソン号を浦賀と山川で砲撃した事件である。
　(5)幕府の外交政策を批判した蘭学者の渡辺崋山と高野長英が処罰された。
　(6)②倹約令によって町人の派手な風俗を取りしまった。上知令は江戸や大阪の周辺を幕領としようとした政策である。

書きトレ! 「アヘン戦争で清がイギリスに敗北した」こと，「異国船打払令を廃止した」ことが書けていればよい。1840～42年のアヘン戦争で清がイギリスに敗北したことから，異国船打払令を廃止し，外国船に燃料のまきや水をあたえて引き取らせるという穏便な方針に転換した。

❶ (1)①織田信長　②武家諸法度
　　　③出島　④徳川綱吉
　　(2)ザビエル
　　(3)①兵農分離　②ウ
　　(4)①関ヶ原の戦い　②譜代大名
　　(5)①百姓一揆　②エ
　　　③Aイ　Bエ　Cア
　　(6)A

❷ (1)a 中山道　b 東海道
　　(2)ウ
　　(3)Y
　　(4)蔵屋敷
　　(5)①Ⅰウ　Ⅱイ　Ⅲア
　　　②Ⅰウ　Ⅱエ　Ⅲイ
　　　③本居宣長
　　(6)(例)元禄文化は上方を中心に栄えたが，化政文化は江戸を中心に栄えた。

考え方

❶ (1)②武家諸法度は，将軍職を退いた徳川家康が定めた法律で，第2代将軍秀忠の名で出されたのが最初。
　　　③オランダ商館を長崎の出島に移したことにより，鎖国体制が固まった。
　　(2)イエズス会宣教師のザビエルが日本にキリスト教を伝えた。
　　(3)①兵農分離は，豊臣秀吉の太閤検地と刀狩によって進められ，江戸時代の身分制度の基になった。
　　　②秀吉のころに栄えた文化は桃山文化。ウは室町文化である。
　　(4)②大名は，譜代大名のほか，徳川家の一族である親藩，関ヶ原の戦い以後に徳川家に従った外様大名の三つに分けられる。
　　(5)①百姓一揆は，大きなききんが起こった後に多発していることに注目しよう。
　　　②享保の改革は徳川吉宗，寛政の改革は松平定信，天保の改革は水野忠邦が行った。なお，徳川家光は第3代将軍，新井白石は正徳の治を行った儒学者，大塩平八郎は大塩の乱を起こした大阪町奉行所の元役人である。
　　　③ウは田沼意次の政策である。
　　(6)写真は，1575年に起こった長篠の戦いの様子である。織田・徳川連合軍が武田勝頼を破った。

❷ (1)a は中山道，b は東海道である。奥州道中・日光道中，甲州道中と合わせて五街道という。
　　(2)「天下の台所」とは大阪のことである。アは江戸，イは京都である。
　　(3)大阪に年貢米を運ぶための航路は，Yの西廻り航路。Xの東廻り航路は年貢米を江戸に運ぶ航路。Zは江戸・大阪間の南海路で，酒などを運ぶ樽廻船や，その他の品物を運ぶ菱垣廻船が運航した。
　　(4)蔵屋敷は倉庫兼取引所で，諸藩は年貢米や特産物を保管し，販売することで利益を得ていた。
　　(5)①②Ⅰは，杉田玄白らが出版した「解体新書」の扉絵で蘭学にあてはまる。Ⅱは，喜多川歌麿の美人画(「婦女人相十品」の「ポッピンを吹く女」)。多色刷りの版画である錦絵で，化政文化にあてはまる。Ⅲは，菱川師宣の「見返り美人図」である。浮世絵で，元禄文化にあてはまる。なお，アの松尾芭蕉は，俳諧(俳句)を芸術として大成した，元禄時代を代表する俳人である。
　　(6)それぞれの文化の中心地が異なることが書けていればよい。元禄文化は，京都や大阪を中心とする上方の町人を担い手として栄えたのに対し，化政文化は江戸を中心に庶民を担い手として栄えた。

単元のココがポイント!

織田信長と豊臣秀吉の事績，江戸時代の政治や外交，文化などをそれぞれ整理して特徴を理解しよう！　武士・百姓・町人の三つの身分が近世の社会においてどのような役割を果たしたのか注目しよう。

第5章　開国と近代日本の歩み

p.76　　　　　ぴたトレ1

1　①モンテスキュー　②三権分立
　③ピューリタン革命　④権利章典
　⑤独立宣言　⑥ワシントン

2　⑦フランス革命　⑧人権宣言　⑨徴兵制
　⑩ナポレオン

① (1)クロムウェル
　 (2)イギリス
　 (3)ア
② (1)ウ
　 (2)ア
　 (3)イ

書きトレ! (例)国王の権利を制限することを定め，法律に基づいて国王が政治を行う立憲君主制が始まった。

考え方
① (1)クロムウェルは議会側を指導した。
　 (2)イギリスは，17世紀に北アメリカに植民地を作り，18世紀にはフランスと何度も戦った。
　 (3)イはアメリカ合衆国初代大統領。ウは社会契約説と人民主権を主張した啓蒙思想家。
② (1)アの第一身分とイの第二身分は免税の特権を持っていた。
　 (2)人権宣言では，自由と平等，国民主権，私有財産の不可侵などが唱えられた。イの徴兵制は革命に干渉する周囲の国々との戦争に際して採用された。ウの大統領制はアメリカで採用された。
　 (3)ナポレオンは，人権宣言をふまえて民法(ナポレオン法典)を定めた。アのマグナ・カルタはイギリスで1215年に出された。ウの「社会契約論」はルソーの著書。

書きトレ! 「国王の権利を制限する」ことが書けていればよい。名誉革命後，イギリスでは世界初の立憲君主制と議会政治が始まった。

③ ①ナポレオン　②義務教育　③普通選挙
　 ④ビスマルク
④ ⑤南下　⑥移民　⑦ペリー　⑧奴隷
　 ⑨南北戦争　⑩リンカン

① (1)Aフランス　Bイギリス
　 Cドイツ(プロイセン)
　 (2)ロンドン
　 (3)ビスマルク
② (1)①ア　②イ　③エ　④ウ
　 (2)南北戦争

書きトレ! (例)リンカンは南北戦争中に奴隷解放宣言を発表した。

考え方
① (1)Aフランスでは1830年に七月革命が起こり，1848年に二月革命が起こった。B産業革命が進展したイギリスは，19世紀半ばに繁栄した。Cドイツは中世以来多くの国に分裂していたが，1871年に統一された。
　 (2)19世紀半ば，イギリスの首都ロンドンは世界最大の都市に成長し，世界初の万国博覧会が開催された。
　 (3)ビスマルクはプロイセンの首相として富国強兵を進め，ドイツを統一してドイツ帝国を成立させた。
② (1)工業が発展した北部は，国内産業の保護を求め，奴隷制を批判した。奴隷労働によりイギリス向けの綿花を生産していた南部は，自由貿易と奴隷制の維持を主張した。
　 (2)アメリカ合衆国では，北部と南部の対立から，1861〜65年にかけて南北戦争が起こった。

書きトレ! 「リンカン」の名，「奴隷解放宣言を発表した」ことが書けていればよい。リンカンは南北戦争中の1863年に奴隷解放宣言を発表した。また，戦争の激戦地だったゲティスバーグで行った演説で，民主政治の原則を示した。

⑤ ①蒸気機関　②三角貿易　③産業革命
　 ④世界の工場　⑤資本主義　⑥資本家
　 ⑦公害　⑧社会主義　⑨マルクス

① (1)①イ　②エ　③オ　④カ
　 (2)ウ
　 (3)イ

書きトレ! (例)産業革命の結果，資本主義が広まり，生活は便利になった。一方で格差や貧困などさまざまな問題が生じ，この問題を解決しようとして社会主義の考えが芽生えた。

考え方
① (1)イギリスの産業革命は，綿織物工業の分野から始まった。

(2)**ア**と**イ**は産業革命の影響で生じた問題の一つであるが，資料からは読み取れないので誤り。

(3)**ア**はドイツの統一を指導した首相。**ウ**は「統治二論」を著したイギリスの啓蒙思想家。

書きトレ! 産業革命の影響として，「資本主義が広まったがさまざまな問題が生じた」こと，「社会主義が芽生えた」ことが書けていればよい。資本主義が広まり，物が豊かになったが，貧富の差をはじめさまざまな社会問題が生み出された。このような貧困や格差を解決しようとして社会主義の考え方が芽生えた。

---

p.82 **ぴたトレ1**

1 ①産業革命　②アヘン　③南京条約
　④関税自主権　⑤太平天国　⑥インド大反乱

2 ⑦ペリー　⑧日米和親条約
　⑨日米修好通商条約　⑩井伊直弼

---

p.83 **ぴたトレ2**

1 (1)三角貿易
　(2)①アヘン戦争　②イ

2 (1)イ
　(2)オ
　(3)ア・ウ(順不同)

書きトレ! (例)アメリカ人が日本で罪を犯しても，アメリカの法律で裁くという領事裁判権をアメリカに認めたこと。

考え方 1 (1)イギリス，インド，中国(清)の間で行われた。
　(2)②アは清の帆船，イは近代的な装備を持ったイギリスの蒸気船。

2 (1)ペリーが来航したのは，イの浦賀(神奈川県)。
　(2)オの長崎では，鎖国体制の下でオランダ・中国と貿易が行われていた。
　(3)日米和親条約で開港したのは，アの函館(北海道)とウの下田(静岡県)である。なお，エの新潟，オの長崎は，1858年の日米修好通商条約による開港地である。

書きトレ! 「領事裁判権をアメリカに認めた」ことが書けていればよい。このほか，関税自主権が日本に認められないなど，日本にとって不平等な内容であった。

---

p.84 **ぴたトレ1**

3 ①尊王攘夷運動　②井伊直弼
　③桜田門外　④横浜

4 ⑤薩英戦争　⑥木戸孝允　⑦大久保利通
　⑧坂本龍馬　⑨大政奉還　⑩戊辰戦争

---

p.85 **ぴたトレ2**

1 (1)①○　②×
　(2)桜田門外の変

2 (1)徳川慶喜
　(2)新政府軍
　(3)A

書きトレ! (例)尊王攘夷運動の中心であった長州藩と，幕府側だった薩摩藩は対立していたが，攘夷が困難であることをさとると，接近して同盟を結び，幕府との対決姿勢を強めた。

考え方 1 (1)②関税自主権がなかったため，外国産の安い綿製品が大量に輸入され，国内の生産地は打撃を受けた。
　(2)井伊直弼は，安政の大獄に反発する元水戸藩士らによって，江戸城の桜田門外で暗殺された。

2 (1)徳川慶喜は，江戸幕府第15代将軍。大政奉還により，260年余り続いた江戸幕府はほろんだ。
　(2)新政府の方針に不満を持つ旧幕府軍と，新政府軍との戦いを戊辰戦争という。1868年，京都の鳥羽・伏見の戦いに始まり，江戸城の明けわたしなどを経て，1869年，函館の五稜郭の戦いで旧幕府軍が降伏した。
　(3)1866年，土佐藩出身の坂本龍馬の仲介で薩長同盟が結ばれた。

書きトレ! 「尊王攘夷運動の中心であった長州藩と薩摩藩が対立していた」こと，両藩が「同盟(薩長同盟)を結んだ」ことが書けていればよい。

❶ (1)①名誉　②太平天国

(2)ワシントン

(3)「世界の工場」

(4)ア→ウ→イ

(5)香港(ホンコン)

(6)綿織物

(7)リンカン

(8)①B　②D

(9)①Ⅰ人権宣言　Ⅱ独立宣言

　　②Ⅰc　Ⅱa

❷ (1)①ペリー

　　②日米和親

　　③オランダ

　　④徳川慶喜(とくがわよしのぶ)

(2)(例)アメリカに
領事裁判権を認
め，日本に関税
自主権がなかっ
たから。

(3)ア

(4)イ→ア→ウ

(5)①エ　②ア

> **⚠️ミスに注意**
> **日米和親条約と日米修好通商条約**
> ◆結ばれた年と開港地でおさえる
> ・日米和親条約…1854年。下田・函館の2港。
> ・日米修好通商条約…1858年。函館・神奈川(横浜)・長崎・新潟・兵庫(神戸)の5港。

考え方

❶ (1)①1640年に始まったピューリタン革命と混同しないようにしよう。

(2)ワシントンは，独立戦争で最高司令官を務め，独立後の1789年に初代大統領に就任した。

(3)産業革命によって工業化が進展したイギリスは，19世紀半ばには「世界の工場」と呼ばれた。

(4)アは1789年で，これによりフランス革命が始まった。ウは革命に干渉(かんしょう)した国々との戦争のさなかの1792年。イは1804年のできごと。

(5)アヘン戦争は，アヘンの密輸を禁止した清に対してイギリスが起こした戦争。講和条約の南京(ナンキン)条約によって，イギリスは清から香港を獲得した。

(6)イギリスの産業革命により，大量生産された安価な綿織物がインドに流入し，インドの伝統的な綿織物業は大打撃(だげき)を受けた。これがイギリスに対する反感に結び付き，インド大反乱につながっていった。

(7)リンカンは北部を指揮して勝利に導いた。

(8)寛政の改革は1787年，天保の改革は1841年から始められた。

(9)Ⅰの人権宣言はフランス革命中の1789年に発表され，人間の自由と平等，国民主権，私有財産の不可侵(ふかしん)など，近代の人権思想の基礎となった。Ⅱの独立宣言はアメリカ独立戦争中の1776年に発表され，人間の生命・自由・幸福の追求などを主張した。

❷ (1)②日米和親条約では，函館(はこだて)・下田(しもだ)の開港，アメリカ船への食料，水，石炭などの供給，下田に領事を置くことなどが定められた。

(2)「アメリカに領事裁判権を認めた」こと，「日本に関税自主権がなかった」ことが書けていればよい。

(3)イ輸出品だけでなく，生活必需品も不足して値上がりし，人々(ひつじゅ)の生活は苦しくなった。ウ外国との金銀の交換比率のちがいから，金貨(小判)が大量に国外へ流出した。幕府は小判の質を落として金の流出を防ごうとしたが，物価が急上昇して人々の生活は苦しくなった。

(4)イ桜田門外の変(1860年)が起こり，尊王攘夷運動が高まる中，生麦事件(なまむぎ)(1862年)などが起こった。ア薩英戦争は生麦事件の報復として1863年に起こった。攘夷の不可能をさとった薩摩藩・長州藩は接近し，ウ薩長同盟を1866年に結んだ。

(5)戊辰戦争が始まった場所は京都で，終わった場所は函館。エ京都(鳥羽(とば)・伏見(ふしみ)の戦い)に始まり，ウ江戸(えど)城を明けわたさせ，イ会津の戦いを経て，ア函館(あい)で新政府軍が旧幕府軍を降伏(こうふく)させて終わった。なお，地図中のオは下関(しものせき)である。

❶ ①五箇条(ごかじょう)の御誓文(ごせいもん)　②東京　③版籍奉還(はんせきほうかん)　④廃藩置県(はいはんちけん)　⑤県令　⑥藩閥(はんばつ)　⑦華族(かぞく)　⑧士族　⑨名字(みょうじ)　⑩解放令

❶ (1)五箇条の御誓文

(2)ウ

(3)①イ　②ウ　③ア

(4)①○　②版籍奉還　③○

書きトレ! (例)えたやひにんという<u>呼び名</u>が<u>廃止</u>され，身分や職業を平民と同じとする「解放令」が出されたが，職業や結婚などの<u>差別</u>が根強く残った。

考え方
① (1)五箇条の御誓文は，世論を大事にして政治を進めることや，外国との交際を深めて国を発展させることなど，五つの政治方針を示した。
(2)「旧来ノ陋習」とは，悪い習慣のことで，ここでは攘夷運動を指す。ア国際法は資料中の「公道(世界共通の正しい道)」があてはまる。
(3)ア華族は元の公家や大名，イの士族は武士，ウ平民は百姓や町人。
(4)②廃藩置県は，藩を廃止して県を置くことをいう。

書きトレ! 「えたやひにんという呼び名が廃止されたこと」，「差別が残ったこと」が書けていればよい。明治以降のこの問題を部落差別といい，各地で差別からの解放と生活の向上を求める動きが起こった。

---

p.90 **ぴたトレ1**

② ①学制　②小学校　③徴兵令
④地租改正　⑤地券　⑥3
③ ⑦殖産興業　⑧富岡製糸場　⑨文明開化
⑩福沢諭吉

---

p.91 **ぴたトレ2**

① (1)①イ　②オ　③ア
(2)地券
② (1)官営模範工場
(2)殖産興業(政策)
(3)「学問のすゝめ」

書きトレ! (例)れんが造りの欧米風の建物が建築され，ランプやガス灯が付けられた。

考え方
① (1)③地租改正による税の負担は，江戸時代の年貢とほとんど変わらなかったため，各地で地租改正反対一揆が起こった。
(2)政府が土地の所有者に発行した証明書を地券という。土地の面積や地価，所有者名などが記された。

---

② (1)(2)資料Ⅰは，日本初の官営模範工場となった群馬県の富岡製糸場である。殖産興業政策の推進を図る明治政府によって建設された。
(3)資料Ⅱは福沢諭吉である。著書の「学問のすゝめ」で人間の平等の思想を分かりやすい表現で説いた。

書きトレ! 「れんが造りの建物」や「ランプやガス灯」など，欧米風の街並みの様子が書けていればよい。

---

p.92 **ぴたトレ1**

④ ①朝貢　②不平等条約　③岩倉具視
④大久保利通　⑤日清修好条規　⑥征韓論
⑦板垣退助　⑧江華島事件　⑨日朝修好条規
⑩領事裁判権

---

p.93 **ぴたトレ2**

① (1)Ⅰ日清修好条規
　　Ⅱ日朝修好条規
(2)イ
(3)①×　②×　③×　④○

書きトレ! (例)幕末に欧米諸国と結んだ不平等条約の改正を目的とした。

考え方
① (1)新政府は，清と日清修好条規，朝鮮と日朝修好条規を結んだ。
(2)イの日米修好通商条約は1858年の出来事。アの徴兵令は1873年，ウの征韓論は鎖国していた朝鮮に対する主張，エの江華島事件は1875年に起こった。
(3)①誤り。朝貢関係ではなく，条約に基づく近代的な国際関係で，対等な内容の条約であった。
②誤り。領事裁判権を相互に承認した。
③誤り。朝鮮にとって不平等な内容であった。
④正しい。日朝修好条規の6か月後に通商に関する規定が定められた。

書きトレ! 「欧米諸国と結んだ不平等条約の改正を目的とした」ことが書けていればよい。幕末には，アメリカ合衆国との日米修好通商条約をはじめとして，欧米諸国と不平等条約を結んでいた。

5 ①日露和親条約 ②樺太・千島交換条約
③小笠原諸島 ④竹島 ⑤開拓使
⑥屯田兵 ⑦琉球処分

6 ⑧大韓民国(韓国) ⑨島根 ⑩台湾

1 (1)オ
(2)ア
(3)エ

2 (1)①エ ②ウ ③イ
(2)エ

書きトレ! (例)軍隊の力を背景に,琉球の反対する
人々をおさえ,琉球藩を廃止して,沖縄県
としたこと。

考え方 1 (1)琉球王国は清と日本の両方に属する関係を
結んでいたが,政府は1872年に琉球王国を
琉球藩とした。
(2)ロシアの樺太領有を認め,千島列島全島を
日本が領有することで両国の国境を確定し
た。
(3)ロシアとの国境問題をかかえていた日本は,
蝦夷地の開拓を進め,蝦夷地を北海道に改
めて開拓使を置いて統治を強化した。先住
民のアイヌの人々は土地や漁場をうばわれ,
同化政策が進められた。
2 (1)現在の日本は,竹島や北方領土など領土を
めぐる問題をかかえている。アの小笠原諸
島は,1876年に日本の領有が確定した。
(2)東シナ海に位置する尖閣諸島は,1895年に
沖縄県への編入が閣議決定された。

書きトレ! 「琉球藩を廃止して沖縄県とした」ことが書
けていればよい。日本が沖縄県を置いたこ
とで,朝貢する国を失った清は日本に強く
抗議した。

7 ①大久保利通 ②板垣退助
③民撰議院設立 ④立志社 ⑤西南戦争
⑥国会期成同盟 ⑦植木枝盛 ⑧大隈重信
⑨自由党 ⑩立憲改進党

1 (1)①イ ②ウ
(2)自由民権運動
(3)エ
(4)イ
(5)B

⚠️ミスに注意
自由党と立憲改進党
◆政党名と党首名でおさえる
・自由党…板垣退助を党首に
結成。
・立憲改進党…大隈重信を党
首に結成。

書きトレ! (例)民権派が新聞や雑誌で政府を攻撃した
ことから,これを弾圧する目的で出された。

考え方 1 (1)①板垣退助は高知県出身。征韓論政変で政
府を去った。アの伊藤博文は山口県出身の
人物で,大久保利通暗殺後,政府の中心人
物となった。
(2)民撰議院設立の建白書を出発点として,自
由民権運動が広がった。
(3)西南戦争は鹿児島の士族が起こした。アで
は秩父事件,イでは萩の乱,ウでは佐賀の
乱が起こった。
(4)アの自由党,ウの立志社の結成は,板垣退
助によるもの。
(5)国会期成同盟は1880年に結成された。

書きトレ! 「政府を攻撃する新聞や雑誌を弾圧する目
的であった」ことが書けていればよい。背
景には,民権派の主張を発表する新聞や雑
誌が発刊され,社会に影響を広げていたこ
とがあげられる。

8 ①伊藤博文 ②内閣制度 ③大日本帝国憲法
④元首 ⑤衆議院 ⑥貴族院 ⑦臣民
⑧教育勅語 ⑨25 ⑩立憲制

1 (1)ウ
(2)①〇 ②天皇 ③〇
④天皇 ⑤〇 ⑥〇
(3)イ

書きトレ! (例)国会開設を約束した政府は,内閣制度
を整え,大日本帝国憲法を発布した。これ
により,日本はアジアで最初の立憲制国家
となった。

考え方 **1** (1)伊藤博文は，ヨーロッパに留学して憲法の調査を行い，君主権の強いドイツの憲法が天皇を中心とする日本の体制に合っていると考え，帰国後，憲法の草案を作成した。**ア**の大隈重信は立憲改進党を，**イ**の板垣退助は自由党を結成した。

(2)②大日本帝国憲法の主権者は天皇。国民は天皇の「臣民」とされ，法律の範囲内で権利が認められた。
④大臣は議会ではなく天皇に対して個々に責任を負った。

(3)直接国税を15円以上納める満25歳以上の男子に選挙権があたえられた。この時の有権者は，総人口の1.1%に過ぎなかった。

書きトレ！ 「内閣制度を整えた」こと，「大日本帝国憲法が発布された」ことが書けていればよい。自由民権運動に始まる国会開設の主張から，内閣制度，憲法の制定，帝国議会の召集の流れをしっかりおさえよう。

p.100 ぴたトレ1

1 ①帝国主義 ②鹿鳴館 ③陸奥宗光
④領事裁判権 ⑤小村寿太郎
2 ⑥日清戦争 ⑦甲午農民戦争 ⑧下関条約
⑨遼東半島 ⑩立憲政友会

p.101 ぴたトレ2

1 (1)井上馨
(2)帝国主義
(3)陸奥宗光
2 (1)イ
(2)エ

書きトレ！ (例)日本と清が朝鮮をつり上げようとしており，ロシアはそれを横取りしようとしている。

考え方 **1** (1)第1次伊藤内閣の外務卿(大臣)となった井上馨は，不平等条約改正のため鹿鳴館で舞踏会を開くなどの欧化政策を進めた。
(2)帝国主義とは，資本主義の発達した列強が，軍事力を背景に，市場や資源を求めてアジア・アフリカなどに進出し，植民地化を進めた動きのこと。
(3)陸奥宗光は，1894年，日清戦争の直前にイギリスと日英通商航海条約を結び，領事裁判権の撤廃を実現した。

2 (1)下関条約により，日本は遼東半島・台湾・澎湖諸島を獲得した。**ア**の香港は，アヘン戦争後の南京条約でイギリスが獲得した。**ウ**の樺太は，樺太・千島交換条約によりロシアが領有した。
(2)三国干渉は，ロシア・ドイツ・フランスの三国によるもの。日本に対して遼東半島を清に返還するようにせまった。

書きトレ！ 「日本，清，ロシアが朝鮮をねらっている」ことが書けていればよい。左の人物が日本，右の人物が清で，二人がつろうとしている魚(「CORÉE」)は朝鮮を示している。橋の上ではロシアがつりざおを持ち，いずれ自分が魚(朝鮮)をつり上げようとねらっている。

p.102 ぴたトレ1

3 ①義和団 ②日英同盟 ③幸徳秋水
④ポーツマス条約 ⑤日比谷焼き打ち
4 ⑥韓国統監府 ⑦朝鮮総督府
⑧南満州鉄道 ⑨孫文 ⑩中華民国

p.103 ぴたトレ2

1 (1)A ウ B ア C イ
(2)日英同盟
(3)与謝野晶子
(4)A
2 (1)①辛亥 ②京城 ③安重根
(2)三民主義
(3)C→B→A

書きトレ！ (例)日本は1905年に韓国から外交権をうばって保護国とし，1910年に併合して植民地とした。

考え方 **1** (1)ロシアと対立している地域からA～Cを判断する。
(2)1902年に日本とイギリスは日英同盟を結び，ロシアに対抗した。
(3)歌人の与謝野晶子は，1904年に文芸誌「明星」に「君死にたまふことなかれ」を発表した。
(4)日露戦争の講和を仲介したのはアメリカ。講和条約としてポーツマス条約が結ばれた。

❷ (1)①1911年，武昌(武漢)の反乱をきっかけに始まった辛亥革命により，1912年に中華民国が成立し，清の皇帝が退位して清はほろびた。

(2)三民主義とは，民族の独立(民族)，政治的な民主化(民権)，民衆の生活の安定(民生)からなる革命の指導理論である。

(3)C初代統監伊藤博文が安重根によって暗殺されたのは1909年。B日本が韓国を併合したのは1910年。A中華民国の成立は1912年である。

［書きトレ！］「韓国から外交権をうばって保護国とした」こと，「韓国を併合して植民地とした」ことが書けていればよい。ポーツマス条約でロシアから韓国の優越権を認められた日本は，1905年に韓国の外交権をうばって保護国とし，韓国統監府を設置した。1910年，日本は韓国を併合して朝鮮総督府を設置し，武力で民衆の抵抗をおさえて植民地支配を進めた。

---

p.104　　ぴたトレ1

5 ①軽工業　②八幡製鉄所　③財閥
　④労働組合　⑤足尾銅山

6 ⑥フェノロサ　⑦黒田清輝　⑧樋口一葉
　⑨森鷗外　⑩野口英世

---

p.105　　ぴたトレ2

❶ (1)①筑豊　②日清戦争　③八幡
　(2)財閥

❷ (1)①イ　②ア　③エ　④オ　⑤ウ

［書きトレ！］(例)日清戦争後には綿糸の輸出量が輸入量を上回った。

考え方
❶(1)③八幡製鉄所は1901年に操業を開始。国内の鉄鋼生産の大部分をしめ，後の重化学工業発展の基礎となった。
　(2)1880年代以降，官営の工場や鉱山を払い下げられた三井，三菱，住友，安田などの資本家はさまざまな業種に進出し，日本経済を支配する財閥に成長していった。

❷(1)19世紀末ごろから，教育の広がりの中で優れた科学者が多く現れ，世界的に最先端の研究を行う日本人も現れた。また，美術や文学の分野でも欧米の文化を取り入れつつ，新しい作品を発表する人物が多く現れた。

なお，カの樋口一葉は「たけくらべ」などの小説を書いた女性の文学者である。

［書きトレ！］「日清戦争後に綿糸の輸出量が輸入量を上回ったこと」が書けていればよい。1880年代後半から軽工業を中心に産業革命が進展した。

---

p.106〜107　　ぴたトレ3

❶ (1)①五箇条　②版籍　③韓国
(2)イ
(3)ア
(4)エ
(5)ドイツ(プロイセン)
(6)ウ
(7)(例)ロシアの南下政策に対し，利害が一致した日本とイギリスがロシアに対抗するため。
(8)①与謝野晶子　②Aエ　Bア　Cイ
(9)清
(10)①A　②B

❷ (1)①殖産興業　②工場法
(2)富岡製糸場
(3)ア
(4)①岡倉天心　②夏目漱石　③二葉亭四迷
　④北里柴三郎　⑤高村光雲
(5)大逆事件

考え方
❶(1)②1869年の版籍奉還により，藩主に土地と人民を天皇に返させた。
　③1910年，日本は韓国を併合し，国名を朝鮮，首都を京城と改め，朝鮮総督府を置いて植民地支配を進めた。
(2)板垣退助は，征韓論政変で政府を去った後，民撰議院設立の建白書を政府に提出し，立志社や自由党を結成した。
(3)西郷隆盛は，征韓論政変で政府を去った後，西南戦争の中心人物となった。
(4)伊藤博文は憲法制定の準備を進め，内閣制度ができると初代の内閣総理大臣(首相)に就任した。なお，ウの大隈重信は1898年に第1次内閣を組織した。
(5)君主権の強いドイツ(プロイセン)の憲法が参考にされた。
(6)下関条約により日本が獲得したのは，ウの

22　社会

遼東半島，オの台湾，澎湖諸島。その後，三国干渉により，遼東半島を清に返還した。なお，地図中のアは南樺太(サハリン)，イは朝鮮，エは山東半島を示している。

(7)「ロシアに対抗するため」であったことが書けていればよい。朝鮮・満州をめぐってロシアと対立していた日本は，中央アジアをめぐってロシアと対立していたイギリスと同盟を結んで，ロシアの南下政策に対抗した。

(8)①歌人の与謝野晶子は，日露戦争に出兵した弟を思って「君死にたまふことなかれ」という詩を発表した。資料Ⅰはこの詩の冒頭部分である。
②資料Ⅱは，ビゴーがえがいた風刺画で，日露戦争をめぐる列強の関係を表している。Aの大国ロシアに斬りかかろうとするBの日本を，Cのイギリスがけしかけている。その様子を右端のアメリカが見守っている。

(9)孫文を臨時大総統として中華民国が成立し，その後，清の実力者だった袁世凱が清の皇帝を退位させ，清はほろんだ。

(10)①徴兵令は1873年に出された。
②甲午農民戦争は1894年に起こり，日清戦争のきっかけとなった。

❷(1)②1911年，政府は12歳未満の就業禁止，労働時間の制限などを定めた工場法を制定した。

(2)群馬県の富岡製糸場は，殖産興業政策の推進を図る明治政府によって建設され，日本初の官営模範工場となった。

(3)アの本居宣長は江戸時代の国学者。イの福沢諭吉は「西洋事情」を著し，西洋文明を紹介した。ウの中江兆民はルソーの思想を紹介した。

(4)①岡倉天心は，フェノロサとともに東京美術学校を設立し，日本美術の復興に努めた。
②夏目漱石は「坊っちゃん」のほか，「吾輩は猫である」などの作品を発表した。
③それまでの文語による表現にかわって，話し言葉(口語)で文章を書くことを言文一致といい，二葉亭四迷が小説で使用したのがきっかけとなって広まった。
④北里柴三郎は，破傷風の血清療法を発見した。
⑤高村光雲は，「老猿」などの作品を残した。

(5)大逆事件とは，1910年に天皇の暗殺を計画したとして，幸徳秋水をはじめ，多数の社会主義者が逮捕され，翌年に処刑された事件。

単元のココがポイント!

明治時代に政治や社会が大きく変化し，近代的な国家が形成されていったこと，欧米諸国や東アジアの国々との関係に注目しよう。

第6章　二度の世界大戦と日本

p.108　　　　ぴたトレ1

1 ①三国同盟　②火薬庫　③サラエボ
④総力戦　⑤日英同盟

2 ⑥レーニン　⑦シベリア出兵
⑧ソビエト社会主義共和国連邦
⑨共産党　⑩スターリン

p.109　　　　ぴたトレ2

❶ (1)A
(2)エ
(3)ア

❷ (1)①1917　②五か年計画
(2)ソビエト

書きトレ!（例)社会主義の拡大をおそれて干渉戦争を起こし，シベリア出兵を行った。

考え方 ❶(1)連合国はイギリス(ア)・フランス(イ)・ロシア(キ)を中心とする。一方，同盟国はドイツ(ウ)・オーストリア(エ)・オスマン帝国(カ)を中心とする。なお，三国同盟の一員であったイタリア(オ)は連合国側で参戦した。

(2)セルビア人がオーストリア皇位継承者夫妻を暗殺するサラエボ事件が起こると，エのオーストリアはセルビアに宣戦布告した。

(3)日本は，アのイギリスと結んでいた日英同盟に基づき，連合国側で参戦した。

❷(1)①ロシア革命は第一次世界大戦中の1917年に起こった。

(2)ソビエトは後に革命を支える組織になった。

書きトレ!「干渉戦争」「シベリア出兵」が書けていればよい。日本は欧米諸国が撤兵した後も出兵を続け，国際的に非難された。

社会　**23**

3 ①パリ　②ベルサイユ条約　③民族自決
　④ジュネーブ　⑤ワシントン

4 ⑥二十一か条の要求　⑦五・四運動
　⑧中国国民党　⑨三・一独立運動
　⑩ガンディー

❶ (1)①1919　②イギリス
　(2)ウィルソン
　(3)ウ
　(4)ワシントン海軍軍縮条約

❷ (1)①山東省（さんとう）　②三・一独立運動（シャントン）
　(2)A中国
　　（中華民国）（ちゅうかみんこく）
　　B朝鮮（ちょうせん）
　　Cインド

⚠ミスに注意

五・四運動と三・一独立運動
◆起こった国でおさえる
・五・四運動…1919年，中国で起こった反日・反帝国主義運動。
・三・一独立運動…1919年，朝鮮で起こった日本からの独立運動。

書きトレ！ (例)社会権を保障することを世界で初めて定め，各国の憲法に影響をあたえた。

考え方
❶ (1)①1918年に第一次世界大戦が終結し，翌年にパリ講和会議が開かれた。
　(2)アメリカ大統領ウィルソンは，第一次世界大戦中の1918年に「十四か条の平和原則」を発表し，民族自決や国際機関の設立などを唱えた。
　(3)常任理事国となったのは，イギリス・フランス・イタリア・日本。国際連盟設立を提唱したアメリカは，国内の反対により国際連盟に加入できなかった。
　(4)1922年に結ばれたワシントン海軍軍縮条約（しゅりょかん）では，主力艦の保有比率などが定められた。
❷ (1)①第一次世界大戦中，日本は山東省のドイツの租借地などを占領し，二十一か条の要求で山東省のドイツ権益の引きつぎを求めた。
　(2)日本から二十一か条の要求をつきつけられたのは中国，日本からの独立を求める運動が起こったのは朝鮮，イギリス支配に対する抵抗運動が起こったのはインドである。

書きトレ！ 「社会権の保障を世界で初めて定めた」ことが書けていればよい。このほか，男女普通選挙や労働者の基本的権利の保障などが定められた。

1 ①立憲政友会　②護憲運動　③桂太郎（かつらたろう）
　④米騒動（こめそうどう）　⑤シベリア　⑥寺内正毅（てらうちまさたけ）
　⑦原敬（はらたかし）　⑧民主主義　⑨民本主義（みんぽん）
　⑩美濃部達吉（みのべたつきち）

❶ (1)①大戦景気(好況)（こうきょう）　②大正（たいしょう）
　(2)(第一次)護憲運動
　(3)イ
　(4)原敬
　(5)ウ
　(6)b

書きトレ！ (例)衆議院第一党の党首（しゅちょう）が首相となり，ほとんどの大臣を党員で組織し，首相が華族（かぞく）ではなく平民であった点。

考え方
❶ (1)①日本は第一次世界大戦の主戦場となったヨーロッパからは離れており，好況となった。
　(2)1912年，桂太郎内閣が組閣されたことに対し，新聞や知識人らが憲政擁護，閥族打破（ようご）（ばつぞくだは）をスローガンに，立憲政治を守る運動(第一次護憲運動)を起こした。
　(3)イのシベリア出兵を見こして米の買いしめが起こり，米騒動が全国に広がった。アの自由民権運動は，1870年代に始まり，80年代には衰退した。ウの大逆事件は，1910年に起こったできごと。エの五・四運動は，1919年に中国で起こったできごと。
　(4)立憲政友会総裁の原敬は，寺内内閣退陣後に初の本格的な政党内閣を組織した。
　(5)ウの吉野作造は，民本主義を主張した。アの新渡戸稲造は，国際連盟の事務次長を務めた人物。イの美濃部達吉は，天皇機関説を主張した憲法学者。エの福沢諭吉は，明治時代に「学問のすゝめ」を著した啓蒙思想家。（す）（あらわ）（けいもう）
　(6)この絵は，名古屋での米騒動を，軍隊が出動して鎮圧している様子をえがいている。

「ほとんどの大臣が党員であった」こと,「首相が平民だった」ことが書けていればよい。原敬はそれまでの首相とちがい,華族ではなかったことから,「平民宰相」と呼ばれた。また,陸軍,海軍,外務の3大臣以外は衆議院第一党の立憲政友会の党員で組織される本格的な政党内閣であった。

---

p.114 ぴたトレ**1**

2 ①労働争議 ②日本農民組合 ③全国水平社
④平塚らいてう ⑤治安維持法

3 ⑥ラジオ ⑦柳宗悦 ⑧芥川龍之介
⑨小林多喜二 ⑩山田耕筰

---

p.115 ぴたトレ**2**

1 (1)日本労働総同盟
(2)全国水平社
(3)青鞜社

2 (1)①イ ②エ ③オ ④ウ ⑤ア

(例)1925年の普通選挙法で,納税額による制限が廃止され,満25歳以上の男子に選挙権があたえられたから。

考え方

1 (1)第一次世界大戦中の経済の発展によって労働者が増加し,労働組合の全国組織として日本労働総同盟が成立した。
(2)1871年に「解放令」が出された後も,被差別部落の人々は部落差別に苦しんだ。彼らは1922年に京都で全国水平社を結成し,部落差別からの解放を目指した。
(3)青鞜社は,女性差別からの解放を目指す,女性だけで構成された文学団体である。平塚らいてうは,文芸誌「青鞜」創刊号で「元始,女性は実に太陽であった」と始まる宣言を発表した。

2 (1)①西田幾多郎は,東洋思想と西洋哲学を融合させた「西田哲学」を完成させた。
②山田耕筰は,日本最初の交響楽団を結成。
③芥川龍之介は,「羅生門」「蜘蛛の糸」などの短編小説を書いた。
④岸田劉生は,自らの娘をえがいた油絵「麗子微笑」などの作品を残した洋画家。
⑤野口雨情は,童謡集「十五夜お月さん」を刊行した。

1925年の選挙法改正(普通選挙法)により「納税額による制限が廃止された」こと,「満25歳以上の男子に選挙権があたえられた」ことが書けていればよい。これによって有権者は約4倍に増加した。

---

p.116 ぴたトレ**1**

1 ①世界恐慌 ②ニューヨーク(ウォール街)
③ニューディール ④保護貿易
⑤ブロック経済 ⑥五か年計画

2 ⑦全体主義 ⑧ムッソリーニ ⑨ヒトラー
⑩ユダヤ人

---

p.117 ぴたトレ**2**

1 (1)世界恐慌
(2)ローズベルト
(3)イ
(4)ア

2 (1)①ファシスト党 ②ナチス
(2)Aイタリア Bドイツ
(3)ワイマール憲法

(例)ファシズムとは,個人の自由を優先する民主主義を否定して,個人よりも国家の利益を重視する独裁政治のことである。

考え方

1 (1)1929年10月,アメリカのニューヨークの株式市場で株価が大暴落すると,多くの銀行が倒産し,恐慌となった。この影響は世界中に広がり,深刻な不況をもたらした。
(2)アメリカのローズベルト大統領は,1933年からニューディール政策を始め,農業や工業の生産を調整する一方で,公共事業をおこして失業者の救済を図った。
(3)イギリスやフランスなど植民地を多く持っていた国では,イブロック経済が採られた。ア殖産興業政策は,明治時代初めに新政府が展開した経済の資本主義化政策。ウ「五か年計画」はソ連で採られた。
(4)世界恐慌の前から「五か年計画」を進めていたソ連は,世界恐慌の影響をほとんど受けることなく,鉱工業が発展した。よって,グラフのアがあてはまる。なお,イは日本,ウはフランス,エはドイツである。

(1)①ファシスト党のムッソリーニは1922年に首相となり，ほかの政党を禁止して独裁を行った。

②ヒトラーが，ナチス(国民社会主義ドイツ労働者党)を率いた。

(2)Ａムッソリーニが独裁を行ったのはイタリアである。ファシズムはイタリアに生まれた。

Ｂヒトラーが独裁を確立したのはドイツである。

(3)首相となったヒトラーは，ほかの政党を解散させ，民主的な憲法であるワイマール憲法を停止した。また，国際連盟から脱退し，再軍備を宣言して軍備を増強した。

書きトレ！ 「個人よりも国家の利益を重視する独裁政治である」ことが書けていればよい。ファシズムはイタリアやドイツで勢力を強めた。また，スペインでは，内戦の結果ファシズムの影響を受けた政府が成立した。一方，西ヨーロッパ各国では，民主主義を守るため反ファシズムの動きが起こり，自由主義者や社会主義者が選挙で協力して民主的な政府を作った。

---

p.118　　　　ぴたトレ1

3 ①憲政の常道　②関東大震災(しんさい)
③金融恐慌(きんゆうきょうこう)　④昭和恐慌　⑤張作霖(チャンツォリン)

4 ⑥満州事変(まんしゅう)　⑦満州国(いちご)　⑧日独防共協定
⑨五・一五事件(ご)　⑩二・二六事件(にろく)

---

p.119　　　　ぴたトレ2

①(1)関東大震災
(2)蔣介石(しょうかいせき)(チャンチェシー)
(3)浜口雄幸(はまぐちおさち)
(4)C

②(1)①犬養毅(いぬかいつよし)　②二・二六(にろく)
(2)柳条湖事件(りゅうじょうこ)(リウティアオフー)
(3)溥儀(ブイ)

書きトレ！ (例)国際連盟は満州国を認めず，日本軍の満州国からの撤兵(てっぺい)を勧告(かんこく)する採択(さいたく)をしたから。

考え方 **①**(1)1923年に起こった関東大震災は，日本経済に大きな打撃をあたえた。

---

(2)軍閥(ぐんばつ)が割拠(かっきょ)していた中国では，孫文の死後に指導者となった蔣介石が国内の統一を進めた。1927年に中国共産党を弾圧し，南京に国民政府を樹立した。

(3)浜口雄幸は，不況が深刻化する中，国民の負担を減らそうと，ロンドン海軍軍縮条約を結んだが，一部の軍人や国家主義者は，これを天皇の権限の侵害(しんがい)だとして批判した。

(4)世界恐慌は1929年から始まり，日本では1930年に昭和恐慌と呼ばれる深刻な不況が発生した。

②(1)①1932年5月15日，政党政治に不満を持つ海軍の青年将校らが犬養毅首相を首相官邸(しゅしょうかんてい)で暗殺した。この五・一五事件により，政党内閣の時代が終わった。

②1936年2月26日に起こった二・二六事件により，一時東京の中心部が占拠された。

(2)1931年，関東軍は奉天郊外の柳条湖で南満州鉄道の線路を爆破した。この柳条湖事件は，満州事変のきっかけとなった。

(3)清の最後の皇帝溥儀は，満州国の元首とされた。

書きトレ！ 国際連盟が「満州国を認めなかった」こと，「日本軍の撤兵が勧告された」ことが書けていればよい。満州事変に対し，日本の侵略だと中国が国際連盟に訴えたことにより，国際連盟はリットン調査団を派遣した。1933年，国際連盟総会では，リットン調査団の報告に基づき，満州国承認の取り消し，日本軍の撤退を求める勧告案が賛成42，反対1で可決された。これを不満とした日本は，国際連盟からの脱退を通告し，国際的に孤立を深めていった。

---

p.120　　　　ぴたトレ1

5 ①蔣介石(しょうかいせき)　②毛沢東(もうたくとう)(マオツォトン)　③盧溝橋(ろこうきょう)(ルーコウチアオ)
④抗日民族統一　⑤南京事件(ナンキン)
⑥国家総動員法　⑦大政翼賛会(たいせいよくさんかい)　⑧切符(きっぷ)
⑨隣組(となりぐみ)　⑩皇民化

---

p.121　　　　ぴたトレ2

①(1)①大政翼賛会　②国民学校
(2)ア
(3)ウ
(4)①近衛文麿(このえふみまろ)　②イ

書きトレ!（例）日本語の使用や神社への参拝を強要し，日本式の姓名を名のらせる創氏改名を強制した。

考え方

❶(1)①1940年，総力戦のために近衛内閣は大政翼賛会を結成した。政党はこれに応じて解散し，大政翼賛会に合流した。また，労働組合も解散させられた。

②1941年，小学校は国民学校と改められ，軍国主義的な教育が進められた。

(2)イの蔣介石は，ウの孫文の死後に国民党の指導者となった。

(3)アは1931年の柳条湖事件で，満州事変のきっかけとなった。イは1928年，関東軍が張作霖の動きに危機感を抱き，張作霖が乗った列車を爆破した事件。

(4)①近衛文麿首相の下で，1938年に国家総動員法が制定された。

②イは，第一次世界大戦中の日本の様子。

書きトレ!「日本語を使用させた」こと，「姓名を日本式にする創氏改名が行われた」ことが書けていればよい。皇民化政策では，日本語の使用，神社への参拝などの強要や創氏改名が行われ，朝鮮や台湾の人々の日本人化が強制された。

---

p.122　ぴたトレ1

1　①独ソ不可侵条約　②パリ
③日独伊三国同盟　④大西洋憲章
⑤レジスタンス

2　⑥フランス領インドシナ　⑦日ソ中立条約
⑧ABCD包囲陣　⑨東条英機　⑩真珠湾

---

p.123　ぴたトレ2

❶(1)オ
(2)キ
(3)ウ
(4)アウシュビッツ（強制収容所）

❷(1)①フランス　②ハワイ
③イギリス　④ミッドウェー
(2)東条英機

書きトレ!（例）日本の北方の安全を確保して，東南アジアに武力による南進を行うため。

考え方

❶(1)オのドイツは，オーストリア，チェコスロバキア西部を併合し，1939年9月にはポーランドに侵攻して第二次世界大戦を引き起こした。なお，アはイギリス，イはスペイン，ウはフランス，エはイタリア，カはポーランド，キはソ連である。

(2)1939年，ドイツはそれまで対立していたソ連(キ)と独ソ不可侵条約を結んだ。1941年6月にドイツはこの条約を破り，ソ連に侵攻した。

(3)1940年，ドイツにパリを占領されたフランス(ウ)は，ドイツに降伏した。

(4)ポーランド(カ)南部の都市アウシュビッツに造られた強制収容所では，約600万人のユダヤ人が死亡したといわれている。1979年に負の世界遺産として世界文化遺産に登録された。

❷(1)①日本は戦争遂行に必要な資源を獲得するため東南アジアに進出し，フランス領インドシナに軍を進めた。

②③太平洋戦争は，アメリカの海軍基地があるハワイの真珠湾を奇襲攻撃すると同時に，イギリス領のマレー半島に上陸したことによって始まった。

(2)近衛内閣の次に成立した東条英機内閣は，アメリカとの戦争を最終的に決定した。

書きトレ!「北方の安全を確保した」こと，「東南アジア(インドシナ)に南進した」ことが書けていればよい。日本は1941年4月に日ソ中立条約を結んで北方の安全を確保したうえで，同年7月にフランス領インドシナ南部に進軍した。

---

p.124　ぴたトレ1

3　①学徒出陣　②勤労動員　③空襲
④徴兵制　⑤日本語

4　⑥スターリングラード　⑦イタリア
⑧ポツダム宣言　⑨原子爆弾　⑩ヤルタ会談

---

p.125　ぴたトレ2

❶(1)①大学生　②勤労動員　③疎開
(2)A

❷(1)①イタリア　②ドイツ　③ポツダム
(2)ソ連

(例)アメリカは，長崎に原子爆弾(原爆)を
投下した。長崎では多くの命が奪われ，今
なお放射線による後遺症で苦しむ人がいる。

考え方 ❶ (1)(2)写真は，学徒出陣壮行会の様子である。
Aは学徒出陣，Bは勤労動員，Cは疎開に
ついて述べた文である。

❷ (1)①②1943年9月にアメリカ・イギリス軍が
イタリアを降伏させ，1945年5月にドイツ
が降伏した。
③1945年7月，アメリカ・イギリス・ソ連
の首脳はドイツのポツダムで会談した。こ
のとき，日本に無条件降伏を求めるポツダ
ム宣言が発表された。
(2)ソ連は，1945年2月にアメリカ・イギリス
と行ったヤルタ会談での秘密協定に基づき，
8月8日に日ソ中立条約を破って参戦し，
満州，朝鮮などに侵攻した。

書きトレ！ 「アメリカが長崎に原子爆弾(原爆)を投下
した」ことが書けていればよい。アメリカは，
1945年8月6日に広島，9日に長崎に原子
爆弾を投下した。原爆投下から5年以内に，
両市あわせて34万人以上の生命がうばわれ，
現在でも多くの人が放射線による後遺症で
苦しんでいる。

p.126〜127 ぴたトレ3

❶ (1)①A ②イ→ア→ウ
(2)①ウィルソン(大統領) ②常任理事国
(3)①ニューヨーク ②ウ
(4)①盧溝橋(ルーコウチァオ) ②蔣介石(チャンチェシー) ③抗日民族統一戦線
(5)①ミッドウェー海戦 ②C・D(順不同)
③広島(市)・長崎(市)から1つ
(6)①B ②C

❷ (1)護憲運動
(2)①治安維持法
②(例)満25歳以上の全ての男子に選挙権が
あたえられた。
(3)①民本主義 ②ラジオ ③全国水平社
④芥川龍之介 ⑤新婦人協会
⑥米騒動
(4)E
(5)天皇機関説

考え方 ❶ (1)①第一次世界大戦のときには日英同盟が結
ばれていたので，Aのイギリスがあてはま
る。
②日本が二十一か条の要求を出した(イ)の
は1915年。ロシア革命が起こった(ア)のは
1917年。各国は社会主義の拡大をおそれて
ロシア革命への干渉戦争を起こし，1918年
にシベリア出兵が起こった(ウ)。
(2)①アメリカのウィルソン大統領の提案によ
り，1920年に国際連盟が設立された。しか
し，アメリカは議会の反対により国際連盟
に加入できなかった。
②日本は，イギリス・フランス・イタリア
とともに常任理事国となった。
(3)①1929年10月，アメリカのニューヨークの
株式市場で株価が大暴落した。これをきっ
かけとして恐慌が世界中に広がった。
②Aはイギリス，Bはフランスである。と
もにウのブロック経済を採用した。アはア
メリカが行ったニューディール(新規まき
直し)，イはドイツの説明である。
(4)①北京(ペキン)郊外の盧溝橋付近で起こった。戦火
は中国中部の上海(シャンハイ)に拡大し，日中の全面戦
争に発展した。
②③中国では，孫文(スンウェン)の死後に中国国民党の
実権をにぎった蔣介石が，毛沢東(マオツォトン)を指導者
とする共産党をおさえて中国統一を進めよ
うとしていたが，日中戦争が始まったこと
により，国民政府と共産党は抗日民族統一
戦線を形成し，日本の侵略に対してともに
戦うことになった。
(5)①1942年6月のミッドウェー海戦で日本は
壊滅(かいめつ)的な打撃を受け，それまで有利に戦っ
ていた戦局が大きく転換し，以降，日本軍
は劣勢となった。
②太平洋戦争のときには，日独伊(にちどくい)三国同盟
が結ばれていたので，CのイタリアとDの
ドイツがあてはまる。
③アメリカは，1945年8月6日に広島，9
日に長崎に原子爆弾(原爆)を投下した。
(6)関東大震災は1923年，満州事変は1931〜33
年のできごとである。

❷ (1)藩閥(はんばつ)の桂太郎(かつらたろう)が首相(しゅしょう)になると第一次護憲運
動が起こり，政党勢力が普通選挙実現をか
かげて第二次護憲運動を起こした。

(2)①1925年，普通選挙法と同時に治安維持法
が制定された。共産党の活動を取りしまる
ために制定されたものであったが，後に社
会運動全体の取りしまりに用いられるよう
になった。

②「満25歳以上の全ての男子に選挙権があ
たえられた」ことが書けていればよい。
1925年の普通選挙法では，納税額による制
限が廃止された。

(3)①民本主義とは，吉野作造が主張した民主
主義的な思想。大正デモクラシーの思想を
広めるうえで大きな役割を果たした。

②東京・名古屋・大阪で始まったラジオ放
送は全国に普及した。

③1922年に京都で全国水平社が結成される
と，運動は全国に広がっていった。

④芥川龍之介は，「羅生門」「蜘蛛の糸」など
の短編小説を書いた。

⑤平塚らいてうは，「新しい女」を目指して
青鞜社を結成し，1920年に女性の政治活動
の自由などをかかげて新婦人協会を設立し
た。

⑥1918年，シベリア出兵を見こした米の買
いしめなどにより米価が高騰し，米の安売
りを求めて米騒動が起こった。

(4)資料Ⅰは，青鞜社の機関紙である「青鞜」の
創刊号に平塚らいてうが書いた「青鞜社の
宣言」の一部である。

(5)美濃部達吉が主張した天皇機関説とは，天
皇は国家の最高機関として憲法に従って統
治するとする憲法学説。

単元のココがポイント!

二度の世界大戦がどのようにして起こり，世界と日本
にどのような影響をあたえたのか，それぞれ比較して
特徴を整理しよう。

第7章　現代の日本と私たち

p.128 ぴたトレ**1**

1 ①北海道　②沖縄　③北方領土　④シベリア
⑤空襲　⑥闇市　⑦マッカーサー
⑧連合国軍最高司令官総司令部
⑨極東国際軍事裁判　⑩人間宣言

p.129 ぴたトレ**2**

1 (1)①ポツダム宣言　②四国　③台湾
④アメリカ　⑤昭和天皇
(2)①シベリア　②○
(3)①GHQ　②マッカーサー

書きトレ! (例)東条英機元首相など，戦争犯罪人(戦
犯)と見なされた軍や政府などの指導者が
起訴された。

考え方 1 (1)①②1945年7月に連合国が発表したポツダ
ム宣言で，「日本の主権がおよぶのは，本州・
北海道・九州・四国と，連合国が決める島
に限る」と規定された。

⑤1946年，GHQの意向に従って昭和天皇
は「人間宣言」を発表し，天皇を神とするそ
れまでの考え方を否定した。

(2)①アウシュビッツではなくシベリアが正し
い。シベリア抑留について述べた文である。
第二次世界大戦中，ドイツはアウシュビッ
ツなどの強制収容所にユダヤ人を連行し，
殺害した。

②中国残留日本人孤児について述べた文で
ある。

(3)敗戦後の日本では，マッカーサーを最高司
令官とする連合国軍最高司令官総司令部
(GHQ)の指令に従い，日本政府が政策を
実施した。

書きトレ! 「戦争犯罪人(戦犯)と見なされた軍や政府
などの指導者が起訴された」ことが書けて
いればよい。東条英機元首相など28名が起
訴された。

p.130 ぴたトレ**1**

2 ①治安維持法　②20　③財閥　④労働組合法
⑤自作農　⑥基本的人権　⑦平和主義
⑧国会　⑨教育基本法　⑩日本社会党

p.131 ぴたトレ**2**

1 (1)①1946　②9
(2)①○　②○　③農地改革
(3)①国民　②○　③参議院
(4)ア

書きトレ! (例)地主が持つ小作地を政府が強制的に買
い上げて，小作人に安く売りわたしたこと
により，多くの自作農が生まれたから。

<table>
<tr><td>

考え方

① (1)①日本国憲法は，1946年11月3日に公布，1947年5月3日に施行された。

②教育基本法により，義務教育は9年間(小学校6年，中学校3年)と定められた。

(2)③第二次世界大戦後に農村の民主化が進んだのは農地改革による。地租改正は，明治維新の三大改革の一つ。

(3)①大日本帝国憲法では天皇主権が定められたが，日本国憲法では国民主権が定められた。

③日本国憲法では，国会は衆議院と参議院からなる。大日本帝国憲法下の帝国議会は，衆議院と貴族院からなる。

(4)イ・ウは1898年に施行された旧民法の内容である。「家」が重視され，一家の長である戸主が家族に対して強い支配権を持った。1948年に施行された新民法では，男女平等に基づく新たな家族制度が定められ，男性優位の諸規定は廃止された。

 「地主が持つ小作地を政府が買い上げた」こと，「自作農が増加した」ことが書けていればよい。グラフからは，10年間で自作地が35.4%増加していることが読み取れる。

</td><td>

考え方

① (1)第二次世界大戦後，朝鮮半島南部には大韓民国(韓国)が，北部には朝鮮民主主義人民共和国(北朝鮮)が成立した。

(2)②国際連合の安全保障理事会では，アメリカ・イギリス・フランス・ソ連・中国が常任理事国となった。イギリス・フランス・日本・イタリアが常任理事国となったのは国際連盟である。

(3)NATOは，北大西洋条約機構の略称で，アメリカを中心とする西側陣営が1949年に結成した軍事同盟である。

(4)アの孫文とイの蔣介石は中国国民党の指導者である。蔣介石が率いる国民党は，共産党との内戦に敗れ，台湾へのがれた。

(5)イアメリカ中心の国連軍が支援したのは，北朝鮮ではなく韓国。ウ中国の義勇軍が支援したのは，韓国ではなく北朝鮮。

(6)アフリカでは，1960年に17か国が独立した。この年は「アフリカの年」と呼ばれる。

 「西側陣営と東側陣営が対立した」こと，「直接的な戦争には至らなかった」ことが書けていればよい。米ソ両国は核兵器をふくむ軍拡競争を繰り広げ，世界は核戦争の危機にさらされた。

</td></tr>
</table>

p.132 ぴたトレ1

1 ①国際連合　②常任理事国　③冷たい戦争
④ドイツ　⑤北大西洋　⑥ワルシャワ
⑦中華人民共和国　⑧38
⑨朝鮮民主主義人民共和国　⑩アフリカの年

p.133 ぴたトレ2

① (1)大韓民国

(2)①○　②×

(3)NATO

(4)ウ

(5)ア

(6)C

⚠️**ミスに注意**

北大西洋条約機構(NATO)とワルシャワ条約機構

◆東西どちらの陣営かでおさえる

・北大西洋条約機構…アメリカを中心とする西側陣営が1949年に結成。

・ワルシャワ条約機構…ソ連を中心とする東側陣営が1955年に結成。

 (例)アメリカを中心とする西側陣営とソ連を中心とする東側陣営との間の対立が，直接的な戦争には至らなかったから。

p.134 ぴたトレ1

2 ①特需景気　②警察予備隊
③サンフランシスコ平和条約
④日米安全保障条約　⑤55年

3 ⑥アジア・アフリカ会議　⑦ベトナム戦争
⑧日ソ共同宣言　⑨日中平和友好条約
⑩非核三原則

p.135 ぴたトレ2

① (1)①第五福竜丸　②安保

(2)警察予備隊

(3)イ

② (1)①キューバ　②日韓基本　③沖縄

(2)日ソ共同宣言

(3)田中角栄

 (例)自由民主党(自民党)が，野党第一党の社会党と対立しながら，長期間にわたって政権をとり続けたこと。

1 (1)①1954年，アメリカの水爆実験により漁船の第五福竜丸が被ばくした。この事件をきっかけとして原水爆禁止運動が全国に広がり，1955年に広島で第1回原水爆禁止世界大会が開かれた。

②1960年，日米安全保障条約(日米安保条約)の改定に際し，衆議院で条約承認が強行されたため，大規模なデモが起こった。

(2)朝鮮戦争に際し，アメリカ軍不在時の警察力を増強する名目で警察予備隊が創設された。その後1952年には保安隊，1954年には自衛隊となった。

(3)アサンフランシスコ平和条約は，第二次世界大戦の講和条約である。ウ日本は，サンフランシスコ平和条約で連合国48か国と調印したが，東側陣営の国々や，日本が侵略したアジアの多くの国々との講和は実現しなかった。

2 (1)③佐藤栄作内閣の交渉により，1972年に沖縄の日本復帰が実現した。しかし，今なお沖縄島の面積の約15%がアメリカ軍施設となっている。

(2)日ソ共同宣言は，日ソ間の戦争状態が終結したことを認め合った宣言。これにより，安全保障理事会でのソ連の反対がなくなり，日本は国際連合への加盟を認められた。

(3)日中共同声明によって日中の国交を正常化した首相が，田中角栄である。

書きトレ! 「自由民主党(自民党)が政権をとり続けた」こと，「社会党と対立した」ことが書けていればよい。アメリカの冷戦政策を支持する保守勢力は1955年に自由民主党(自民党)を結成した。以後，自民党は革新勢力の社会党と対立しながら，38年間にわたって政権をとり続けた。

---

p.136 ぴたトレ1

4 ①高度経済成長　②所得倍増　③国民総生産
④東京オリンピック　⑤公害対策基本法
⑥石油危機

5 ⑦黒澤明　⑧中流意識　⑨手塚治虫
⑩川端康成

---

p.137 ぴたトレ2

1 (1)①アメリカ　②第四次中東戦争
(2)①×　②○
(3)①×　②○

2 (1)①○　②○　③手塚治虫

書きトレ! (例)日本企業は，雇用調整などの経営の合理化や省エネルギー化を進め，不況を乗りきった。

1 (1)②ユダヤ人によるイスラエルの建国後，イスラエルとアラブ諸国との間で四次にわたる戦争が起こった。このうち，石油危機(オイル・ショック)を引き起こしたのは第四次中東戦争。

(2)①「所得倍増」をかかげたのは池田勇人内閣。吉田茂はサンフランシスコ平和条約に調印した首相。

(3)①農村では人口が流出して過疎化が進み，都市では逆に過密化が進んだ。

2 (1)③現代日本の漫画・アニメの生みの親となったのは，手塚治虫。司馬遼太郎は歴史小説で人気を集めた。

書きトレ! 「経営の合理化を進めた」こと，「省エネルギー化を進めた」ことが書けていればよい。高度経済成長期に主なエネルギー源は石炭から石油にかわった。石油危機の発生により，石油価格が大幅に上昇すると，先進工業国の経済は深刻な打撃を受けた。日本はいち早く不況を乗りきり，輸出が伸びて貿易黒字が増加した。

---

p.138 ぴたトレ1

1 ①アフガニスタン　②ゴルバチョフ
③ベルリン　④主要国首脳会議
⑤ヨーロッパ連合
⑥アジア太平洋経済協力会議　⑦湾岸戦争
⑧イラク戦争　⑨平和維持活動
⑩非政府組織

---

p.139 ぴたトレ2

1 (1)①主要国首脳会議(サミット)　②ソ連
(2)ウ
(3)イ
(4)①ヨーロッパ共同体(EC)　②ユーロ
(5)アフガニスタン

書いレ！(例)国連を中心に国際協調の動きが強まったが，一方で，民族や宗教などのちがいから各地で地域紛争が起こった。

考え方 ①(1)①1975年から毎年開かれている主要国首脳会議(サミット)では，国際社会が直面する問題について協議が行われている。
②ソ連は1979年にアフガニスタンに侵攻し，1989年に撤退した。1991年に解体し，ロシア連邦やウクライナなどに分かれた。
(2)ローズベルトは世界恐慌に際しニューディール(新規巻き直し)を実施したアメリカ大統領。プーチンは，現在のロシア連邦大統領(2020年現在)。
(3)アの第四次中東戦争は1973年。ウのベトナム戦争は，北ベトナムと南ベトナムの戦争に，共産主義の拡大をおそれたアメリカが軍事介入した戦争。1973年にアメリカ軍はベトナムから撤兵した。
(4)①ヨーロッパ共同体(EC)は，西ヨーロッパの6か国が経済的な統合を目指して発足させた。その後，加盟国が拡大し，勢力を強めた。
②2002年1月からユーロの市場流通が開始された。
(5)アメリカは，同時多発テロを国際テロ組織の犯行と断定し，首謀者の引きわたしをアフガニスタンに要求したが拒否されたため，アフガニスタンを攻撃した。

書いレ！「国際協調の動きが強まった」こと，「各地で地域紛争が起こった」ことが書けていればよい。冷戦後，それまで十分に機能していなかった国連が中心となり，国際協調の動きが高まった。その一方で，各地で地域紛争が起こり，解決していない問題も多くある。

p.140 ぴたトレ1

2 ①自衛隊
②北朝鮮(朝鮮民主主義人民共和国)
③細川護熙 ④バブル ⑤世界金融危機
3 ⑥グローバル化(世界の一体化)
⑦地球温暖化 ⑧非営利組織
⑨東日本大震災 ⑩持続可能な開発目標

p.141 ぴたトレ2

① (1)①平成不況 ②世界金融危機
(2)55年体制
② (1)①阪神・淡路 ②東日本
(2)京都議定書
(3)NPO

書いレ！(例)投機によって株式と土地の価格が異常に高くなる不健全な好況のこと。

考え方 ①(1)①②バブル経済崩壊後，長期にわたる平成不況となり，2008年には世界金融危機が起こった。バブル経済崩壊以降の日本経済の長い停滞状態は「失われた20年」とも呼ばれる。
(2)冷戦が終結したことにより，保守勢力と革新勢力の対立が弱まり，55年体制が終わることとなった。
② (1)大震災は深刻な被害をもたらした。一方で，地域のきずなやボランティア活動の重要性が明らかとなった。
(2)地球温暖化防止京都会議では，先進工業国に対し温室効果ガスの排出量削減の数値目標を定めた京都議定書が採択された。
(3)非営利組織の略称はNPOである。NGO(非政府組織)と混同しないようにしよう。

書いレ！「株式と土地の価格が異常に高くなったこと」が書けていればよい。グラフを見ると，1980年代後半に株価と地価指数が急激に上昇し，1989年に株価が急落，1991年以降地価指数が下落し続けていることがわかる。バブルとは「あわ」という意味で，経済の実態をこえた不健全な好況であった。

❶ (1)①農地改革　②自作(自作農)
　　③(例)満20歳以上の全ての男女に選挙権が
　　あたえられたから。
(2)国民主権・基本的人権の尊重・平和主義
　　(順不同)
(3)警察予備隊
(4)①イ・ウ(順不同)
　　②日米安全保障条約(日米安保条約)
(5)①国際連合(国連)　②ウ
(6)高度経済成長
(7)①ベルリンの壁　②(例)冷戦の終結
(8)d
(9)ウ→イ→ア

❷ (1)平和維持活動(PKO)
(2)およそ27%
(3)グローバル化
(4)①環境庁　②京都(市)
(5)持続可能な社会

考え方

❶ (1)①農地改革は，GHQの指令によって行わ
　　　れた民主化政策の一つ。
　　②自作農とは，耕作する土地のほとんどを
　　　耕作人が所有している農家。土地を持たず，
　　　地主から土地を借りて耕作する農家を小作
　　　農という。
　　③「満20歳以上の男女に選挙権があたえら
　　　れた」ことが書けていればよい。1945年の
　　　選挙法改正で，満20歳以上の男女に選挙権
　　　があたえられ，全人口にしめる有権者の割
　　　合は約50%となった。
(2)日本国憲法は，国民主権，基本的人権の尊
　　重，平和主義を三つの基本原理としている。
(3)朝鮮戦争の際，国内の治安維持のために
　　GHQの指令によって警察予備隊が作られ
　　た。
(4)①イのインドは講和会議への出席を拒否し
　　　た。ウのソ連は会議には出席したが，条約
　　　の調印を拒否した。
　　②日米安全保障条約(日米安保条約)を結ん
　　　だことにより，アメリカ軍基地が日本国内
　　　に残されることとなった。

(5)①1956年，鳩山一郎内閣によって日ソ共同
　　　宣言が調印されたことにより，ソ連との国
　　　交が回復した。同年，ソ連の支持があった
　　　ことにより，日本の国際連合加盟が実現し
　　　た。
　　②アの竹島は，島根県に編入された日本固
　　　有の領土であるが，現在韓国が不法占拠し
　　　ている。イの尖閣諸島は，沖縄県に編入さ
　　　れた日本固有の領土であるが，1970年代か
　　　ら中国や台湾が領有権を主張し始めた。
(6)1955年からの日本経済は，年平均で10%を
　　こえる経済成長が続いた。この高度経済成
　　長は，1973年の石油危機(オイル・ショック)
　　で終わった。
(7)①ベルリンの壁は1961年に東ドイツによっ
　　　て建設され，1989年に市民によって取りこ
　　　わされた。翌年，東西ドイツの統一が実現
　　　した。
　　②1989年12月，アメリカのブッシュ大統領
　　　とソ連のゴルバチョフ共産党書記長が地中
　　　海のマルタ島で会談を行い，冷戦の終結を
　　　宣言した。
(8)資料Ⅲは，サンフランシスコ平和条約の調
　　印式の様子。中央で署名しているのは日本
　　の吉田茂首相。
(9)ウは1991年，イは1993年，アは2001年ので
　　きごとである。

❷ (1)国連が紛争地域に平和維持軍などを派遣し，
　　紛争の拡大の防止，治安維持などを目的に
　　行う行動を平和維持活動(PKO)という。日
　　本は，国際平和協力法(PKO協力法)の制定
　　により，1992年，初めてカンボジアに自衛
　　隊を派遣した。
(2)2015年の総人口は約1億2700万人，65歳以
　　上の高齢者人口は約3400万人なので，3400
　　万(人)÷1億2700万(人)×100≒26.77。おお
　　よそ27%となる。
(3)グローバル化(世界の一体化)が急速に進展
　　し，インターネットなどを通じて情報は瞬
　　時に世界中に伝わる社会になっている。
(4)①高度経済成長にともない深刻化する公害
　　　問題に対応するため，政府は1971年に環境
　　　庁を設置した。2001年，環境庁は現在の環
　　　境省になった。

②1997年に開かれた地球温暖化防止京都会
　議で京都議定書が採択された。地球温暖化
　とは，温室効果ガスの濃度が高まり，地球
　全体の平均気温が上昇する現象をいう。
(5)持続可能な社会とは，将来の世代も私たち
　と同じように地球の資源を利用し，要求を
　満たすことができるよう，再生可能な範囲
　で環境を利用していくという考え方に基づ
　いた社会のこと。

単元のココがポイント!

戦後の諸改革が日本の社会や経済にどのような影響を
あたえたのか，冷戦後の世界や日本に残されている課
題などについて整理しよう。

p.146～147　第1回

出題傾向

＊四大文明や縄文・弥生・古墳文化の特徴をしっかりと区別しておこう。また，古代では中国や朝鮮半島との関係が特に重要。時系列で整理しておこう。

＊飛鳥から平安時代までの政治と文化を，人物と結び付けて確認しておこう。特に，律令政治，天平文化と国風文化が出題されやすい。

❶ (1)①新人(ホモ・サピエンス)
　　②旧石器　③岩宿　④新石器
　　⑤吉野ヶ里　⑥卑弥呼

(2)ウ

(3)ア

❷ (1)メソポタミア文明

(2)①ナイル川　②象形文字

(3)①甲骨文字　②儒学(儒教)

(4)イスラム教

(5)シルクロード(絹の道)

(6)(例)いずれも気候が温暖で土地の肥えた，大河の流域で発生している。

❸ (1)①法隆寺　②延暦寺
　　③東大寺　④古墳

(2)D→A→C→B

❹ (1)①大和政権　②遣隋使　③645
　　④大宝律令　⑤墾田永年私財法
　　⑥遣唐使　⑦藤原道長

(2)高句麗

(3)口分田

(4)イ

(5)①鑑真　②C

(6)清少納言

考え方

❶ (3)邪馬台国があったのは弥生時代。このころ使われていたのはアの銅鐸。イは須恵器である。

❷ (1)メソポタミア文明は，チグリス・ユーフラテス川流域でおこった。
(2)Bはエジプト文明。

(3)①甲骨文字は，紀元前16世紀ごろにおこった中国の殷で使われていた。
　②孔子は紀元前6世紀ごろの春秋・戦国時代の思想家。

(6)いずれも農耕に適した場所であった。

❸ (2)Aは飛鳥時代，Bは平安時代，Cは奈良時代，Dは古墳時代である。

❹ (2)朝鮮半島では，高句麗と，4世紀ごろにおこった百済，新羅の三国が勢力を争った。

(5)僧の鑑真は，奈良時代中ごろに来日し，日本の仏教の発展につくした。

p.148～149　第2回

出題傾向

＊鎌倉幕府と御恩・奉公の関係，承久の乱と執権政治の確立，元寇と鎌倉幕府のおとろえ，室町幕府と守護大名，応仁の乱と戦国時代といった結び付きに注意して流れをおさえよう。

＊鎌倉仏教，産業や都市の発達，鎌倉文化と室町文化などもよく出題される。力をつけてきた民衆の動きにも注目しよう。

❶ (1)応仁の乱

(2)エ

(3)①奉公　②イ

(4)①元寇　②オ

(5)ウ

(6)①勘合　②足利義満　③E
　　④(例)倭寇と正式な貿易船を区別するため。

(7)①C　②F　③D　④E

❷ (1)管領

(2)ウ

(3)守護大名

❸ (1)①金剛力士像　②運慶

(2)①銀閣　②書院造　③雪舟

(3)①親鸞　②ア

(4)①能　②世阿弥

考え方

❶ (2)エは壇ノ浦(山口県)。
(3)②源頼朝は，イの鎌倉に幕府を開いた。

(4)②オは北九州(博多)。

(5)足利尊氏は，**ウ**の京都に幕府を開いた。なお，**ア**は平泉である。

(6)③1404年に始まった。

(7)①は1221年，②は1485〜93年，③は1334年，④は1392年である。

❷ (2)**ア**は律令国家の下で中央に置かれた行政機関。**イ**は承久の乱後に京都に設置された朝廷を監視する役所。**エ**は北条泰時が承久の乱後に設置した裁判の評定を行う役職。

❸ Ⅰ金剛力士像は鎌倉文化。Ⅱ銀閣は東山文化，Ⅳの能は北山文化である。

(3)①親鸞は，阿弥陀如来の救いを信じて念仏を唱えれば救われると説いた。

②**イ**の座禅は禅宗の教え，**ウ**の題目(南無妙法蓮華経)は日蓮宗，**エ**の踊念仏は一遍。

(4)世阿弥は，父の観阿弥とともに猿楽や田楽をもとに，能を大成した。

---

p.150〜151　第 3 回

出題傾向

＊全国統一までの過程，検地・刀狩，鎖国までの外交政策などの出題率が非常に高い。信長，秀吉，家康，家光らの政策のちがいを整理しておこう。
＊江戸幕府の三大改革と田沼意次の政治，元禄文化と化政文化，国学と蘭学も出題率が高い。各項目を整理しながら時代の流れをつかもう。

❶ (1)①織田信長　②徳川家康　③田沼意次　④松平定信　⑤水野忠邦

(2)**イ**

(3)**ウ**

(4)(例)大名の江戸にいる期間を１年から半年に短縮した。

(5)①Ⅰ葛飾北斎　Ⅱ菱川師宣

②ⅠD　ⅡC

③Ⅰ化政文化　Ⅱ元禄文化

(6)①本居宣長　②国学

③杉田玄白・前野良沢などから一人

④蘭学　⑤②

(7)①C　②B　③D　④C

❷ (1)①エ　②オ　③カ　④キ　⑤ク

⑥ケ　⑦コ　⑧ア　⑨イ

(2)①中国(清)　②出島　③ポルトガル

---

❶ (2)ヨーロッパ諸国が新航路を開拓して，アジアにも進出してきたからである。**ア**は11〜13世紀，**ウ**は紀元前４世紀のできごとである。

(3)**ア**は徳川家光，**イ**は田沼意次，**エ**は松平定信の政策である。

(5)①Ⅰは富嶽三十六景の「神奈川沖浪裏」，Ⅱは「見返り美人図」である。

②③Ⅰ化政文化は18世紀末から19世紀初めにかけて，Ⅱ元禄文化は17世紀末から18世紀初めにかけて栄えた。

(7)①は1637〜38年，②は1600年，③は1837年，④は1709〜16年である。

❷ (1)①白河，②千葉県の九十九里浜，③京都，④大阪，⑤対馬(藩)，⑥薩摩(藩)，⑦種子島，⑧樺太，⑨根室である。

(2)**X**は長崎。

③1639年にポルトガル船の来航を禁止した。

---

p.152〜153　第 4 回

出題傾向

＊欧米諸国の近代化の進展，欧米のアジア侵略，開国から江戸幕府滅亡までの政治や外交は必ず出題される。要点となる部分をおさえ，全体の流れを整理しておこう。
＊欧米で起こった革命，幕末の日本が結んだ条約，幕末に活躍した人物なども非常に出題頻度が高い。原因・経緯・結果をおさえて整理しておこう。

❶ (1)①ピューリタン　②奴隷制　③人権宣言

(2)**イ**

(3)**ウ**

(4)A→C→B

❷ (1)清

(2)**X**イ　**Y**ウ　**Z**ア

(3)アヘン戦争

(4)インド大反乱

❸ (1)①浦賀　②日米和親条約

③日米修好通商条約　④王政復古

(2)井伊直弼

(3)**ア**

(4)(例)徳川慶喜が政権を朝廷に返上した。

(5)五稜郭

(6)①D　②B　③A

❶ (2)アは人権宣言，ウは独立宣言である。

(3)南北戦争が始まったのは1861年で，同年にイタリア王国が成立した。アの太平天国の乱が始まったのは1851年，イのドイツ帝国成立は1871年。

(4)Aは17世紀後半，Bは19世紀後半，Cは18世紀後半のできごとである。

❷ (2)(3)インドから清にアヘンが持ちこまれたことにより，清ではアヘンを吸う習慣が広まった。これが原因で，アヘン戦争が起こった。

❸ (3)イの西郷隆盛は薩摩藩，ウの高杉晋作は長州藩の人物である。

(4)大政奉還により，260年余り続いた江戸幕府はほろびた。

(6)①は1868年，②は1858～59年，③は1853年である。

---

p.154～155 **第 5 回**

出題傾向

＊明治維新の諸改革や近隣諸国との関係は必ず出題される。要点となる部分を整理して，全体の流れをおさえよう。

＊自由民権運動，憲法制定と帝国議会，条約改正，日清・日露戦争，明治期の文化などもよく出題される。原因・経過・結果に注目しよう。

❶ (1)①五箇条の御誓文　②岩倉　③学制
　　④日露戦争
(2)①イ　②自由民権運動　③自由党
(3)天皇
(4)①ウ　②ドイツ
(5)(例)関税自主権の回復に成功した。
(6)①B　②C　③D

❷ (1)ポーツマス条約
(2)ウ
(3)①中華民国　②孫文　③三民主義

❸ (1)①A地租改正　B廃藩置県　C版籍奉還
　　②80銭6厘　③C→B→A
(2)① Ⅰエ　　Ⅱア
　　② Ⅲエ　　Ⅳイ

❶ (2)板垣退助はイ。アは伊藤博文，ウは大久保利通である。

---

(4)①日清戦争の講和条約は下関(山口県)で結ばれた。地図のアは浦賀，イは京都，エは釜山である。
②三国干渉はロシア，ドイツ，フランスの三国による。このうち，ビスマルクが首相を務めたのはドイツ。

(6)①は1877年，②は1886年，③は1902年である。

❷ (1)Aは北緯50度以南の樺太(サハリン)。

(2)アは1875年，イは1894年，ウは1876年，エは1910年なので，ア→ウ→イ→エとなり，2番目はウとなる。

❸ (1)②円の100分の1が銭，銭の10分の1が厘なので，26円85銭2厘を厘に直して地価の3％で計算すると，26852(厘)×0.03＝805.56(厘)となる。これを銭にすると，805.56÷10＝80.556，よって80銭6厘となる。

③Aは1873年，Bは1871年，Cは1869年。

(2)① Ⅰは森鷗外，Ⅱは野口英世である。イの破傷風の血清療法を発見したのは北里柴三郎，ウの「読書」は黒田清輝がえがいた西洋画。

②アはロマン主義の女性小説家，ウは大逆事件で処刑された社会主義者である。

---

p.156～157 **第 6 回**

出題傾向

＊第一次世界大戦から第二次世界大戦までの流れはよく出題される。特に満州事変からの15年にわたる戦争の経緯をまとめておこう。

＊大正デモクラシー，世界恐慌などもよく出題される。戦争にいたる経緯では，各国の同盟関係や条約にも注意しよう。

❶ (1)①国際連盟　②ヒトラー
(2)①日英同盟　②イタリア
(3)レーニン
(4)①(例)納税額に関係なく，満25歳以上の全ての男子に選挙権があたえられた。
　　②治安維持法
(5)①ソ連　②アメリカ　③イタリア
(6)①C　②A　③A　④B　⑤C

❷ (1)①吉野作造　②平塚らいてう
　　③芥川龍之介
(2)①五・一五事件　②犬養毅　③政党政治

社会 **37**

❸ (1)①日ソ中立　②真珠湾　③マレー半島
　　④沖縄　⑤原子爆弾(原爆)　⑥ポツダム
(2)イ
(3)玉音放送
(4)①学徒出陣　②○

考え方
❶ (4)①納税額の制限はなくなったが，女性の選
　　　挙権はまだなかった。
　(5)フランスやイギリスは，世界恐慌の対策と
　　　してブロック経済を採用した。
　(6)①は1936年，②は1915年，③は1919年，④
　　　は1923年，⑤は1938年である。
❷ (2)1932年5月15日の五・一五事件によって首
　　　相の犬養毅は暗殺された。これにより政党
　　　政治が終わり，軍人が首相になることが多
　　　くなった。
❸ (2)アは1900年，ウは1931年，エは1911年であ
　　　る。
　(3)国民は，天皇の声(玉音)によって敗戦を
　　　知った。
　(4)①勤労動員とは，労働力不足により，中学
　　　生・女学生や未婚の女性が軍需工場などで
　　　働かされたこと。

---

p.158〜159　　第7回

出題傾向

＊日本の民主化政策，特に農地改革はよく出題さ
れる。戦後の諸改革が日本の政治や経済にどのよ
うな影響をあたえたのか，まとめておこう。
＊日本の国際社会への復帰と冷戦，冷戦後の世界
の動きなどもよく出題される。日本と世界の動き
をそれぞれ整理しよう。

❶ (1)①マッカーサー　②財閥　③ドイツ
　　④毛沢東(マオツォトン)
　　⑤日米安全保障条約(日米安保条約)
　(2)①農地改革
　　②(例)多くの小作農が自作農になった。
　(3)1946年11月3日
　(4)ワルシャワ条約機構
　(5)大韓民国(韓国)
　(6)吉田茂
❷ (1)①国際連合(国連)　②朝鮮戦争　③マルタ
　(2)石油危機(オイル・ショック)
　(3)アメリカ
　(4)①B　②C　③B　④A

❸ (1)①北方領土　②朝鮮戦争
(2)①池田勇人　②○　③テレビ
(3)①×　②○

考え方
❶ (2)②自作・自小作の割合が約90％に増えた。
　(6)写真はサンフランシスコ平和条約の調印式。
❷ (4)①は1972年，②は1995年，③は1971年，④
　　　は1955年である。
❸ (1)①ソ連が不法に占拠したのは北方領土。尖
　　　閣諸島は日本が実効支配しているが，中国
　　　や台湾が領有権を主張している。
　　②朝鮮戦争が始まると，日本はアメリカ軍
　　　向けに大量の軍需物資を生産し，経済が好
　　　況となった(特需景気)。ベトナム戦争には
　　　1965年からアメリカが本格的に介入した。
　(2)①「所得倍増」をかかげたのは池田勇人内閣。
　　　田中角栄は日中共同声明を発表した。
　　③「三種の神器」と呼ばれたのは，テレビ・
　　　洗濯機・冷蔵庫。
　(3)①1993年，細川護熙を首相とする非自民連
　　　立内閣が成立したことで，戦後長く続いた
　　　55年体制が終わった。

東京書籍版・中学社会歴史